KB041186

함세웅의 붓으로 쓰는

역사기도

양심을 깨우는 시대의 선지자

문재인 전 대통령

'역사기도'라는 말이 책장을 하나하나 넘길수록 깊이 가슴에 와닿습니다. 격동의 한국 현대사에서 잊어서는 안 될 사건들을 증언하는 글이 절절히 기도하는 마음으로 기록되어 있습니다. 역사적 사실을 기술하는 데 머무르지 않고, 희생과 고초를 당한 사람들에 대한 사랑과 위로, 정의를 갈구하는 부르짖음이 담겨 있어 강렬합니다.

'붓글씨가 곧 기도'라고 했습니다. 온 힘 다해 써 내려간 글씨 한 자 한 자에 시대의 증언과 함께 주역들의 희생을 기리는 마음이 생생하게 담겨 있습니다. 과거의 역사를 돌아보는 기도가 현재와 미래의 역사에 대한 간절한 기도로 이어집니다. 지난 역사의 현장에서 누구보다 치열했던 사람만이 할 수 있는 증언이고 기도일 것입니다. 결코 가볍게 읽을 수 없고, 함께 기도하는 마음이 되지 않을 수 없습니다.

함세웅 신부님은 '시대와 함께, 민족과 민중과 함께'하는 교회만이 존재 가치가 있다는 것을 온몸으로 실천하는 사제의 길을 걸었습니다. 엄혹한 유신체제에 맞서 천주교정의구현전국사제단과 민주회복국민회의의 출범을 주도할 당시부터 지금까지 줄곧 이 땅의 민주주의와 평화를 위해 헌신했으며, 언제나 약자의 편에 서서 가난하고 고통받는 사람들의 손을 잡았습니다. 10년 전 사목 일선에서 물러나 은퇴한 이후에도 그의 치열함은 식을 줄을 모릅니다. 지금도 역사의 현장을 벗어나지 않고 필요한 실천을 마다하지 않고 있습니다. 신부님은 구약성서의 선지자들처럼 독재와 불의를 꾸짖는 시대의 선지자였고, 지금도 우리의 양심을 깨우고 있습니다.

'붓으로 쓰는 역사기도'는 끝까지 시대적 소명을 다하고자 하는 신부님의 또 다른 실천입니다. 역사를 통해 과거를 배우고 오늘을 해석하며 내일을 바라보는 데 훌륭한 길잡이가 될 것입니다. 우리는 역사를 기억해야 합니다. 지난 역사의 거울로 오늘의 역사를 비쳐봐야 합니다. 진정한 민주주의와 평화의 시대를 향한 우리의 여정은 지금도 계속되고 있습니다. 이 책이 주는 교훈을 함께 나눈다면 우리 역사의 진보에 큰 힘이 되리라 믿습니다. 많은 분들이 '역사기도'에 동행하길 기대합니다.

2022년 12월

문 재 인

시대의 증언이자 희망

—

이인석 유스티노, 치과 의사

E. H. 카는 역사란 현재와 과거와의 대화라고 했다. 과거의 상황에 대한 단순한 기록이란 없다. 역사가가 어떤 지평을 갖느냐에 따라 영향을 받을 수밖에 없다. 즉, 해석의 문제가 따른다. 인간의 이해 문제가 역사학에 도입된 것이다. 물론 역사학에서 하느님은 고려되지 않는다. 하지만 인간의 이해를 다루면서 하느님을 배제할 수 있을까?

인간은 결코 완전한 이해에 도달할 수 없다. 유한하다. 그런데 그 유한성에 갇혀 있는 것만은 아니다. 이해의 지평이 자기 안에서 무한히 열린다. 이런 인간의 이해를 설명하기 위해 가톨릭 신학자 칼 라너는 무한한 하느님을 인간 안에 상정한다. 하느님(말씀)이 선험적으로 인간에게 주어지지 않고는 이해가 그렇게 열릴 수 없다는 것이다. 따라서 인간이 경험하는 세계는 하느님 말씀의 육화이고, 역사는 그 전개 과정이라는 것이다.

이 책은 함 신부님이 하느님과 대화하면서 '울부짖는 글씨로' 눌러 쓴 시대의 증언이자 '역사기도'이다. 신부님은 일생을 통해 역사의 현장에서 하느님에 대한 희망을 끊임없이 찾으며 말씀으로 그리스도를 빚어내신 분이다. 이 책의 시대적 증언 하나하나는 그렇게 이뤄진 것이다. 그렇기에 어느 독자라도 이 책을 읽노라면, 역사에 대한 새로운 지평을 얻으리라 믿는다. 나에게는 실제 그런 체험이 있었다.

1970년대 나는 방황하는 청년이었다. 극악한 유신체제 속에서 1974년 민청학련 사건, 1975년 인혁당 사법살인을 목격하면서 체제가 휘두르는 그 무지막지한 물리력의 부당함에 분노하면서도 공포에 짓눌려 좌절하고 자포자기하였다. 죄의식과 함께 무력감이 찾아왔다. 절망과 황폐의 시절이었다.

그런데 1976년 3월 1일 '민주구국선언'이라는 잊을 수 없는 사건이 찾아왔다. 여기에 우리 성당의 주임이신 함 신부님이 참여하고 구속된 것이다. 굉장히 놀라웠다. 당시 익히 알려진 정치인과 재야인사들도 함께했는데, 그들만의 구속이었다면 웬만한 충격으로 끝났을지도 모를 일이다. 약관의 우리 신부님이 그들과 함께 이런 공포를 깨고 시대를 열었다는 사실이 나로서는 너무 놀랍고 특별했다.

정의구현사제단 활동이 있었지만, 정치인 아닌 사제의 신분으로 정치 현실에, 그것도 구속을 감수하면서 투신하였다는 점이 당시로는(물론 지금까지도) 경외일 수밖에 없었다. 그 놀라움은 결과적으로 나에게 신앙의 새로운 지평을 열어주었고, 두고두고 신앙생활을 돌아보는 원체험이 되었다.

불의한 현실에 분노조차 할 수 없었던 그 강압과 공포 속에서 신부님의 사건은 우리에게 한 줄기 희망의 빛으로 다가왔다. 신부님의 석방을 위한 기도가 계속되던 어느 날, 그리스도 수난 사건이 지금 이 자리에서 재현되고 있음을 깨달았다. 머릿속에 박제되어 있던 교리 지식이 갑자기 현실로 생생하게 드러났다.

좌절과 실의에 빠진 이들의 마음을 웅변하고 시대적 정의를 위해 투옥된 사건, 그것이 신자들의 기도 안에서 생생하게 전달되고 공감되었으며, 거기서 구원의 빛을 체험하게 된 사건, 이는 우리에게 그리스도 사건의 재현이나 다름없었다. 적어도 나에게는 살아 계신 하느님의 체험이었고 신부님을 통해 그리스도의 빛을 본 순간이었다. 말씀의 육화였다.

사실 나는 그때까지도 교리를 받아들이지 못하는 의심 많은 신자였다. 신앙인이라기보다 신앙의 관람객이었다. 신앙과 과학의 경계를 배회하면서 여기저기를 기웃거렸다. 그런데 하느님의 뜻이 말씀이 되어 역사가 되는 현장을 보았고, 살아 있는 하느님을 만난 것이다. 감히 말하건대, 그리스도교 신자가 된 것이다. 나는 이 체험이 신앙 생활의 긴장을 끊임없이 유지할 수 있도록 하는 근원이라고 믿는다.

우리는 비록 세상에 조건화되어 있지만, 막연하나마 무언가를 희망하며 살아간 다. 지금 여기에 있지 않은 하느님의 영역을 희망하고 현실로 잡고 싶어 하는 것이다. 그런 의미에서 역사는 결코 우연한 일의 나열이 아니다. 절대 양심인 하느님과의 대화 가 항상 작용한다. 사람이 이루지만 하느님의 일인 것이다.

우리는 그렇게 작건 크건 하느님의 뜻을 세상에 펼치며 살아간다. 신부님은 분 명 거인의 큰 족적을 남기셨다. 이 책이 그것을 증언한다. 부디 많은 이들이 이를 통해 새로운 지평을 열었으면 한다.

붓끝에 담긴 영성

———

이동천 미술품 감정가, 서예가

"성부와 성자와 성령의 이름으로 아멘!" 기도가 끝나자마자 손등에 땀이 맺히도록 힘차게 붓글씨를 써 내려간다. 붓이 움직일 때마다 '사각사각' 소리와 함께 종이가 찢기거나 크게 흔들린다. 한 손으로 잡았던 붓을 어느새 두 손으로 잡고 있다. 때로는 '뚝' 소리에 맞춰 붓 머리筆頭가 부러져서 질긴 한지韓紙 위를 나뒹군다. 쓰고 난 글씨를 바라보며 "부끄럽다!" 말한다. 글씨 쓰느라 땀에 젖었던 속옷을 갈아입는다.

이는 함세웅 신부님의 붓글씨 쓰는 현장에 대한 간략한 묘사이다. 신부님의 서예는 두 가지의 특별한 힘으로 이루어진다. 첫째는 성령이고, 둘째는 서성書聖 왕희지(王羲之, 303~361)의 비법인 '전번필법轉飜筆法'이다. 축성祝聖이란 천주교에서 '사람이나 물건을 하느님에게 봉헌하여 성스럽게 하는 것'이라 한다. 함세웅 신부님은 바로 '축성 서예가'이다. 붓을 잡고 글씨를 창작하는 과정은 성령을 담아내는 축성 의식이었다.

예로부터 대가들은 어김없이 전번필법으로 붓글씨를 썼다. 왕희지가 완성한 전번필법은 지금으로부터 2,500여 년 전 공자 때의 붓글씨 명품에서도 찾을 수 있다. 신부님은 왕희지의 전번필법을 배워서 붓을 마음대로 부릴 뿐만 아니라, 더욱이 '신경필법神經筆法'을 수련하여 붓끝에 영성을 담아냈다.

우리는 눈앞에 펼쳐진 신부님의 서예 작품에서, 겉은 전번필법으로 꿈틀거리고 속은 하느님의 성령으로 살아있음을 느낄 수 있다.

역사란 민족이 공유한 체험이자 그것을 바라보는 태도입니다. 태도는 모이고 쌓여서 얼이 됩니다. 역사는 개개인 삶의 공배수이며 동시에 공약수이기도 합니다. 물론 수학과는 달리 역사엔 늘 돌발변수가 있습니다. 뜻하지 않은 사건입니다. 신학에서는 이를 하느님의 섭리라고 해석합니다.

정말 우연찮게 붓글씨를 쓰게 되었습니다. 사제인 저는 막연히 성경 말씀을 써야 한다고 생각했습니다. 그런데 한 수녀님의 당부로 붓글씨의 주제는 역사로 옮아갔습니다. 사실 '우연찮게'라는 단어는 인간의 한계에 기인한 상투적 표현일 뿐입니다. 역사의 숨결 사이사이에 하느님의 섭리가 거하듯 저의 작은 삶 속에도 그러할 것이기 때문입니다. 지금부터 저는 붓글씨를 통해 이 장엄하고 신비로운 역사를 되짚어보려고 합니다.

붓글씨로 우리 공동체의 역사를 기록하자고 생각한 순간부터 '역사기도'란 말이 떠올랐습니다. 하느님과 영원을 염두에 두고 역사를 해석하는 마음과 자세는 기도와 다르지 않습니다. 기도는 역사라는 토대 위에 존재합니다. 기도는 역사에 날개를 달아주고 영원한 세계로 향하면서도 끊임없이 현실과 연계합니다. 과거와 선조들을 기억하는 것은 바람직한 미래를 꿈꾸는 기도이기도 하므로, 그런 면에서 역사는 미래학입니다.

성경 속 유다인 역시 미래를 꿈꾸며 하늘나라와 초월의 가치를 추구했습니다. 비약의 자세입니다. 시편 작가는 하느님을 찬미하고 감사를 전하면서도 현실에 아파하고 울부짖었습니다. 그들은 선조들의 과거를 성찰하며 아름다운 메시아의 나라를 기약했습니다. 어느 민족, 어느 공동체에게나 과거가 있습니다. 그것을 현실과 미래에 접목하고 종합하면 공동체를 위한 아름다운 길잡이가 됩니다. 역사를 하느님 안에서 종합하고 해석하는 것이 바로 역사기도입니다.

저는 이 책이란 무대 위에, 우리 공동체가 겪어낸 80여 년의 역사를 초대하려고 합니다. 그곳엔 해방의 기쁨, 독립국가의 자부심, 독재의 어두운 그림자, 동족 간의 반목, 민주화를 위한 처절한 투쟁과 희생, 외세와 자주, 반동과 전진, 자유와 평등, 공존과 평화 등이 등장할 것입니다. 당당함과 자랑스러움보다 안타까움과 참담함의 자리가 더 큰 것이 사실입니다. 돌이켜보기 고통스러울 정도로 아픈 순간과 아직까지도 미완인 채 남아 있는 과제들 앞에서 무한한 부끄러움과 슬픔도 느낍니다.

그러함에도 불구하고 우리 모두는 과거에 대한 역사적 성찰과 현실에 대한 바른 인식 그리고 아름다운 미래를 계획하며 끊임없이 노력해야 함을 압니다. 기도는 민족과 공동체를 위한 축복과 다짐이기 때문입니다. 역사기도는 선조들의 피눈물나는 삶을 하느님 안에서 이웃과 함께 나누고 후손에게 전하는 영적 유산입니다. 역사에서 교훈을 얻고 실천하는 것이 완성과 구원입니다. 역사를 기억하는 모두가 역사의 주체입니다.

이러한 작업을 민주화운동기념사업회는 '기억 투쟁', 민족문제연구소는 '역사 전쟁'이라고 일컫습니다. 이는 바오로 사도가 '영적 투쟁'이라 부르고, 제가 '역사기도'라고 칭한 것이나 한가지입니다. 우리 모두는 각자의 자리에서 자신의 역할을 다하면 됩니다. 저는 시편 작가와 같이 역사기도를 바치며 우리 인간과 역사 안에 현존하시는 하느님을 고백합니다.

역사는 과거, 현재, 미래를 관통하는 기억의 열매이자 영원을 앞당기는 힘입니다. 그리고 그 압축이 제게는 붓글씨입니다. 민족의 일치와 화해, 평화를 바라며 올리는 역사기도에 동참해주신 모든 분들께 하느님의 큰 축복과 은총을 기원합니다.

고맙습니다.

차 례

오하느님이죄인을불쌍히여겨주소서

울부짖는 글씨로
시대를 증언하다

—

역사기도를 시작하며

"얘야, 글씨 좀 예쁘게 쓰거라."

어머님의 말씀이 어제 일처럼 귀에 쟁쟁합니다. 어릴 적 숙제할 때나 지금이나 성질 급한 저는 글씨 또한 후다닥 썼습니다. 신부로서 본당 사목을 할 때, 여러 차례 붓글씨에 대한 권유가 있었으나 정작 붓을 잡지는 못했습니다.

2012년에 현장 사목에서 은퇴하고 제 나름의 시간표대로 생활하고 있을 때입니다. 또다시 권유를 받았지만, 선뜻 답을 못 했습니다. 그러다 자택에서 투병 중인 김홍일 전 국회의원을 위해 한 달에 한 번 방문하여 봉성체 기도를 올릴 때였습니다. 김 전 의원의 부인이 제게 붓글씨를 쓰냐고 물었습니다. 남편이 간직했던 귀한 문방사우를 제게 주고 싶다는 것이었습니다.

문방사우를 들고 돌아오는 길, 팔에 전해지는 묵직함은 일종의 암시나 의무처럼 느껴졌습니다. 그 느낌이 사라지기 전에 그분께 연락을 취했습니다. 저의 붓글씨 선생님인 이동천 박사 말입니다. 예전에 제가 한 번 거절했던 전력이 있었던지라 조심스럽게 청했는데, 고맙게도 이 박사는 흔쾌히 응해 주었습니다. 이동천 박사는 미술품 감정으로 유명하지만, 사실 서예 분야에서 더 출중한 분입니다.

학교 가는 마음으로 매주 토요일 아침 붓글씨를 배우러 갔습니다. 첫날, 저는 이 박사에게 예쁜 글씨를 쓰도록 도와 달라고 했습니다. 그런데 이 박사는 정색을 하고 이렇게 말했습니다.

"신부님, 예쁜 글씨라뇨? 저는 살아 있는 글씨를 원합니다. 글씨에 뼈와 근육이 있고 신경이 통해 생명력이 넘쳐야 합니다." 취미 삼아 붓글씨 한번 배워볼까 했던 저는 마치 뒤통수를 맞은 느낌이었습니다. 얼떨떨해하는 제게 이 박사는 "신부님, 글씨는 목숨 걸고 쓰는 겁니다"라고 못을 박았습니다. '이게 아닌데' 싶었으나 발을 빼기엔 너무 늦었습니다.

내 이름(世)에 십자가가 있었다니,
그것도 3개씩이나

그 후 강훈련이 시작되었습니다. "신부님 있는 힘껏 쓰세요. 종이가 찢어질 정도로 온 힘을 다해 꾹꾹 눌러쓰셔야 합니다. 글씨 쓰실 때, '사각사각' 봄누에가 뽕잎 갉아먹는 소리가 나야 합니다."

재미는커녕 점점 힘만 들고 손아귀가 아팠지만 시키는 대로 쓰고 또 썼습니다. 너무 꽉 잡은 나머지 글씨 쓰다가 붓대도 여러 개 부러뜨렸습니다. 저는 하기로 한 것은 매우 잘 지키는 사람입니다. '규칙대로 사는 사람은 하느님 안에서 사는 사람'이라는 베네딕도 성인의 말씀을 새롭게 되새겼습니다. 물론 오기도 발동했지요.

제가 처음 쓴 글자는 제 이름 가운데 글자인 '세世' 자 입니다. 그런데 이동천 박사가 묘한 이야기를 했습니다. '세' 자를 예서로 쓰면 땅 위에 세워진 3개의 십자가 형태라는 겁니다.

참으로 신기하다는 생각과 함께 내적 감흥과 영적 전율이 일었습니다. 섭리, 운명이란 단어가 머리를 스치고 지나갔습니다. 그 순간 '목숨 걸고' 온 힘을 다해 썼습니다. 이 박사는 글씨를 보더니 "신부님, 살아 있는 글씨가 뭐냐고 하셨죠? 바로 이겁니다"라고 했습니다. 저는 비로소 붓글씨란 흐트러짐 없이 전심전력해야 한다는 신학교의 교육, 온몸을 던지는 순교적 결단과 일치한다는 생각을 가지게 되었습니다.

이 박사는 제가 사제이니 만큼 붓글씨로 성서 말씀을 쓰는 게 좋겠다고 했습니다. 제 생각도 같았습니다. 기도와 묵상을 할 때 주제어를 뽑곤 하는데 이를 '영적 꽃다발'이라고 합니다. 저희의 결심을 하느님께 바친다는 의미입니다. 저는 이 기회에 성경 말씀에 대한 성서적 해석을 새로이 하고 싶다는 생각도 가졌습니다.

성경 구절을 쓴 붓글씨 중에 "너 어디 있느냐"와 "심장을 찢어라"가 특히 기억에 남습니다. "너 어디 있느냐"는 창세기 3장의 말씀입니다. 아담과 하와가 선악과를 먹고

正

골고타 사형판에는 세개의 십자가가 있습니다 예수님과 그 오른쪽 왼쪽의 십자가에는 두명의 죄수들에 대하여 말하고 있습니다 두 죄수의 십자가 그림에 그 죄를 하나는 예수님 왼쪽의 십자가가 자신의 죄를 깨우치는 배우며 하나는 카를 나라에 들어갔으로 또 하나는 끝까지 죄와 아집에서 헤어나오지 못한 배우였으며 이 세개의 십자가 중에 하나는 이때 얼마만큼 헤매이고 있었습니다

이천십구년 여름 사제 박세홍 십자가를 그리며 이봉천 삼가쓰다

이는 사제 威進 박세홍께서 못을 정고 하신말씀이되 세개의 십자가 정신이라 세상으로 쓰여 따 위에 놓인 돌이라 밑으로 처져내려진 붓은 붓들의 가나 한 선은 멀어 붓끝에 정들이며 십자의 결과정을 엿볼어서 위케보로진 정들에 이름 받뉴이에 이들 한다 小生 東泉 謹書

부끄러워 숨자 하느님이 하신 말씀입니다. 이 구절이 제 가슴에 깊이 박힌 것은 1977년 공주교도소에 수감되어 있을 때입니다.

마르틴 부버의 책을 읽고 있었는데 이런 내용이 나왔습니다. 마르틴 부버 역시 수옥 생활 중이었는데, 어느 날 그를 놀리고 싶었던 간수가 질문했습니다. 하느님은 전지전능하셔서 아담과 하와가 숨은 곳을 다 아실 텐데 왜 "어디 있느냐"라고 물었느냐는 겁니다. 간수에게 마르틴 부버가 대답합니다. 하느님은 아담과 하와가 아니라 당신에게 묻고 계시다고.

붓글씨는 목숨 걸고 써야 하는 것, 순교적 결단과 비슷

지금도 하느님은 묻고 계십니다. 우리 모두에게 "너 어디 있느냐"고, "네가 있는 자리가 바른 자리냐"고 말입니다. 이것이 바로 성서의 실존적 해석입니다. 감옥 속에서 저도 '지금 이 자리가 내 자리인가'를 새삼 고뇌했던 기억이 납니다. 성서의 말씀은 오늘의 우리에게도 이렇게 날카로운 질문이 됩니다.

"너 어디 있느냐" 글씨를 쓸 때 종이가 찢기고 글씨가 비뚤어진 것 같아, 이 박사에게 다시 쓰고 싶다고 했습니다. 하지만 이 박사는 괜찮다고 하더군요. 선생님에겐 '비뚤고 똑바르고'가 아니라, 살아 있는 글씨와 죽은 글씨가 기준이었던 듯합니다. 저는 아직 그 경지의 발끝도 따라갈 수 없기에 늘 그렇듯이 다시 쓰라 하면 다시 쓰고, 됐다 하면 된 걸로 압니다.

"심장을 찢어라"는 구약성경 요엘서 2장에 나오는 말씀입니다. 그리스도교에서 2~3월은 사순절입니다. 사순절이 시작되는 '재의 수요일'은 뉘우침과 속죄의 날입니다. 그런데 어느 사순절에 이 구절이 제 마음을 울렸습니다. "사람아, 흙으로 돌아갈 것을 생각하라." 회개하려면 "옷을 찢지 말고 심장을 찢어라." 성서의 심장은 존재론적 가치를 말합니다. 회개는 목숨을 건 결단이고 전 존재를 거는 일입니다. 적당히 뉘우쳐서는 안 될 일입니다. 성경의 말씀과 "붓글씨는 목숨을 걸고 써야 한다"는 선생님의 말이 공명하는 순간이었습니다.

성경 말씀은 아니지만 제게 큰 의미가 있는 글씨는 '암흑 속의 횃불'입니다. 우린 참으로 암흑 같은 시절을 지나왔습니다. 1974년 4월 민청학련 사건이 일어나고 지학순 주교님이 구속되었습니다. 이듬해 2월 주교님은 석방되었지만, 우리의 석방 운동은 계속되었습니다. 청년 학생들이 끝없이 잡혀가 고초를 겪고 있었기 때문입니다. 유인물로 성명서를 발표했는데, 그때 유인물의 큰 제목이 '암흑 속의 횃불'이었습니다.

1974년 11월 말부터 〈동아일보〉 광고 탄압이 있었습니다. 예전에는 연말에 연초의 신문을 미리 찍어두었습니다. 당시 신문은 총 8면이 발행되었는데 1975년 1월 4일자 신문 8면에 전면광고로 지학순 주교의 양심선언과 사제단의 성명을 싣기로 했습니다. 암울했던 시절, 이 일을 추진했던 사람들도 과연 성사될 것인지 의문이었습니다.

1월 4일에 전면광고가 나갈 거라고 하자 김수환 추기경조차 '어렵지 않을까'라고 했을 정도였으니까요. 그런데 신문은 나왔고 세상은 발칵 뒤집혔습니다. 신부들이 신문을 나눠서 각 성당에 뿌렸습니다. 그 뒤, '암흑 속의 횃불'은 천주교정의구현전국사제단의 정신이자 실천 강령이 되었습니다.

"신부님 글씨에서 울부짖음이 느껴져요"
어느 수녀님의 당부

시간이 많이 흘러 2020년 10월, 그동안 쓴 붓글씨를 모아 윤형중(마태오) 신부 추모 전시회를 열게 되었습니다. 그 전시회의 제목을 '암흑 속의 횃불'로 정했습니다. 신념

암흑속의 횃불

「행복하여라, 옳은 일을 하다가 박해를 받는 사람들 하늘 나라가 그들의 것이니」

(마태오 5장 11절)

인권회복기도회 (제21회)
때: 1월9일 (목) 오후7시
곳: 명동대성당

천주교 정의구현 전국 사제단

1

1975년 1월 4일
천주교 정의구현 전국사제단의
동아일보 전면 광고

2

1975년 2월 3일 동아일보 1면에
실린 민주회복국민회의 기자회견

3

민주회복국민회의
상임대표위원 윤형중 신부와
대변인 함세웅 신부

2

3

과 정의라는 칼날이 무뎌져서는 안 된다는 다짐이자 윤형중 신부에게 바치는 기도이기도 했습니다. 그런데 전시회에 오신 수녀님 한 분이 뜻밖의 제안을 했습니다. "신부님의 글씨를 보면 울부짖음이 느껴져요. 저는 성경 말씀도 좋지만 신부님이 시대의 증언을 해 주셨으면 좋겠어요."

전시회가 끝나고도 수녀님의 말씀은 쉽게 잊히지 않았습니다. 어찌 생각하면 온몸으로 시대와 부딪치며 살아온 세월이지만, 붓글씨로 시대정신을 표현한다는 생각은 못 해봤기 때문입니다. 공교롭게도 그 말씀을 하신 수녀님은 1974년 지학순 주교님의 양심선언을 타이핑한 일로 중앙정보부에 끌려가 고초를 당하셨던 분입니다. 작은 퍼즐들이 맞춰져 하느님의 섭리라는 큰 그림이 그려지고 있다는 생각이 들었습니다.

성경 시편의 기도도 떠올랐습니다. 시편 기도에는 찬미 기도, 탄원, 감사, 왕을 위한 기도, 지혜, 전례, 율법의 기도와 함께 '역사기도'가 나옵니다. 이집트에서 약속의 땅을 향하며 민족이 살아온 길을 회상하고 하느님의 자녀로서의 정체성을 확인하는 과정입니다. 문득 하느님 안에서 역사를 회상하면 아름다운 기도가 될 것이란 생각이 들었습니다.

역사에 헌신했던 사람들을 기억하고, 과거를 현재화시켜 시대의 정신을 벼리기 위해 붓글씨로 '역사기도'를 써보자는 결심이 섰습니다.

우리 민족이 걸어온 지난한 길을 한 글자 한 글자 옮기면서 나라와 겨레를 위해 기도합니다. 붓을 잡기 전에 늘 기도하지만, 이제는 붓글씨가 곧 기도이며 나아가 미래를 향한 길잡이라는 생각을 합니다. 선열들이여, 이끌어 주소서. 아멘!

조선건국준비위원회

여운형의 조선 건국 구상

1945년 8월 15일

아, 여운형…
그의 꿈은 아직도 미완으로

안식일에 우리를 공격해오는 자가 있으면 그가 누구든 맞서 싸우자.

그래야 피신처에서 죽어 간 동포들처럼 우리가 모두 죽는 일이 없을 것이다.

1 마카베오 2,41-28

———

공동체의 생존이 율법과 전통보다 우선한다는 이 깨달음. 바로 "벗을 위해 자기 목숨을 바치는 것보다 더 큰 사랑은 없다"(요한 15,13)라는 복음 말씀과 상통하는 혁명적 선언입니다. 자각을 통해 혁명을 지향한 이들이 역사의 물줄기를 바로잡습니다. 역사는 과거의 이야기인 동시에 오늘과 내일을 위한 길잡이로 미래학입니다.

아우구스티노 성인의 말처럼 엄밀한 의미에서 현재란 존재하지 않습니다. 현재라고 말하는 순간 그것은 이미 과거이며 새로운 미래가 물밀듯 밀려오기 때문입니다. 히브리인들은 앞서간 선조들의 뒤를 바라보며 성실하게 따라가는 삶을 자기완성과 구원이라고 확신했습니다. 선조들의 행업을 끊임없이 기려야 할 이유가 바로 여기에 있습니다. 이것이 과거와 미래를 함께 바라보는 성숙한 후손의 자세입니다. 기도와 기억은 인간이 지닌 초월적 힘이며, 이는 사랑과 헌신을 통해 확인됩니다.

역사에 가정은 없다고들 합니다. 하지만, 저는 지금부터 '그때 그랬더라면'이라는 안타까운 가정을 해나가려고 합니다. 가정이든 한탄이든 망각하는 것보다는 백배는 낫다고 생각하기 때문입니다. 우리의 나약함과 부족함마저 드러내는 것 자체가 '역사기도'입니다.

처절했던 항일 독립운동,
그러나 과실은 오히려 친일파에게

일제 강점기의 항일 독립운동은 신비롭다고 할 만큼 거침이 없었고, 또 그만큼 처절했습니다. 많은 이들이 죽음보다 가혹한 고통을 겪으며 자신들의 목숨조차 기꺼이 바쳤습니다. 이 사실을 반추하는 것은 헝클어진 실타래를 푸는 첫 단계로, 그 시작을 알아채는 것이기 때문입니다.

항일 독립운동은 크게 네 갈래로 나눕니다(조민 전 통일연구원 부원장 《항일 독립투쟁사》 참조). 첫 번째는 만주, 연해주 등지에서 활동한 무장 독립투쟁. 얼마 전 유해가 고국으로 돌아온 홍범도 장군과 최운산 장군이 대표적입니다. 두 번째는 여운형, 송진우로 대변되는 국내 항일투쟁으로, 주로 언론활동에 집중했습니다. 세 번째는 김구를 중심으로 한 상해 임시정부의 독립운동이고, 네 번째는 미국 본토와 하와이, 쿠바 등 해외 독립운동으로 이승만과 김원용 등이 이끌었습니다.

1945년 해방이 되고 우리나라 정치의 중심이 된 것은 앞에서 말한 네 갈래 중 세 번째와 네 번째입니다. 첫 번째와 두 번째는 소외되거나 스스로 방관했습니다. 최종 정치투쟁에서 승리한 것은 총칼을 들고 만주벌의 추위에 떨었던 이들도 아니고, 국내에서 수없이 옥고를 치른 이들도 아니었습니다. 이승만은 그렇게 대한민국 초대 대통령이 되었고, 국부란 별칭까지 얻었습니다. 실타래의 실이 어긋나기 시작한 것입니다.

이후 역사의 전개는 모두가 아는 그대로입니다. 동족을 죽이는 전쟁을 겪었고 분단은 고착화가 되었으며, 전 국민은 반공 이데올로기의 희생양으로 전락하였습니다. 처단해야 할 친일파는 순식간에 다시 득세하고, 자자손손 부와 명예를 세습했습니다.

전서대전집우화희

1

몽양 여운형 선생

2

여운형 조선건국준비위원회장을
환호하는 군중

1

2

우리에게 해방은
1945년 8월 16일 하루뿐이었다!

1944년 8월, 일제의 패망을 예견한 몽양 여운형 선생님은 지하 비밀결사 단체인 '조선건국연맹'을 결성하고 3불不 원칙을 천명했습니다. '말을 하지 않고(不言), 문서를 만들지 않고(不文), 이름을 밝히지 않는다(不名)'라는 것입니다. 1945년 해방이 되자, 여운형은 건국연맹을 '조선건국준비위원회'로 확대 개편하고, 총독부 정무총감 엔도 류사쿠를 만나 일본 측과 담판을 벌입니다. 일본이 요구한 일본인의 안전한 귀환을 보장하는 대신 정치·경제범의 즉각 석방과 3개월분의 식량 보급, 건국 사업에 대한 간섭 배제 등을 조건으로 협상을 타결합니다.

여운형은 차근차근 중앙조직을 갖추어 나갑니다. 하지만, 당시 민족주의 계열과 공산주의 계열 등으로 갈래갈래 나뉜 세력들이 하나로 뭉치기는 쉽지 않았습니다. 8월 31일, 결국 좌우 통합이 좌절된 상태에서 여운형은 건국준비위원회 위원장에서 사임을 합니다.

9월 4일에 열린 확대위원회에서는 전국인민대표위원에 이승만, 여운형, 김구, 김성수 등 55명을 선출하고, '조선인민공화국 임시조직법'을 통과시킨 후 '조선인민공화국' 수립을 발표합니다. 따라서 9월 7일 건국준비위원회는 저절로 해체되었고, 9월 11일에는 주석에 이승만, 부주석에 여운형, 총리에는 허헌이 각각 추대, 임명되었습니다.

이 과정 중에 여운형은 테러의 표적이 되었고, 상해 임시정부의 환국을 기다리던 사람들은 조선인민공화국을 인정하지 않았습니다. 게다가 10월 10일 미군정은 조선인민공화국을 부인하는 성명을 발표했습니다. 상황이 이렇다 보니 환국한 이승만도 주석 취임을 거절했습니다. 조선건국연맹으로부터 1년 2개월, 조선건국준비위원회로부터 두 달 만에 여운형의 꿈은 스러졌습니다.

강준만 교수는 저서《한국 현대사 산책》에서 '해방은 1945년 8월 16일 하루뿐이었다'라고 말합니다. 해방의 기쁨은 찰나였고, 역사는 우리 민족에게 길고도 큰 대가를 요구했습니다. 저는 '상해 임시정부에만 기대했던 미숙한 판단을 하지 않았더라면'이라고 가정합니다. '생각이 다르더라도 대의를 위해 모두가 함께했더라면'이라고 가정합니다. 아쉽고 아쉽지만, 미완의 꿈은 그대로 아름답습니다. 민족화합이란 꽃을 미처 피우지 못했다고 그 씨앗마저 사라진 것은 아니라고 믿습니다.

생각이 다르더라도
대의를 위해 함께했더라면

여운형 선생님은 '분단은 필히 전쟁을 초래할 것'이라는 믿음으로 좌우합작과 갈등을 넘어서 하나 되는 민족을 염원했고, 늘 죽음의 그림자 속에서 해방 공간을 사셨습니다. 막강한 냉전체제와 남북·좌우의 대립이라는 소용돌이 속에서 자주 통일국가를 꿈꾸었던 선생님은 1947년 7월 19일 서울 혜화동 로터리에서 반대 세력의 총격에 서거하셨습니다.

'점령'이냐, '해방'이냐는 논쟁 안에 임의대로 역사적 사실을 골라 편집하고 좌우를 가르는 편견에서 이제 벗어나야 합니다. 우리 민족공동체 구성원 누구도 민족분단과 좌우 갈등을 원하지 않았기 때문입니다. 당시 권력을 움켜쥐려던 편협한 정치인들의 야합과 맥아더 연합군사령부의 잘못된 판단으로 제대로 논의해 볼 공간조차 만들지 못했습니다.

여운형 선생님에 대한 우리 사회공동체의 일그러진 편견은 여전히 존재하고, 이념으로 민족공동체 구성원을 나누고 갈등으로 정치적 이득을 취하는 무리 또한 상존합니다. 미군정 당시 하지 장군의 정치 자문으로 근무했던 버치Leonard Bertsch 중위는 보고서에서 선생님에 대한 일본 고위관료들의 평가를 기록했습니다.

서울대학교 박태균 교수가 이미 밝혔듯이 여운형 선생님은 당시 가장 존경받는 정치지도자였습니다. 바로 오늘 여기서, 우리 모두가 제2, 제3의 여운형이 되어야 할 이유입니다.

선열들이여, 남북의 겨레가 하나 되도록 저희 모두를 재촉해주소서. 아멘!

맥아더 포고령

———

미군의 한반도 이남 통치 원칙
1945년 9월

신격화되지 말아야 할 것들을
땅으로 끌어내려

너희는 이방인을 억압하거나 학대해서는 안 된다.

너희도 이집트 땅에서 이방인이었다.

탈출기 22,20

———

약자와 이방인을 배려하라는 성경 말씀입니다. 그런데 그 핵심은 자기 성찰과 이웃에 대한 배려입니다. "남이 너에게 해주기를 바라는 그대로 너희도 남에게 해주어라"(마태오 7,32)라는 황금률이 바로 율법의 정점입니다. 예수님께서 그렇게 사셨고 실천하셨습니다.

예수님을 믿고 따르는 사람들이 그리스도인이며 이들의 모임이 그리스도교 공동체입니다. 하지만 가톨릭교회는 역사적으로 큰 잘못을 저질렀고 허물이 있습니다. 제2차 바티칸공의회(1962~1965)는 잘못된 과거를 성찰하고, 미래를 위한 쇄신으로 세상을 향한 개방적 사목 방향을 설정했습니다. 회개란 자신과 세상을 바꾸어 하느님 나라를 이 땅에 실현하려는 노력과 다짐입니다.

저는 교회의 사목적 소명을 깨닫는 과정에서 마르틴 루터 킹 목사의 〈사도 바오로가 현대 미국인들에게 보낸 서간〉을 읽게 되었습니다. 킹 목사는 하느님의 가르침에 어긋나는 가식과 위선의 삶을 사는 미국인들을 무섭게 꾸짖습니다. 그들은 입만 열면 '하느님, 하느님!'을 부르짖고, 더군다나 달러화 동전과 지폐에 '우리는 하느님을 믿습니다(IN GOD WE TRUST)'라는 신앙고백까지 넣었습니다.

소년의 영웅, 혹은 전쟁광
맥아더 장군

어린 시절, 저의 영웅은 맥아더 장군입니다. 약자인 우리나라를 위기에서 구해주고 우리의 삶을 보장해 주었다고 철석같이 믿었습니다. 선글라스에 파이프를 문 모습도 얼마나 멋졌는지 모릅니다. 선생님들도 맥아더 장군이 우리를 구했다 했습니다. '그가 조금 더 힘을 내어 만주에 원자폭탄을 투하했다면 우리 민족이 분단되지 않았을 텐데' 하는 아쉬운 마음이 가득했습니다.

1957년 신학교에 진학하여 캐나다 유학을 다녀온 신부님으로부터 영어를 배우는데 이상한 말씀을 하셨습니다. 우리가 패전국인 일본보다 훨씬 더 나쁜 대우를 받았다는 이야기입니다. 우리나라에서 미8군 주둔 기지를 거의 공짜로 쓰고 있다고도 했습니다. 순간 '미국이 고맙기만 한 나라가 아닌가'라는 의문이 들었습니다.

청년이 되어 로마로 유학을 떠났습니다. 로마에서 8년을 살면서 내 나라에서 어떤 일이 일어났는지 좀 더 객관적으로 보게 되었습니다. 믿기 어려웠지만, 미국은 우리 민족이 피 흘린 전쟁에서 큰 이득을 취했습니다. 미국은 우리 편이 아니었습니다.

1971년으로 기억합니다. 미국에서 본당 신부님과 대화를 나누다가 우연히 '맥아더를 존경한다'라는 얘길 꺼냈습니다. 신부님은 매우 의아해하면서 "자네가 뭘 알아서? 그 전쟁만 아는 인간을⋯. 세계 평화에 아무런 도움이 안 되는 사람"이라고 단호하게 말씀하셨습니다. 그 신부님과 말씀을 나누면서 분명하게 깨우쳤습니다. 가슴 속 영웅을 내치기 어려워서, 저는 그동안 미국과 맥아더를 따로따로 분리해서 생각했던 모양입니다.

1973년 귀국 후, 혹독한 유신 체제를 겪었습니다. 청년, 학생들이 속절없이 쓰러졌고, 여기저기서 '미국은 어디에 있느냐'라는 피울음이 들렸습니다. 비로소 저는 미국과 맥아더를 똑바로 대면하게 되었습니다. 미국은 정의의 수호자가 아니었고, 맥아더는 영웅이 아니었습니다. 맥아더는 패전국의 관리를 맡은 군인이었을 뿐입니다.

1

맥아더 사령관과 이승만

2

러시아어, 영어, 한글로 적힌
38선 표시

3

맥아더의 인천상륙작전

3

대한민국 임시정부를 전면 부인한
맥아더 포고령

우리 곁에는 여전히 신격화되어서는 안 될 것들이 신격화되어 있습니다. 이제 이들을 땅으로 끌어내려 찬찬히 살피고 재평가해야 합니다. '역사기도'라는 이름 아래 붓글씨를 쓰면서 외국인의 이름을 쓴다는 게 불편했으나 결코 지나치거나 빠뜨릴 수 없었습니다. 꼭 풀어야 할 실마리라 생각했기 때문입니다.

'맥아더 포고령'은 1945년 9월 11일 해방된 한반도에 미군이 들어오면서 발표한 통치 원칙입니다. 미군은 38도 이남을 직접 통치하겠다고 선포했고, 그동안 우리 한국인들이 이룩한 자주적 통치 활동을 전면 부인했습니다. 조선건국준비위원회는 물론 대한민국 임시정부까지 말입니다.

얼마 전 정치권에서 해방 후 미군이 '주둔군이냐 점령군이냐'라는 논쟁이 있었습니다. 논쟁 자체가 민족의 불행이라고 생각합니다. 우리는 일본의 패망으로 해방을 거저 얻었습니다. 거저 얻었기에 권리를 주장할 수 없었습니다. 주둔인지 점령인지를, 당한 사람이 논쟁한다는 것은 공허할 뿐입니다. 행위자의 의도와 태도에 답이 있다고 봅니다.

오큐파이occupy의 어원인 라틴어 오꾸빠레occupare는 점령이란 뜻이고, 당시 중앙청 앞에는 미국 국기만 올라갔습니다. 포고령 1조는 '북위 38도 이남의 조선 영토와 조선 인민에 대한 정부의 모든 권한은 당분간 나의 관할하에 집행된다'입니다. 맞습니다, 미국이 아니라 '나의 관할하under my authority'입니다. 포고령을 여러 번 읽었지만, 그 어디에도 주둔국 혹은 해방할 약자 나라에 대한 존중은 없었습니다.

포고령 2조와 함께
친일파는 친미파로 신분 세탁

이보다 더 뼈아픈 것은 포고령 2조입니다. '정부의 전 직원과 사용인 그리고 공공사업 기관의 직원과 사용인 등은 추후 명령이 있을 때까지 종래의 기능과 의무 수행을 계속하고, 모든 기록과 재산을 보존 보호해야 한다.'

언뜻 보면 그럴듯해서 평온해 보이기까지 한 문장 속에는 비수가 숨겨져 있습니다. 친일파가 성공적으로 친미 세력으로 탈바꿈하는 순간입니다. 일제를 돕고 자국민을 수탈하여 부와 명예를 거머쥔 친일 세력이 새로운 강자인 미국의 비호 아래 모든 것을 공고히 하였기에, 오늘날 우리 사회에 기득권층으로 군림하게 된 것입니다.

맥아더 포고령 이후, 한반도 상황을 누구는 미군정이라 하고 누구는 미식민지와 다를 바 없었다고 말합니다. 이 또한 '주둔이냐 점령이냐' 논쟁처럼, 단어가 중요한 게 아닙니다. 문제는 '우리가 과연 그 시절을 극복했다고 당당히 말할 수 있는가'입니다.

1963년 8월 28일, 링컨 노예해방 100주년 기념식이 열린 워싱턴D.C. 링컨기념관 앞 광장에서 있었던 킹 목사의 연설 '나에게는 꿈이 있습니다'는 언제나 세계인의 심금을 울립니다. 브라질의 정의평화 사도 헬더 까마라 대주교도 한 사람의 꿈이지만 만일 우리 모두 같은 꿈을 꾼다면 그 꿈은 반드시 이루어지고 현실이 된다고 민중을 격려했습니다.

제23회 한겨레 통일문화상 수상자 박한식 조지아대 명예교수는 수상 소감에서 "통일문화 없는 통일의 길을 볼 수 없다"라고 하며 "우리의 생각과 사고를 안보 패러다임에서 평화 패러다임으로 전환해야 한다"라고 역설했습니다. 그렇습니다. 우리는 분명히 큰 꿈을 꾸고 그 큰 꿈을 실현하도록 사고를 전환해야 합니다. "민주주의는 민중의 부활이고, 통일은 민족의 부활이다"라는 문익환 목사의 명언을 되새깁니다. 나눔이 바로 민주주의 실현이며, 일그러진 과거를 극복하는 것이 평화의 완결입니다.

선열들이여, 저희 모두 민족의 꿈인 남북의 일치와 평화공존을 이룩하도록 하늘에서 도와주소서. 아멘!

독도와 평화선

—

이승만의 60해리 영해 선언

1952년 1월 18일

독도 평화선을
왜 '이승만 라인'이라 부르는가

한 처음에 하느님께서 하늘과 땅을 창조하셨다… 하느님께서는 뭍을 땅이라,
물이 모인 곳을 바다라 부르셨다. 하느님께서 보시니 좋았다.

창세기 1,1-10

———

하늘과 땅, 바다와 섬, 자연의 신비 앞에 사람들은 그 어떤 신비감과 경외심을 갖습니다. 그 느낌과 체험을 절대자와 연계할 때 그것이 바로 하느님 체험과 사랑, 신앙고백이 됩니다. 나라와 공동체에 대한 사랑도 한가지입니다.

일제 탄압에 항거하며 목숨 바친 순국선열들의 고귀한 숨결도 남북 8천만 겨레의 가슴속에 여전히 살아 움직이고 있습니다. 울릉도 동쪽 이백 리 바다를 지키는 '독도수호대'를 비롯해 새로운 독립군들이 밤을 지새우고 있습니다. 나라와 시대를 지킨 불침번들을 마음속에 모시면서 독도와 평화선을 묵상합니다.

존재하는 모든 것은 아름답고 좋습니다. 우리는 누구나 대자연 앞에 머리를 숙이며 경탄합니다. 깊은 바닷속 물고기와 산호 등 온갖 신기한 사물과 현상에 대해서도 감탄합니다. 자연에 대한 경탄이 신앙과의 접점입니다. 그러나 늘 보고 대하고 익숙해지면 감탄도 흐려집니다. 이에 선현들은 늘 처음의 감격을 마음에 간직하고 되새기라고 강조하셨습니다. 오늘 다시 하늘과 땅, 바다와 섬에 대한 첫 체험과 사랑을 새롭게 되새기고자 합니다.

샌프란시스코 조약 발효 직전
이승만의 평화선 선포

사람은 누구나 안전한 곳을 원합니다. 그래서 땅에 근거를 마련하고 농사를 지었습니다. 바다에서 물고기를 잡았고 가까운 섬에 집을 짓고 농사를 짓기도 했습니다. 그러나, 육지와 아주 멀거나 농사짓기 어려운 섬에는 살지 못했습니다. 울릉도에서 멀리 떨어진 이 섬을 돌섬이라 불렀고, 우리는 별로 관심을 두지 않았습니다.

그런데 천연기념물 제336호, 동도와 서도 외에 89개의 부속 도서로 이루어진 독도가 이제 우리에게 보물이 되었습니다. 이런 보물의 가치를 이제껏 몰랐고 놓쳤습니다. 당연하다 여기며 홀대와 무관심 속에 지냈습니다.

초등학교 시절, 선생님은 '독도와 평화선'에 대해 설명해 주셨습니다. 이승만 대통령이 평화선을 선포해서 우리의 독도를 굳건하게 지켜냈다는 내용이었습니다. 일본에 대해 당당한 것도 기뻤고 또 그것이 평화를 위해서라니, 어린 마음에도 뿌듯했던 기억이 납니다. 시간이 흘러 이승만 정권의 실상을 알게 되고 그가 민족에 저지른 잘못에 대해 분노하게 되었지만, 개인적으로 이 평화선만큼은 그의 업적이라 평가합니다.

평화선은 1952년 1월 18일에 선포했는데, 이 시점에 주목해야 합니다. 1945년 8월, 일본이 무조건 항복하면서 일본은 승전국 미국의 군정 통치 아래 놓입니다. 1946년 연합국은 한반도와 독도를 포함한 부속 도서를 일본 제국주의의 침략 영토에서 분리합니다. 이는 일본이 러일전쟁 후 불법적으로 독도를 침탈했음을 국제사회가 공인한 구체적 증거입니다. 당시 일본은 아무런 이의도 제기하지 않았습니다. 연합군 최고사령관 각서 677호와 1033호는 일본 선박에 대해 독도 인근 해역 12해리(22.2km) 내 출입을 금했습니다.

하지만, 미국은 1951년 9월 일본의 주권 회복을 공인한 샌프란시스코 강화조약을 조인했습니다. 이듬해인 1952년 4월 정식 발효를 석 달 앞두고 있었던 상황에서 이승

1

이승만 라인에 항의하는
일본 내 집회

2

평화선을 넘어 조업한 혐의로
우리 해군의 심문을 받고 있는
일본 어민들

3

1952년 관보에 실린 평화선

4

동도와 서도로 구성된 독도

3

만 대통령은 평화선을 선포했습니다. 몇 달 후면 일본이 결사적으로 독도 영유권을 주장
할 것은 불을 보듯 뻔했기 때문입니다.

　　　이승만 대통령은 결단을 내렸습니다. 대한민국의 해안 자원과 주권을 보호하고
한일 간의 평화 유지를 위해 60해리(110㎞)까지를 평화선으로 선포한 것입니다. 동쪽으
로 독도, 남쪽으로 마라도, 서쪽으로 마안도에 이르는 한반도 해안의 모든 도서가 포함
되었습니다. 울릉도에서 독도까지 거리가 60해리 조금 못 미친다는 점을 고려한다면 이
조치가 의미하는 바를 알 수 있습니다. 해양에 관한 국제법이 존재하지 않았던 당시에는
3해리(5.5㎞) 정도를 영해로 인정했습니다. 그것의 20배 가까운 60해리를 주장했던 이
승만의 배포 하나는 인정할 만합니다.

4

샌프란시스코 조약 발효 전 시점이라 일본은 항의 성명만 발표하고 이렇다 할 조처를 하지 못했습니다. 한 달여 뒤, 평화선을 인정할 수 없다고 통보한 것은 미국이었습니다. 하지만, 이승만은 아랑곳하지 않았습니다. 평화선 안에서 조업하는 일본인을 한국 교도소에 구금했고, 나포한 일본 어선을 불하하는 등의 초강력 조치를 실행했습니다. 이후 일본은 영토 침략이라고 극렬히 항의했지만, 이승만은 꿈쩍도 하지 않았습니다. 평화선을 해외에서는 이승만 라인, 혹은 리 라인이라고 부른다고 하는데 그럴 만하다는 생각이 듭니다.

박정희의 무책임과 김대중의 미숙함
분쟁의 씨앗으로

1965년 박정희 정권은 '한일어업협정'을 통해 일본과 한국의 12해리(22.2km) EEZ(배타적 경제수역)에 대해 합의합니다. 그 대가로 일본은 9천만 달러의 어업협력자금을 내놓습니다. 협정을 맺었지만 일본이 독도를 포기한 것이 아닙니다. 오히려 '다케시마의 불법 점거에 대해 엄중 항의한다'는 문서를 보내 한국의 독도 지배를 인정하지 않음을 분명히 했습니다. 박정희 정권은 독도 수호의 의지는커녕 귀찮아하는 듯한 속내를 드러냈습니다.

당시 김종필 중앙정보부장과 일본의 오히라 외상이 만나 독도를 폭파하기로 했다, 또는 양도하기로 했다는 소문까지 떠돌았습니다. 박정희 정권의 이러한 대응이 오늘날 일본의 뻔뻔하고 집요한 도발을 가능하게 했고, 이는 국제사회에서 당당하지 못한 원죄가 되었습니다.

1998년 김대중 정부는 한일어업협정을 폐기하고 신 한일어업협정을 체결하면서 독도를 공동관리구역(중간수역)으로 만들고, '섬Island'이 아닌 '암초Rock'로 표기해 1999년 1월 6일 국회에서 날치기로 통과했습니다. IMF 시기였다지만 어리석은 선택이었습니다. 독재자 이승만은 평화선을 선포하고, 또 다른 독재자 박정희는 독도를 포기했으며, 독재자들에게 핍박받은 김대중은 매우 미숙한 정책으로 분쟁의 불씨를 살렸으니 역사는 참으로 아이러니합니다.

독도의 파란만장한 역사는
우리 민족의 자화상

10월 25일은 '독도의 날'입니다. 고종이 독도를 울릉도의 부속 섬으로 규정한 대한민국 칙령 제41호를 선포한 1900년 10월 25일을 기념해, 민간단체인 독도수호대가 2000년에 제정한 기념일입니다. 일본 시마네 현은 맞불을 놓듯 2005년 다케시마의 날을 제정했습니다.

역사의 줄다리기는 끝나지 않았고, 지킬 것을 지키지 못했던 우리는 대가를 톡톡히 치르고 있습니다. 국제 분쟁에서 역사적 맥락이나 정당성 따위는 그다지 중요치 않습니다. 우리가 해야 할 일은 지치지 않을 것, 관심의 끈을 놓지 않을 것, 행동해야 할 순간에 행동할 것입니다.

독도의 파란만장한 역사는 바로 우리 민족의 자화상입니다. 긴 역사 속에서 우산도(512년), 삼봉도(1471년), 가지도(1794년), 석도(1900년) 등으로 불렸으며, 독섬 또는 돌섬이라는 이름을 한자로 표기해 독도가 되었다고 합니다.

독도의 역사와 그 이름의 변천 과정을 제대로 알아야 비로소 독도의 존재 가치와 평화선의 민족사적 의미를 제대로 이해하게 됩니다. 박정희 정권은 스스로 큰 모멸을 자초했고, 김대중 정부 전후의 외교부와 수산청(해양수산부) 공무원들은 민족 정체성과 선조들의 피 끓는 애국애족 정신을 잃고 일본 관리들의 꾀에 넘어가는 무능과 무책임으로 독도가 큰 상처와 아픔을 겪게 했습니다.

당시 실무를 맡았던 한 외교관의 말에 따르면, 일본 외교관들은 한일 협상에 임할 때 늘 독도를 염두에 둔다고 합니다. 이 증언을 들으며 저는 매우 암담했습니다. 우리 외교부 공무원들과 해양수산부 관리들은 눈앞의 문제에 급급해 독도를 따로 떼어 논의하는 것이 현실이라고 합니다. 결과적으로는 일본 외교관들의 함정에 빠져 늘 분쟁의 빌미를 제공하고 있습니다. 선열들에게 부끄럽고 매우 안타까운 일입니다.

2018년 평창 동계 올림픽 때도 그랬습니다. 국제올림픽위원회IOC의 요청 사항이라고는 하지만, 결국 일본 측의 이의 제기로 한반도기에 표시한 독도를 삭제했습니다. 이 또한 현 정부의 당당하지 못한 오점이라고 생각합니다. 그런데 정작 일본은 2021년 동경올림픽 공식 홈페이지 일본 지도에서 독도를 일본의 영토로 표기했습니다. 우리가 더욱 정신 차리고 깨어 있어야 할 이유입니다!

이제 우리는 더욱 분발해 독립을 위해 몸 바친 순국선열들의 뜻을 되새기며 평화선을 다시 구축해야 합니다. 민족의 일치와 화해를 위해서도 독도를 더 잘 지켜야 합니다. 그곳이 종교인들의 수련장, 평화를 염원하는 기도의 섬이 되길 바랍니다. 아니, 남북 8천만 겨레의 염원과 꿈을 실현할 남북 평화와 만남의 장이 되고 우리 민족의 이념인 홍익인간을 바탕으로 나라와 겨레, 더 나아가 온 세계 평화의 섬이 되길 바랍니다.

거룩하신 하느님, 선조들이 몸 바쳐 지킨 우리의 조국과 세상 모든 이들이 평화를 위해 함께 노력하도록 도와주소서. 아멘!

함세웅의 붓으로 쓰는 역사기도 05

4·3 제주 항쟁

7년 7개월간의 제주도민 항쟁
1948년 4월 3일

제주의 눈물을
제대로 닦아 주는 방법은

그때 헤로데는 박사들에게 속은 것을 알고 크게 화를 내었다.

이에… 베들레헴과 그 온 일대에 사는 두 살 이하의 아이들을 모조리 죽여버렸다.

그리하여 예레미아 예언자를 통하여 하신 말씀이 이루어졌다.

마태오 2,16

———

　　예수님의 탄생과 얽혀 벌어진 이 학살 사건은 당시 헤로데 왕의 잔인함을 생생히 보여줍니다. 자식 잃은 부모의 마음을 어찌 다 헤아릴 수 있겠습니까? 복음사가는 이 아픔을, 나라를 빼앗긴 북 왕조 이스라엘 멸망 당시의 비명과 통곡, 그 어떤 위로도 마다한 예레미아 예언서의 말씀을 인용해 묘사합니다.

　　그리스도교 초기부터 헤로데 왕에게 학살당한 이 어린이들을 순교자로 추앙하며 매해 12월 28일에 축일 미사를 봉헌하고 있습니다. 순교의 범주는 매우 넓고 깊습니다. 이 어린이들은 훗날 십자가에 못 박혀 돌아가실 예수님의 수난, 그 예시적 전표前標입니다. 무릇 억울한 죽음은 모두 십자가 예수님의 죽음과 상통하며 공동체를 위한 보속과 속죄 그리고 정화를 뜻한다는 성서 신학적 선언입니다.

　　십자가 죽음, 고통의 신학에는 두 가지 큰 교훈이 있습니다.

　　첫째는 개인적 차원의 교훈입니다. 사람은 누구나 고통과 시련 속에 살아갑니다. 오히려 죽는 게 나을 듯한 고통의 정점에서 우리는 "왜, 내가?"라며 원망하고 항변합니다. 이 물음에 십자가의 예수님은 답하십니다. "나를 보세요. 하느님의 아들인 나도 십자가에 못 박혔습니다. 세상으로 갔으나 어이없게도 하느님을 모독했다는 종교 사범, 군중을 선동했다는 국가 사범으로 몰려 사형을 당했어요. 그러니 당신과 나는 동병상련의 처지입니다. 당신의 고통이 크고 깊지만 나를 보아서라도 그 고통을 이겨내세요. 자, 함께 손잡고 힘을 냅시다!" 십자가 신학의 위력입니다.

둘째는 공동체 차원의 교훈입니다. 최근에는 예수님의 죽음을 '지상 최대의 오판'이라고 지적하며, 불의한 권력에 맞서 싸워야 할 종교의 사회적 사명으로 해석하기도 합니다. 십자가 예수님의 죽음은 온 인류를 향해 '이제 더는 나와 같은 억울한 죽음을 없게 하라!'라는 호소이며 절규입니다. 온갖 불법과 정치적 조작을 청산하라는 명령입니다. 십자가 신학의 사회 실천적 교훈입니다.

4 · 3 희생자는 우리 시대 순교자
빨간 칠을 멈춰야 할 때

따라서 그리스도인들은 십자가 앞에서 위로와 용기를 얻습니다. 스스로 치유되며 부활을 확인합니다. 예수님께서는 억울한 사람, 작은 사람, 가난하고 억눌린 사람들을 잘 돌보라 하셨습니다. 그들을 사랑하는 것이 하느님을 사랑하는 것이라고 말씀하셨습니다. 우리 그리스도인들이 고통받고 억울한 사람들에게 관심을 갖고 사랑을 실천하는 이유가 여기에 있습니다. 무죄한 어린이들의 죽음과 같이, 모든 시대 억울한 사람들의 죽음이 순교입니다. 따라서 4 · 3 제주 항쟁의 희생자들도 우리 시대의 순교자들입니다. 이것이 이분들을 기려야 할 신앙적 이유이고 우리가 져야 할 시대적 책무입니다.

그런데 우리는 매우 부끄럽게도 오랫동안 4 · 3 제주 항쟁을 폭동과 공산반란으로 불러왔습니다. 교과서에서도 30여 년 이상 폭동이란 이름으로 가르쳤습니다. 그러나, 다행히 2000년 김대중 정부에서 '제주 4 · 3 사건 진상규명과 희생자 명예회복에 관한 특별법'을 공포하고, 2003년 노무현 대통령이 국가를 대표해 공식 사과를 했습니다. 그렇지만 2010년대에 들어서도 일부 교과서들은 여전히 과거 논조를 고수했습니다. 이런 비뚤어진 생각을 지닌 이들은 지금 이 순간에도 우리와 함께 살아갑니다.

이에 저는 반사적 본능을 의지로 제어하고 예수님의 십자가상 마지막 말씀을 떠

1
___
심문을 받기 위해
대기 중인 수용자들

2
___
중산간지대로 피신한 아이들

1

2

올리며 기도합니다. "하느님, 저들을 용서하소서. 저들은 자기들이 무슨 일을 하는지 모릅니다."(루카 23,34) 4·3 제주 항쟁을 폭동이라 하는 것은 단세포적입니다. 손가락 아홉 개를 외면하고 왼손 새끼손가락 하나만 보겠다는 심보라고 생각합니다. 1948년 4월 3일 남로당 제주도당 무장대 350명이 경찰지서와 우익단체 사무실을 공격한 것은 사실입니다. 하지만 이것은 빌미였을 뿐, 기득권을 지키고자 했던 이들에 의해 사건은 상상도 할 수 없을 정도의 참혹한 결말을 낳습니다.

4·3 항쟁으로 수만 명의 제주도민이 목숨을 잃었습니다. 진상규명위원회가 공식적으로 밝힌 희생자 수는 14,233명입니다. 그중 무장대와 전혀 관련 없는 여성이 20%가 넘고, 열 살 이하의 어린이와 노인도 12%에 달합니다. 일각에서는 희생자가 최대 3만 명이라고 하는데, 제주도민의 10분의 1에 해당하는 숫자입니다. 미국학자 브루스 커밍스는 미국 비밀문서를 토대로 6만 명 사망설을 주장하기도 합니다.

해방 이후 제주도는 인구 급증과 흉년으로 먹고살기가 힘들었습니다. 분명 해방이 되었는데도, 일제강점기 수탈에 앞장섰던 관리와 경찰들은 여전히 그 자리에서 하던 일을 계속했습니다. 그러던 중 1947년 3월 1일, 3·1절 행사에서 기마 경관에 의해 어린 아이가 다치게 됩니다. 행사를 구경하던 주민들이 이에 항의하자 경찰은 무차별 발포를 자행해 6명이 사망하는 사건이 일어났습니다. 이것이 4·3 항쟁의 도화선이라면, 서북청년단과 육지 경찰의 무자비한 강경 진압은 4·3 항쟁의 기름 탱크가 되었습니다.

우리는 왜
작별하지 않는가, 아직도

다만 젊은 남자라는 이유로, 혹은 남로당에 밥을 해줬다는 이유로, 빨갱이 가족이라는 이유로, 심지어 아무 이유도 모른 채 학살을 당했습니다. 젖먹이 아기도 죽음을 피하지 못했습니다. 이승만 정부는 '남녀노소 가리지 말고 불순분자를 제거하라'라는 경고문을 발표하고, 미국 대통령 특사 무초John J. Muccio는 소련과 북한을 배후로 지목하기까지 했습니다. 6·25 전쟁 중에도 무차별 살상은 계속되었습니다. 전쟁이 끝나고 1954년 9월 21일 사건이 최종 종결될 때까지, 무려 7년 7개월간 지상에서 지옥이 펼쳐졌던 것입니다.

1978년에 발표한 현기영의 《순이 삼촌》은 4·3 제주 항쟁을 다룬 소설입니다. 주인공 순이 삼촌(제주에서는 연장자를 남녀 구분 없이 삼촌이라고 부른다고 합니다)은 4·3으로 남편과 남매를 잃고 평생 트라우마를 가지고 살다가, 가족이 학살당한 옴팡밭에서 스스로 생을 마감합니다. 작가는 말합니다. 순이 삼촌의 죽음은 이미 30년 전에 일어난 해묵은 죽음이라고. 현기영은 작품 발표 후 보안사에 끌려가 고초를 당했습니다.

최근 한강 작가가 4·3 항쟁을 소재로 신작 《작별하지 않는다》를 발표했습니다. 제목 그대로 우린 아직도 4·3을 떠나보낼 만큼 성숙하지 못했습니다.

4·3 제주항쟁을 재조명하려는 정치적 관심은 김영삼 정부에서 시작해, 김대중 정부와 노무현 정부를 거치며 의미 있는 발걸음을 내디디고 있습니다. 문재인 정부에서도 진상규명을 적극적으로 진행했으며, 희생자 유족에 지급할 배상금과 보상금도 2022년 국가 예산으로 책정했습니다.

제주의 평화가 한반도의 평화로
이어지기를

2018년 4·3 항쟁 70주년을 맞아, 당시 제주 교구장 강우일 주교는 프란치스코 교황에게 기도를 청했습니다. 교황은 국무원 총리 피에트로 파롤린 추기경을 통해 '4·3 항쟁 70주년 행사가 치유와 화해를 증진하는 기회가 되기를 바란다'라는 메시지를 전했

습니다. 비극은 덮는 것도 잊는 것도 아닌, 드러냄으로써 치유된다고 믿습니다. 그렇습니다. 모든 것을 분명히 드러내고 밝히는 것이 종교의 계시이며 구원의 핵심입니다.

공권력 특히 해방정국에서 경찰 권력의 횡포는, 군사독재 정권이 자행했던 폭력에 비할 바가 아닙니다. 해방정국 3년 동안 공공연히 테러와 폭력을 자행했던 잘못이 매우 큽니다. 이에 2018년 1월 서울 강북구청은 4 · 3 제주 민간인 학살 주요 책임자로 알려진 조병옥을 순국선열과 애국지사 16위 흉상건립사업에서 제외했습니다. 그는 1947년 삼일절 기념대회에서 민간인에게 발포한 사건의 경찰 지휘 책임자였습니다. 우리 사회공동체가 잘못된 역사적 사실을 진심으로 회개할 때에만 상처는 치유되고 공동체 정신이 살아날 것입니다.

성경은 권력자들과 부자들에게 더욱 엄격하게 법과 정의의 원리를 적용해야 한다고 가르칩니다. 하느님은 가난하고 병들고 억울하고 약한 사람들의 울부짖음에 늘 응답하셨습니다. 우리 역사 안에서 공동체를 억압하고 탄압했던 많은 정치인, 법관, 검찰, 군인, 경찰 등 수사 책임자들의 회심을 바라며 제주의 평화가 한반도의 참된 평화로 이어지기를 간절히 바라며 기도합니다.

선조들과 4 · 3 제주 순교자들이여, 우리나라와 온 세상의 정의 평화 실현을 위해 하느님께 빌어주소서. 아멘!

국회 프락치 사건

제헌 국회의원 남로당 프락치 조작
1949년 5월

친일 청산하려던
그들은 어떻게 프락치가 되었나

초상집에 가는 것이 잔칫집에 가는 것보다 낫다.

거기에 모든 인간의 종말이 있으니

살아 있는 사람은 이를 마음에 새길 일이다.

코헬렛 7,2

———

     모두가 공감하는 선현들의 체험과 가르침입니다. 일상의 교훈이지만 성서 작가가 성경에 기록하면 이 말은 '하느님의 말씀'이 됩니다. '사람을 잘 보면 하느님이 보인다'는 신학적 정언과 같이, 역사를 회상하고 성찰하면 아름다운 기도가 됩니다. 그렇습니다. 상처와 아픔, 고난과 죽음이 깃든 역사의 현장을 찾아 조문하는 이유가 바로 여기에 있습니다. 이는 함께 울고 고뇌하고 위로하며 새롭게 기쁨과 희망을 찾고자 하기 때문입니다. 이게 바로 20세기에 가톨릭 교회가 깨닫고 고백한 제2차 바티칸 공의회 사목헌장 첫 대목의 고백과 선언입니다.

     "오늘날 특히 가난한 사람들과 고통당하는 모든 이들의 기쁨과 희망, 슬픔과 고뇌는 바로 그리스도 제자들의 기쁨과 희망, 슬픔과 고뇌입니다." 성경은 히브리인들의 역사입니다. 선조들의 삶을 기리며 하느님을 생각하고 하느님 안에서 성찰하고 후대를 위하여 기록한 이 문서는 신앙 고백이자 역사 증언입니다.

     함석헌 선생은 1934~35년 동인지 〈성서조선〉에 연재한 '성서적 입장에서 본 조선역사'에서 나름대로 과감한 시도를 꾀했습니다. 물론 히브리인들의 성서 역사를 우리네 역사와 단순 연계했다는 한계는 있지만, 이는 신앙인으로서 용기 있는 접근이었습니다. 그 후 두 차례의 수정본을 거치며, 성서적 관점을 넘어서서 우리 민족의 역사를 다원 종교적 시각에서 해석하고 보완했습니다. 그 행업을 높이 평가합니다.

     이제 70여 년 전의 선배들은 거의 세상을 떠났습니다. 그런데 역사는 되풀이됩니다. 미국을 등에 업고 전횡했던 이승만 시대처럼 오늘날에도 그 추종자들이 횡포를 부리고 있습니다. 제헌 국회의원은 200명이었습니다. 거기서 100명이 늘어난 만큼 '세상은 진전되었는가'라는 질문을 던지며 70여 년 전 제헌국회 그 현장으로 달려갑니다.

제헌국회 소장파 의원,
고문 끝에 '남로당 프락치' 혐의

맥아더 미군정에 힘입어 대통령이 된 이승만은 친일 잔재에 기초해 정권의 기반을 다졌습니다. 해방 정국 당시 송진우, 여운형, 김구 등 유능한 정치 지도자들이 테러로 세상을 떠났습니다. 1946년 10월 대구항쟁, 1948년 4·3 제주항쟁 과정에서는 많은 시민이 목숨을 잃었습니다. 그해 5월 15일에 국회의원 총선거가 있었고, 8월 15일에는 남한 단독정부를 수립했습니다. 그리고 10월에는 여순항쟁이 일어났습니다. 숨가쁜 정치적 소용돌이 속에서 제헌국회는 강력한 빛을 발했습니다.

사실 남한 단독정부 수립을 반대한 이들은 1948년 5월 총선을 보이콧했습니다. 언뜻 반쪽짜리 국회라 생각할 수 있지만, 실상은 젊고 민족정신이 투철한 젊은 정치 지망생들이 대거 등장하는 계기가 되었습니다.

제헌 국회의원 200명 중 이승만 계열의 대한독립촉성회 소속이 55명, 야당 격인 한국민주당 소속이 29명인 데 반해 젊은 소장파 의원이 85명이나 되었습니다. 국회 내 최대 세력을 형성한 그들은 반민족행위자 처벌, 남북의 자주적 평화통일의 기치를 걸고 이에 소극적으로 임하는 정부를 연일 비판했습니다. '친일 경력자를 처벌하라, 미소 양군은 철수하라'는 등의 주장은 이승만 정권을 뿌리째 흔드는 것이었습니다.

이에 이승만 정권은 경찰력과 행정력의 유지를 위해서 친일 경력자들을 더욱 껴안고 미국에 종속되었습니다. 가슴속에 민족에 대한 사랑과 봉사의 열정으로 가득했던

소장파 의원들은 그 어떤 회유나 협박 앞에서도 전혀 흔들리지 않는 신념이 강한 분들이었습니다.

기어코 이승만 정권은 독재의 칼을 꺼냈습니다. 1949년 5월에 3명의 국회의원을 체포합니다. 6월엔 소장파를 이끌었던 김약수 국회 부의장을 포함해 추가로 7명을 체포하고, 8월에는 6명을 더 체포했습니다. 결국 이들 중 소장파 의원 13명을 소위 '남로당 프락치'라는 혐의로 기소해 재판에 넘깁니다. 남로당의 사주를 받아 외국군 철수와 평화통일을 요구했다는 죄목입니다. 이것이 바로 국회 프락치 사건입니다.

이 사건과 병행해 1949년 6월 6일 이승만 정권의 친일 경찰들은 반민족행위특별조사위원회를 기습적으로 습격하고, 국회는 1950년 9월까지였던 반민족행위처벌법의 공소시효를 1949년 8월 말로 단축하는 개정안을 9월에 통과시켰으며, 10월에는 반민특위 검찰과 특별재판부를 모두 해체했습니다. 이승만 정부의 치밀한 정치적 계산과 반민족적 범죄입니다.

"13명의 의원이 무명인간화 되었다"
그레고리 헨더슨의 증언

현역 국회의원을 체포한 것은 검찰도 경찰도 아닌, 일제 강압 통치의 표상이었던 헌병대였습니다. 독립운동가들이 받았던 살인적인 고문과 자백 강요는 대한민국 최초의 국회의원에게도 똑같이 쏟아졌습니다. 재판정에서 의원들은 강압에 의한 자백임을 수차례 소명하지만, 이듬해 3년에서 10년까지의 실형을 선고받습니다. 13명 전원이 항소했고, 2심 재판을 기다리던 중 6.25 전쟁이 발발하자 1명을 제외하고 12명이 월북 또는 납북돼 북쪽으로 갔습니다.

저는 무엇보다 이 지점을 가슴 아프게 생각합니다. 특히 월북이란 단어는 자발성을 전제합니다. 하지만 그때 그들에게 선택권이 있었을까요? 그들은 살기 위해 북으로 향했고, 누명을 벗을 기회는 영영 사라졌습니다. 그리고 잊혔습니다. 가족들은 사람들의 눈에 띌세라 숨죽이며 살았고, 억울한 냉대와 불이익에 항변조차 하지 못했습니다.

그나마 다행이라고 생각하는 것이 있습니다. 망각이 더 깊어지기 전에 사건의 기록물들을 정리했기 때문입니다. 2021년 김정기 교수가 출간한 《국회 프락치 사건의 증언》은 이 사건이 한국 민주주의에 미친 영향과 유족들의 아픔을 공론화했다는 점에서 의미가 큽니다. '국가 폭력이 국회의원에게 자행한 고문과 학대, 그리고 가족과 후손들에게 이어진 영혼 학대 추적기'란 부제에서 우리가 잊고 있었던 것이 무엇인지를 깨닫게 됩니다.

그런데 여기서 우리가 꼭 기억해야 할 인물이 있습니다. 1948년 대한민국 미 대사관의 3등 서기관으로 근무했던 그레고리 헨더슨입니다. 그는 국회 프락치 사건의 중요성을 직감하고 수많은 공판 기록을 바탕으로 최고의 증언을 남겼고, 김정기 교수는 그와 교류하며 방대한 자료들을 집대성했습니다.

그레고리 헨더슨의 기록은 이승만 정권이 제헌국회를 어떻게 탄압했는지 적나라하게 증언합니다. 재판부의 판사와 검사, 헌병대가 정권의 이익을 위해 얼마나 일사불란하게 움직였는지 보여줍니다. 그 결과 무소속 국회의원이 다수였던 제헌국회는 동력을 상실했고, 민주주의는 퇴행했으며, 반공 독재가 시작되었습니다. 헨더슨은 한 세미나에서 "13명의 제헌 의원들이 역사적 무명인간화되었다"라고 술회했습니다.

당시 언론은 국회 프락치 사건의 결정적 증거가 남로당 특수공작원 '정재한'이란 여성이 음부에 숨긴 암호 문서라고 보도했습니다. 남로당의 지시를 받고 프락치 활동을 하는 국회의원 명단을 갖고 월북하려던 정재한을 체포했다는, 엽기적 시나리오입니다. 김정기 교수는 이를 저질 정치 코미디라고 단언합니다.

변호인 측의 끈질긴 증인 요청에도 당시 검사 오제도(반공조작 사건의 대표적 인물)

1

국회 프락치 사건을 보도한
동아일보 기사

2

제헌국회 의원들

1

2

와 장재갑, 주심 판사 사광욱(친일 인명사전 등재인물), 배심 판사 박용원, 정인상은 정재한에 대한 증인 채택을 거부합니다. 실존 인물이 아니란 말까지 돌 정도였습니다. 하지만 이후 헨더슨이 확보한 자료에 의하면, 13인의 재판이 끝나기도 전인 1949년 12월 정재한의 총살형이 집행되었다고 합니다. 재판이 끝나기도 전에 결정적 증인을 사형에 처했다는 것은 역설적으로 그 모든 것이 조작이라는 확실한 증거가 아닐까요.

먼 길 끝에서 만난 희망
재심이 가능하다

국회 프락치 사건 앞에서 큰 부끄러움과 참담함을 느낍니다. 외국 외교관이 진실을 밝히는 데 앞장섰다는 사실이 부끄럽고, 진상규명을 하지 못한 채 너무 긴 시간이 흘렀다는 것이 참담합니다. 또한 13명의 국회의원과 가족들이 겪었을 고통에 가슴이 아픕니다. 제헌국회가 받은 박해는 어쩌면 그들의 꿈과 힘이 그만큼 창대했다는 의미가 됩니다. 그들의 저력이 제대로 발현되었다면 6.25라는 비극을 막을 수 있지 않았을까 상상해봅니다.

최근 과거사진상규명위원회를 방문해 국회 프락치 사건에 관해 얘기를 나눴습니다. 위원장과 대화 중에 이 사건의 재심이 가능하다는 답변을 들었습니다. 사상이나 월북 여부보다는 절차의 불법성이 더 중요하다는 것입니다. 제헌 국회의원 13인은 다만 1심만 받았다는 점, 그들이 군 · 경 · 검 합동조사부에서 취조받았다는 점, 무자비한 고문 등이 모두 재심 사유가 된다고 했습니다. 먼 길 끝에서 희망을 보았습니다.

이분들은 대법원 판결이 나오기 전, 즉 미결 상태였으므로 무죄 추정의 원칙에 따라 당당한 제헌 국회의원들입니다. 이제 후배 국회의원들이 국회의 이름으로 나서서 그들의 무죄를 공식적으로 선언하고, 정치적으로는 물론 민족사적으로서도 제헌 국회의원들의 신분을 재확인해야 합니다. 국회의사당 내의 친일 인물들의 상을 철거하고 이분들의 흉상을 모셔야 합니다. 아무리 부끄럽고 아플지언정 진실을 밝혀야 합니다. 이것이 우리에게 남겨진 역사 책무이자 하나 된 대한민국으로 가는 길의 장애물을 제거하는 일입니다. 기억해야 할 것을 기억하고, 실천해야 할 일을 실천해야 합니다.

고난의 길을 걸은 제헌 국회의원들의 명복을 빌며 가족들의 고초에 깊은 아픔을 표합니다. 위패를 모시는 마음으로 한 분 한 분의 이름을 크게 부르며, 그 후손들의 손을 잡고 큰절을 올립니다. 미완으로 끝난 통일 공동체의 꿈을 위해 기도합니다.

하느님, 수난 당한 제헌 국회의원들에게 합당한 상급을 주시고 저희 모두 역사를 바로잡아 정의로운 삶을 살게 하소서, 아멘!

열세 분의 제헌 국회의원을 마음에 정성껏 모시기 위해 그 이름과 대표 연혁을 소개하며 글을 마치고자 합니다.

노일환(盧鎰煥, 1913~1982)
• 전북 순창 출신. 배재고보 졸업, 보성전문 상과 졸업
• 제헌 국회의원(1948.5~1950.5) 〈선거구〉 전북 순창, 〈소속정당〉 한국민주당
• 동아일보사 기자, 국회 프락치 사건의 주동(1950)으로 징역 12년 선고, 복역 중 6.25 전쟁으로 출옥, 재북 평화통일협의회 상무위원 겸 선전부장 역임, 그 후 숙청되었다고 함

이문원(李文源, 1906~1969)
• 전북 익산 출신. 전주사범 졸업
• 제헌 국회의원(1948.5~1950.5) 〈선거구〉 전북 익산을, 〈소속정당〉 무소속

• 교원생활 10년, 사회민주당 중앙집행위원, 한독당 조직부장, 대동청년단 조직부장, 국회 프락치 사건으로 징역 12년 선고, 6.25 전쟁 후 출옥, 북에서 사망

김약수(金若水, 1889~1964)
• 경남 동래 출신. 경남고 졸업, 일본대 사회과 졸업
• 제헌 국회의원(1948.5~1950.5) 〈선거구〉 동래, 〈소속정당〉 조선공화당
• 다년간 항일투쟁, 길림군정서 군사위원, 재조선인 사상단체인 북성회 조직위원장 (1920), 기관지 〈대중시보〉 경영, 경성에서 〈일간대중〉 발행(1937), 조선공화당 위원장, 한민당 간부, 국회 부의장, 국회 프락치 사건으로 징역 8년 선고, 복역 중 6.25 전쟁 후 출옥, 북에서 사망

박윤원(朴允源, 1908~1994)
• 경남 출신. 여수 수산중학 졸업, 동경 수산강습고 졸업, 만주 대동대학 졸업
• 제헌 국회의원(1948.5~1950.5) 〈선거구〉 남해, 〈소속정당〉 무소속
• 수산시험장에서 연구 생활, 남해 귀환동포회 총무, 기사 생활 9년, 국회 프락치 사건으로 징역 8년 선고, 복역 중 6.25 전쟁 후 출옥, 북에서 사망

김옥주(金沃周, 1915~1980)
• 전남 광양 출신. 양정고보 졸업, 조도전대학 법학부 졸업
• 제헌 국회의원(1948.5~1950.5) 〈선거구〉 광양, 〈소속정당〉 무소속
• 국회 프락치 사건에 연좌, 징역 6년 선고, 복역 중 6.25 전쟁 후 출옥, 재북평화통일협회 상무위원(1957) 역임, 그 후 숙청되었다고 함(1959)

강욱중(姜旭中, 1908~1969)

- 경남 함안 출신. 중학교 3년 중퇴
- 제헌 국회의원(1948.5~1950.5) 〈선거구〉 함안, 〈소속정당〉 민족청년단
- 변호사, 조선법학회 상무이사, 인권옹호동맹 조선지부 중앙위원, 민족청년단 이사, 국회 프락치 사건으로 징역 6년 선고, 투옥 중 6.25 전쟁 후 출옥, 북에서 사망

김병회(金秉會, 1916~1987)

- 전남 출신. 소학교 졸업
- 제헌 국회의원(1948.5~1950.5) 〈선거구〉 진도, 〈소속정당〉 무소속
- 보문普文 시험 합격, 목포일보 편집장, 대한노총 목포지부 간사, 국회 프락치 사건으로 투옥, 징역 6년 선고, 6.25 전쟁 후 출옥, 북에서 사망

황윤호(黃潤鎬, 1913~1977)

- 경남 출신. 진주중학교 졸업
- 제헌 국회의원(1948.5~1950.5) 〈선거구〉 진양, 〈소속정당〉 무소속
- 면장 생활 3년, 국회 프락치 사건에 연좌, 징역 6년 선고, 6.25 전쟁 후 출옥, 북에서 사망

최태규(崔泰奎, 1919~2009)

- 강원 정선 출신. 동경전수대 법학부 3년 수료
- 제헌 국회의원(1948.5~1950.5) 〈선거구〉 정선, 〈소속정당〉 무소속
- 징역 3년 선고, 복역 중 6.25 전쟁 후 출옥, 납북

이구수(李龜洙, 1912~1967)

- 경남 고성 출신. 소학교 졸업

- 제헌 국회의원(1948.5~1950.5) 〈선거구〉 고성, 〈소속정당〉 무소속

- 기자 생활, 국회 프락치 사건에 연좌, 징역 3년 선고, 복역 중 6.25 전쟁 후 출옥, 납북

서용길(徐容吉, 1912~1992)

- 충남 아산 출신. 연희전문학교 문과 졸업

- 제헌 국회의원(1948.5~1950.5) 〈선거구〉 충남 아산, 〈소속정당〉 무소속

- 조선화약총포주식회사 근무(1943~1946), 서울대학교 상과대학 강사(1947~1948), 국회 프락치 사건으로 투옥(1949), 징역 3년 선고, 성균관대학교 교수, 자유당 입당(1959)

배중혁(裵重赫, 1920~1991)

- 경북 봉화 출신. 동경 태동중학 졸업

- 제헌 국회의원(1948.5~1950.5) 〈선거구〉 봉화, 〈소속정당〉 대동청년단

- 목재회사 근무, 대동청년단 경리이사국장, 국회 프락치 사건으로 투옥(1949), 징역 3년 선고, 복역 중 6.25 전쟁 후 출옥, 북에서 사망

신성균(申性均, 1905~1967)

- 전남 곡성 출신. 일본 와세다대학 전문부 졸업

- 제헌 국회의원(1948.5~1950.5) 〈선거구〉 전북 전주, 〈소속정당〉 무소속

- 전남 곡성 면장, 한독당 전북도당 위원장, 해방 후 곡성군 건준위원장, 전북도내 각종 정치단체에 관여, 국회 프락치 사건으로 투옥(1949), 징역 3년 선고, 6.25 전쟁 후 출옥, 북에서 사망

※ 월북한 분들이 돌아가신 연대는 2004년 북한이 공개한 평양시 룡성구역 '재북인사의 묘'에서 확인된 내용입니다.

사사오입 개헌

3선 제한 철폐 헌법개정안 투표
1954년 11월 27일

서울대 수학 교수까지 동원된
막장 코미디

악한 행동에 대한 판결이 곧바로 집행되지 않기 때문에

인간의 아들들의 마음은 악을 저지를 생각으로 가득 차 있다.

악인이 백 번 악을 저지르고서도 오래 살기 때문이다.

코헬렛 8,11

———

코헬렛은 구약성경 지혜 문학에 속한 작품으로 얼마 전까지는 이를 전도서라 불렀습니다. 왕을 자처한 한 현인이 인간 역사의 삶과 고뇌 속에서 끊임없는 성찰로 내적 평화와 자기완성을 이룬다는 내용입니다. 이는 우리 역사 속 선현과 도인의 교훈과도 일맥상통합니다. 저는 지혜 문학을 공부하면서, 평범해 보이는 교훈들을 하느님 안에서 해석하면 곧 하느님의 말씀(성경)이 될 수 있다고 생각했습니다.

1992년 베트남과 국교를 맺은 직후, 베트남을 방문한 적이 있습니다. 안내를 맡은 분은 호찌민이 프랑스를 몰아내고 미국도 쫓아낸 훌륭한 정치 지도자였다고 설명했습니다. 안내인의 표정엔 자부심과 긍지가 가득했습니다. 호찌민은 부하 동지들과 똑같이 식판에 배식을 받았으며, 자신이 죽으면 시신을 화장해 통일 베트남의 남쪽 바다에 뿌려 달라는 유언을 남겼다는 일화도 전해주었습니다. 그의 검소하고 겸허한 삶이 오늘날 베트남의 부흥을 뒷받침했고 베트남의 정신이 되었습니다.

호찌민과 정반대의 삶을 살았던 정치 지도자는 이승만 대통령이었습니다. 일제 강점기 미국에 피신해 있으면서, 자신을 왕족이라 사칭하고 그 소중한 독립 자금을 남용한 일은 우리를 슬프게 합니다. 상해 임시정부에서도 자신의 욕심을 앞세워 큰 분란을 일으켰던 이승만은 끝내 초대 대통령이 되었으며, 친일파와 손잡고 정권 연장을 위해 헌법을 농단했습니다.

헌법 파괴, 헌정 농단의 시조
사사오입 개헌

얼마 전 민주당의 대통령 후보 선출 과정에서 불만을 표하는 사람들이 '사사오입'이라는 주장을 펼치는 것을 봤습니다. 저는 의문이 들었습니다. 그들이 과연 사사오입 개헌에 대해 제대로 알고 말하는 걸까? 실체를 간과한 단선적 비유에 어이가 없었습니다. 하지만 곧바로 사사오입 개헌이 우리 헌정사에 얼마나 큰 생채기를 남겼는지 알릴 기회가 될 거라는 생각이 들었습니다.

우리나라의 개헌은 대체로 대통령의 임기 규정을 바꾸려는 목적으로 이루어졌습니다. 대통령의 임기를 바꿔서, 다시 말해 특정 대통령의 임기를 늘려서 좋은 나라가 될 수 있었다면 우리가 그 긴 질곡의 세월을 거쳐오지는 않았을 겁니다.

1952년 6.25 전쟁 중에 이승만 대통령은 발췌개헌을 통해 대통령 선거를 직선제로 바꾸고자 합니다. 2년 전 총선에서 그를 지지했던 인사들이 대거 낙선하면서 국회의원 간선제로는 재선될 가능성을 확신할 수 없었기 때문입니다. 야당과 무소속 의원이 포진한 국회는 당연히 반발했습니다. 결국 경찰이 의사당을 포위했고, 기립투표 방식으로 개정안이 통과되었습니다. 그리고 같은 해에 이루어진 대통령 선거에서 이승만은 중임에 성공합니다.

1차 중임으로 8년간 집권이 보장되었지만, 그는 만족하지 못했습니다. 아니 매우 부족했던 듯합니다. 아예 종신 집권을 노렸으니까요. 대통령 임기 4년, 2회까지 가능한 연임 제한 규정은 그대로 두고, 부칙에 '헌법 개정 당시의 대통령은 연임 제한 적용을 받지 않는다'라고 부기한 것입니다. 특정 개인을 대상으로 하는 헌법 조항이라니 누가 봐도 이상하고, 누가 봐도 의도가 뻔했습니다. 의원들이 극렬히 반대할 것도 자명했습니다.

이승만은 대대적인 사전 정지 작업에 들어갑니다. 1954년 민의원 선거에서 개헌

1

발췌개헌의 거수 표결 방식

2

사사오입 개헌 당시의 국회 풍경

3

사사오입 개헌안 통과에
항의하며 국회 부의장의 멱살을
잡는 이철승 의원

에 찬성하는 인사들만 공천을 주었던 것입니다. 하지만, 당시 자유당은 개헌 정족수 136
석에 훨씬 못 미치는 114석에 불과했습니다. 협박하고 매수하고 회유하고, 이승만 정권
은 가능한 모든 수단을 동원했습니다. 결국 자신들의 계산상으로는 137명의 의원을 개
헌 찬성파로 확보했습니다.

"각하, 딱 한 표가 모자라
부결되었습니다"

1954년 11월 27일 개헌 투표가 이루어졌습니다. 결과는 재적 의원 203명 중 찬성 135명, 반대 60명, 기권 7명, 무효 1명이었습니다. 국회 부의장 최순주가 개표 결과를 발표하자 의사당 안의 야당 의원들은 만세를 불렀고, 자유당 의원들은 고개를 떨궜습니다. 그들이 확보했다고 했던 137명 중에 최소 2명이 이탈한 것입니다.

국회 부의장은 헌법 98조에 의거, 개헌안이 부결되었음을 선포합니다. 참고로 헌법 98조는 '헌법 개정의 의결은 양원에서 각각 그 재적 의원 3분의 2 이상의 찬성으로써 한다'입니다. 개헌 정족수는 203명의 3분의 2(135.333) 이상이므로 당연히 136명입니다. 적어도 그날 의사당 안에서 찬성 135명이 의결 정족수 미달이란 사실을 의심한 사람은 없었습니다.

그런데 상황이 이상하게 흘러갑니다. 부결된 다음 날 자유당 의원총회가 열리고 여기에서 '번복 가결 동의안'이 상정된 것입니다. 의결 정족수를 사사오입四捨五入하면 135명이므로 헌법 개정안은 가결된 것이란 논리입니다. 조용순 법무부 장관은 0.333은 독립된 한 사람이 아니므로 개헌 정족수는 135명이 바르다고 유권해석을 내립니다.

점입가경으로 이 논쟁에 수학자가 등장합니다. 서울대학교 수학과 교수이자 대한수학회장을 역임한 최윤식 교수도 사사오입에 찬성했다는 것입니다. 코미디도 이런 코미디가 있을까 싶습니다. 상식적으로, 수학과 교수가 사사오입 개헌을 어떤 공식이나 계산으로 옹호했다는 것일까요?

나중에 밝혀진 바로는 자유당 국회의원 이익흥과 손도심이 최 교수를 찾아가 '203의 3분의 2가 얼마냐? 그 숫자를 사사오입하면 얼마가 되느냐?'를 질문했을 뿐이라고 합니다. 초등학생도 풀 수 있는 계산 식을 서울대 수학과 교수에게 물었습니다. 엉겁결에 답을 말한 최 교수는 뜻하지 않게 정권에 제대로 이용당했습니다.

11월 29일 깡패들의 협박을 받은 야당 의원들이 퇴장한 가운데 개헌안 번복 가결 동의안이 통과되었습니다. 이승만은 영구 집권에 성공했습니다. 저는 당시 중학생이었습니다. 학교 선생님들은 말씀하셨습니다. "딱 한 표가 모자라 부결되었습니다"라는 보고를 받은 이승만이 "그게 왜 부결이야? 다시 계산해 봐라!"라고 역정을 내자, 자유당 의원들이 일사불란하게 움직여 개정안을 통과시킨 거라고요.

깡패와 수학 교수가 만들어 준
영구집권

과정이 어쨌든 이승만과 자유당 정권의 무리수를 전 국민이 지켜보았다는 것이 중요합니다. 1954년의 헌법 개정은 사실상 위헌이었습니다. 정족수에 대한 잘못된 해석뿐 아니라 특정 개인에게 대통령의 지위를 영구 보장한다는 조항은 민주주의 국가의 근간을 뒤흔드는 것입니다.

이승만은 영구 집권에 성공했지만, 민주주의 정신과 국가의 위상과 국민의 자존심은 짓밟혔습니다. 모든 작용엔 반작용이 있기 마련입니다. 지극히 퇴행적이었던 이승만의 욕심은 4·19 혁명으로 단죄받았습니다. 하지만, 그 욕심이 뿌려놓은 씨앗은 뽑아도 뽑아도 다시 자라는 잡초처럼 대한민국 정치사에 어둠을 드리웠고, 첫 단추를 잘못 끼운 대가는 가혹했습니다.

악의와 악행을 지켜보고 경계하고 반성하는 사람들이 대부분이지만, 극히 일부는 그것이 가능하다는 것을 학습하고 그것을 갈망하기까지 합니다. 그렇습니다, 오로지 개인적인 욕심을 채우기 위해 헌법에 손을 대도 된다는 사실을 배웠던 사람들이 있었습니다. 박정희가 그랬고, 전두환이 그랬습니다. 이것이 매우 가슴 아픕니다.

사사오입 개헌 이후 70년 가까운 세월이 흘렀습니다. 비록 비틀거리거나 한발 뒤

로 물러나기도 하지만, 우리는 분명 앞으로 나아가고 있다고 믿습니다. 하지만, 우리 안에 깃든 어둠이 완전히 멸할 때까지 경계하고 또 경계해야 합니다. 사사오입 개헌은 다른 모습, 다른 이름으로 언제든 반복될 수 있으니까요.

　우리 겨레와 국가가 오직 빛으로 나아갈 수 있기를, 남북이 하나 되는 평화공동체가 하루바삐 다가오기를 바라며 기도합니다. 정의로우신 하느님, 저희 모두 하늘을 향해 한 점 부끄러움이 없는 삶을 살게 하시고 특히 정치인들이 올바르게 살도록 이끌어주소서. 아멘!

함세웅의 붓으로 쓰는 역사기도 08

우의마의
牛意馬意

이승만 출마 촉구 우마차조합 시위
1956년 3월

소와 말도
이승만 대통령의 출마를 원한다?

독사의 족속들아, 다가오는 진노를 피하라고 누가 일러 주더냐?
회개에 합당한 열매를 맺어라.

마태오 3,7-8

————

　　세례를 받으러 온 바리사이들과 사두가이들에게 "독사의 족속들아!"라며 꾸짖은 세례자 요한의 독설은 오늘날 우리 그리스도인들에 대한 무서운 경고이기도 합니다. 예수님께서는 열두 사도에게 인류 구원을 위한 봉사자가 되라고 누누이 강조하셨지만, 제자들은 핵심을 놓친 채 서로 첫째가 되겠다는 흑심을 품었습니다.

　　어떤 의미에서 우위를 점하고자 하는 것은 인간의 본능입니다. 이에 그리스도교의 핵심적 수덕 원리는 자신의 원욕을 이기는 절제와 극기, 동시에 이웃을 위한 배려와 양보입니다. 그러니 그리스도인이라면 비록 어려울지라도 철저한 삶을 살아야 합니다.

　　나아가 예수님께서는 '네 손이나 발이 죄짓거든 그것을 잘라버리고, 네 눈이 죄를 짓게 하거든 그것을 빼 던져버려라'는 더 무서운 가르침을 주십니다. 이 말씀에 놀란 성서학자가 있었습니다. 그는 그리스도인들이 모두 죄를 짓고 살면서도 손발을 자르거나 눈을 뺀 사람들이 없으니 모두 위선자일 수밖에 없다고, 인간의 실존적 처지와 한계를 겸허하게 고백했습니다.

　　그렇습니다. 우리는 어떤 의미에서 모두 위선자이며 가식자입니다. 그래서 늘 하느님 앞에 죄인임을 고백하면서 자비와 용서를 청합니다. 미사 시작과 함께 "제 탓이오!"라고 세 번 가슴을 치며 하느님께 용서를 비는 이유도 여기에 있습니다.

종신 집권을 꿈꾼 이승만의
'진심' 아닌 '계략'

이승만 초대 대통령은 그리스도인이었습니다. 그도 성경을 읽고 예수님의 가르침을 배워 익혔을 테지만, 실제로는 정반대의 삶을 살았습니다. 말과 행동이 다른 그의 행업을 생각하면 몹시 안타깝고 가슴이 아픕니다.

선위 파동이란 말이 있습니다. 선위禪位란 임금이 살아 있는 상태에서 왕위를 물려주는 행위를 말합니다. 조선 태종은 재위 18년간 네 차례의 선위 파동을 통해 외척을 제거하고 후계자를 교체했습니다. 선조는 임진왜란의 와중에 선위를 선언해 세자인 광해군과 신하들을 몹시도 고통스럽게 했습니다. 영조 역시 재위 기간 중 여덟 차례나 선위의 뜻을 밝혔다고 합니다. 이들의 언행은 모두 '진심'이 아닌 '계략'이었음을 쉽게 알 수 있습니다. 자신에게 불리한 상황을 돌파하거나 자신의 약화한 존재감을 강화하기 위한 일종의 술수였던 것입니다.

전국에서 일어난
이승만 3선 출마 지지 집회

어처구니없게도 민주주의를 표방한 대한민국에서도 이와 비슷한 일이 벌어졌습니다. 1954년 이승만 대통령은 사사오입 개헌을 통해 3선 대통령을 넘어 종신 집권의 길을 열었습니다. 그런데 대통령 선거를 딱 두 달 앞둔 1956년 3월 15일, 이승만은 돌연 불출마를 선언합니다. 자신이 이미 고령이며, 민주주의 국가에서는 3선이 드물고, 통일 대업을 이루지 못한 책임을 통감하기 때문이라는 겁니다. 그리도 무리하게 밀어붙인 개헌에 비해 포기의 변은 참으로 시답잖았습니다.

잠시 훌륭한 결단이라는 평가도 나왔으나, 바로 다음 날부터 상황은 급반전합니다. 전국에서 온갖 단체들이 불출마를 철회하라고 시위에 나섰기 때문입니다. 요즘 말로 이승만은 다 계획이 있었던 겁니다.

노동자 단체, 농민 단체, 각종 직능단체들이 앞다퉈 경무대 앞에서 시위를 벌였습니다. 이 중 단연 눈길을 끌었던 시위가 있었으니 우마차 조합의 가두행진입니다. 그들은 우마차 800여 대를 끌고 나와 '소와 말까지도 이승만의 출마를 원한다'라고 부르짖었습니다. 이것이 우의마의牛意馬意라는 신조어의 유래입니다. 문제는 이들이 지나간 거리마다 소똥 말똥으로 범벅되고 악취에 시민들이 코를 감싸쥐어야 했다는 것입니다. 당시 서울 시내에 우마차 출입은 불법이었습니다. 하지만, 유능한 친일 경찰의 후예들은 시위대를 진압하기 위한 그 어떤 조치도 하지 않았습니다.

3백만 장의 연판장, 7천 통의 전보, 그리고 혈서

시위 사태를 지켜보던 이승만은 동포들이 이리 고생하는 것이 마음 아프다며 민의는 자필 서한으로 전달해도 된다고 점잖게 거들었습니다. 이후 경무대에 혈서가 쏟아져 들어옵니다. 연판장은 3백만 장, 출마 권유 전보는 7,000통이 넘었고 합니다. 이승만

이 국민의 도도한 민의를 거스를 수 없다며 불출마 철회를 발표하면서, 비로소 추악한 정치 연극은 막을 내립니다.

사사오입 개헌은 성공한 듯 보였지만, 깊은 상처를 남겼습니다. 개헌에 반대했던 소장파 의원들은 자유당을 탈퇴했고, 국민은 초라한 논리로 개헌을 밀어붙인 이승만 정권을 비웃었습니다. 이승만으로서는 대외적으로나 대내적으로 자신의 입지를 정당화할 근거가 필요했고, 그 근거가 바로 민의民意였습니다.

당시 출마 호소 시위는 민의를 넘어 우의牛意, 마의馬意, 심지어 귀의鬼意로까지 확대되었습니다. 연판장에 죽은 사람 이름이 적혀 있어서 '귀신도 이승만의 출마를 바란다는 거냐'는 우스갯소리가 있었기 때문입니다.

이승만은 영악獰惡했습니다. 한 번 밀었으면 한 번 당겨야 한다는 싸움의 법칙을 알았고, 자신을 비판하는 사람은 가차 없이 제거하는 냉혹함과 불출마 선언을 하기 몇 달 전부터 관변단체를 통해 시위를 계획하는 치밀함을 가졌습니다. 그의 시도는 늘 성공하는 듯했지만, 그 어떤 계략과 방편도 영원할 수는 없는 법입니다. 이승만 정권은 4·19 혁명과 함께 몰락했습니다.

오늘날도 존재하는 우의마의,
가짜 뉴스를 경계하라

그 후, 긴 시간이 흘렀습니다. 우의마의 소동을 기억하는 사람은 거의 없지만, 그것은 절대 사라지지 않았습니다. 다른 옷을 입고 다른 얼굴을 하고 늘 우리 곁에 있습니다. '민의'를 자의적으로 해석하고 더 나아가 왜곡하는 사람들은 언제나 있었습니다. 세상의 어떤 독재자도 자신을 위해 독재를 한다고 하지 않습니다. 오히려 독재자일수록 민의를 강조합니다. 더군다나 최근의 변화된 미디어 지형은 가짜 뉴스를 만들어내기에 최적의 환경을 제공합니다. 어쩌면 진실과 거짓, 빛과 어둠을 가려내기가 더 어려운 시대가 되었는지도 모르겠습니다. 하지만 진실이 거짓을 덮고, 빛이 어둠을 가리는 것은 오래가지 못합니다.

세월호 진실 규명을 위한 윤민석 작곡가의 민중가요가 바로 이를 장엄하게 선언하고 있습니다.

"진실은 침묵하지 않는다.
어둠이 빛을 이길 수 없다.
진실은 침몰하지 않는다.
우리는 포기하지 않는다."

소牛의 뜻과 말馬의 뜻에 놀아나지 않으려면, 늘 경계하고 늘 깨어 있어야 합니다. 새로운 유형의 '우의마의'인 온갖 가짜 뉴스를 잘 식별하고 타파해야 합니다. 그래야 우리 민족과 국가 공동체가 늘 진실과 빛을 향해 나아갈 수 있습니다.

참되시고 거룩하신 하느님, 저희 겨레 모두 양심에 따라 늘 바른 삶을 살도록 보살펴 주소서. 특히 정치인들이 정직하게 살도록 재촉해 주소서. 무엇보다도 언론인들이 사명을 다해 진실을 정확하게 전하도록 이끌어 주소서. 아멘!

못 살겠다 갈아보자

제3대 대통령선거 민주당 구호
1956년 5월

오늘날까지 유효한
헌정사상 최고의 정치 구호

나의 임은 기름진 산등성이에 포도밭을 가지고 있었네.

임은 밭을 일구어 돌을 골라내고 좋은 포도나무를 심었지. 한가운데 망대를 쌓고

즙을 짜는 술틀까지도 마련해 놓았네.

포도가 송이송이 맺을까 했는데 들 포도가 웬 말인가?

이사야 5,1-2

이사야 예언자의 '포도밭 노래'는 우리네 대중가요 '청포도 사랑'을 연상케 합니다. 성서 작가가 하느님과 인간 사이의 신뢰와 사랑을 포도밭에 비유해 시적으로 묘사한 것입니다. 지중해 연안 팔레스틴 지역에서 농사짓고 양 떼를 키우는 생활을 했던 히브리인들은 일상을 하느님과 연계해 묵상하며 살았습니다.

예수님께서도 씨 뿌리는 사람, 가라지, 겨자씨, 누룩, 보물과 진주, 그물, 나아가 포도나무의 비유를 통해 하늘나라의 신비를 아주 쉽게 풀이해 주셨습니다. 하느님 나라가 오늘 우리의 삶 안에 그리고 마음 안에 구체적으로 내재한다는 신선한 가르침입니다.

이사야 예언자는 젊은 시절 포도밭에서 일한 적이 있었는데, 그 체험을 바탕으로 유다 민족사를 하느님 안에서 해석하고 있습니다. 사실 포도원 주인은 땀 흘려 포도나무를 가꾸며 알찬 수확을 고대했습니다. 그런데 온통 들 포도(상품가치가 없는 야생 포도)가 열렸으니 얼마나 황망한 일입니까? 바르게 살지 못해 어긋난 우리의 행업이 그와 같다는 예언자의 고발이자 지적입니다.

포도를 심었는데
들 포도가 웬 말인가?

만해 한용운은 '님의 침묵'에서 빼앗긴 조국에 대한 절절한 사랑을 토로했습니다. '님'을 결코 잊거나 포기할 수 없었기 때문입니다. 그는 끊임없이 희망의 미래, 재회의 미래를 꿈꾸었습니다. 마침내 우리는 꿈꾸던 '님'을 다시 만났습니다. 그리고, 더 큰 희망으로 민주주의라는 아름다운 포도나무를 심고 가꿨습니다.

하지만, 4·3 제주항쟁, 제헌국회 프락치 사건, 사사오입 등 엉뚱하게 들 포도가 열렸습니다. "포도를 심었는데, 들 포도가 웬 말인가?"라는 울부짖음과 함성이 터질 수밖에 없습니다. 그것이 바로 '못 살겠다 갈아보자'입니다.

많은 사람이 알고 있듯, 우리 헌정사를 통틀어 가장 강력한 정치 구호입니다. 1956년 당시 저는 중학생이었습니다. 남영동 삼거리에 있는 민주당 사무실 앞이 등하굣길이었는데, 어느 날 여성 당원이 외치는 처절한 구호를 들었습니다. 중학생인 저에게도 그 외침은 절절하게 다가왔습니다.

좋은 구호는 시대 정신을 담고 있으며, 가슴을 뜨겁게 하고 동시에 행동을 촉구합니다. '못 살겠다 갈아보자'가 바로 자유당 이승만 독재에 대한 가장 강력한 고발이며 확실한 진단입니다.

사사오입 개헌과 우의마의 소동으로 이승만 정권에 대한 민심 이반 현상은 극에 달했습니다. 제3대 대통령 선거를 앞두고 각 당의 정·부통령 후보가 선출되자, 자유당 비토와 민주당 지지라는 현상은 표면화되었습니다. 당시 자유당은 이승만과 이기붕을, 민주당은 신익희와 장면을, 진보당은 조봉암과 박기춘을 후보로 선출했습니다.

4월 11일 민주당 대통령 후보 신익희의 첫 유세가 서울 수송초등학교에서 열렸는데 3만 명이 운집했습니다. 신익희는 이 자리에서 일당 독재를 타도하자고 사자후를 토했습니다. 5월 3일 한강 백사장에서 개최된 정견 발표회에는 무려 20만 명이 운집하는

1

못 살겠다 갈아보자 구호가 적힌
민주당 선거 공보물

2

이승만 이기붕의
자유당 선거 포스터

3

한강 모래사장에
30만 인파가 모였다는
신익희 후보 연설 장면

장관을 연출했습니다. 서울역에서 한강까지 길게 행렬이 이어지고 전차와 버스가 초만원 사태를 빚었다고 합니다. 자유당 정권을 타도하겠다는 국민적 열망은 간절했습니다.

이 모든 것이 '못 살겠다 갈아보자'라는 구호에 함축되어 있으며, 이 구호가 이승만 정권을 무릎 꿇게 한 결정적 몽둥이였습니다. 시대의 아픔이 담긴 구호는 국민의 마음을 사로잡습니다. 억눌렸던 자신의 목소리를 내도록 북돋웠고 무엇보다 행동하도록 촉구했습니다.

신익희는 급서, 조봉암은 사형
결국 구호는 허공 속으로

발등에 불이 떨어진 것은 자유당이었습니다. '갈아봤자 별수 없다, 구관이 명관이다'라는 맞불 구호를 내세웠지만 역부족이었습니다. 대세는 이미 기운 듯했습니다. 민주당은 '이리조리 가지 말고 신작로로 가자'라는 또 하나의 구호를 내걸었습니다. '이리조리'란 이승만과 조봉암을, '신작로'는 신익희와 장면을 말합니다. 즉, 자유당과 경쟁 관계의 진보당을 동시에 견제하는 구호였습니다.

60여 년 전에도 야권의 단일화는 뜨거운 논쟁거리였습니다. 신익희의 민주당과 조봉암의 진보당은 여러 차례 단일화 협상을 했지만, 끝내 성공하지 못했습니다. 당시 민주당에서 '조봉암은 안 된다, 차라리 이승만을 찍어라'라는 말이 나왔다니 안타까운 마음입니다. 우리는 실수를 통해 배우려 하지 않고, 심지어 쉽게 망각합니다.

아무튼 1956년 대통령 선거는 야권으로서는 이길 수밖에 없는 선거였습니다. 그런데 청천벽력 같은 일이 벌어집니다. 선거를 열흘 앞둔 5월 5일, 민주당 대통령 후보 신익희가 이리(익산)행 열차에서 뇌출혈(혹은 심장마비)로 급서한 것입니다. 한강 백사장 유세로부터 불과 사흘 뒤입니다. 온 나라가 초상집이 되었습니다.

아, 우리 민족이 불운한 것일까요, 이승만이 지독히도 운이 좋은 것일까요? 유력한 후보가 사망한 상태에서 치른 대통령 선거에서 이승만 대통령이 다시 당선됩니다. 남녀노소, 도시와 농촌을 가리지 않고 부르짖었던 '못 살겠다 갈아보자'는 그렇게 무위로 끝났습니다.

그렇다면 거대한 민의의 흐름이 어떻게 이승만을 당선시켰는지 궁금할 수 있습니다. 대세가 기울었다고 생각한 이승만과 자유당은 경찰과 관을 동원해 선거 운동을 했을 뿐 아니라 표 바꿔치기 등 대대적인 개표 부정을 저질렀습니다. 그런 와중에도 진보당의 조봉암은 유효표 900만 표 중 216만 표를 얻었습니다.

자유당으로서는 싹을 잘라야 했을 것입니다. 결국 이승만 정권은 1958년 조봉암을 간첩 혐의로 체포해 이듬해 사형을 집행합니다. 사실상 패배한 선거, 민심이 등 돌린 상황에서 폭주한 자유당 정권은 4·19 혁명으로 막을 내립니다. 더구나 2011년 1월 20일 조봉암 사건에 대해 대법원이 무죄를 확정 선고함으로써 이승만의 불의와 악행은 더욱 명백하게 온 천하와 역사 앞에 드러났습니다.

'못살겠다 갈아보자'의 현재형은
평화와 공존

우리는 '못 살겠다'보다는 '잘 사는 것'이 무엇인가에 대해 더욱 깊이 성찰해야 합니다. 불의로 판명 난 이승만 독재를 계승한 자들이 누구인지, 조봉암을 살해한 후예가 누구인지 분명히 알아야 합니다. 그 무리는 지금도 여전히 국가보안법을 고수하고 있습니다. 불법에 가담한 검찰과 법관들의 죄도 물어야 합니다. 나아가 바른 역사관, 민주주의와 인권의 가치로 독재 정권에 항거했던 의인들과 투사들의 뜻을 이어받아야 합니다.

우리는 역사 교훈을 통해 청년 학생들의 희망이 되어야 합니다. 민족 공동체의 평화 보장을 위해 전쟁 종식 선언과 함께 자주국방과 자주 외교를 정립해야 합니다. 환경 정화와 지구 살리기 등 과감한 기후정책을 통해 세계인과 함께 평화를 이룩해야 합니다. 거짓 언론을 퇴치하고 진실과 정의에 기초한 바른 언론 문화를 창달해야 합니다. 이것이 바로 선조들의 고귀한 뜻을 실천하는 길입니다.

그 누구도 거스를 수 없으며 억눌러도 다시 튀어 오르는 것이 시대정신입니다. 우리 정치가 그 시대정신이 가리키는 공동선에 기초해 아름답게 전진하기를, 우리 민족에게 평화와 안녕이 깃들기를 바라며 기도합니다.

거룩하신 하느님, 저희 모두 참되게 힘을 모아 남북 공동체가 알찬 포도송이를 맺게 해주십시오. "나는 포도나무요, 너희는 가지다"라는 말씀을 간직하며 늘 하느님과 일치해 저희와 후손 모두 풍성한 열매를 맺게 해주소서, 아멘! 선열들이여, 하늘에서 도와주소서, 아멘!

박재표의 정직과 용기

정읍 환표 사건
1956년 8월

청년 순경의 눈앞에서
투표함이 바꿔치기 되었다

어쩌다가 성실하던 마을이 창녀가 되었는가!

법이 살아있고 정의가 깃들이던 곳이 살인자들의 천지가 되었는가!

너의 은은 찌꺼기가 되었고 너의 포도주는 물이 섞여 싱거워졌구나.

공동번역 이사야 1, 21-22

———

2600여 년 전 이사야 예언자는 '유다왕국이 창녀 꼴이 되었다'라고 통곡합니다. 여기서 창녀란 하느님을 떠난 종교적 배신을 뜻합니다. 오늘날 여성학자들은 이것이 남성 중심의 가부장적 시각이라고 날 선 비판을 합니다. 이제 남녀평등의 관점에서 다음과 같이 묘사해 봅니다. "어쩌다가 성실하던 마을이 민족과 양심까지 팔아넘긴 배신자가 되었는가!"

그렇습니다. 하느님과의 올바른 관계는 신뢰에 기초해야 하고, 이는 사람 간의 관계에서도 마찬가지입니다. 신뢰, 공정, 정의는 종교적 덕목이며, 사회 공동체의 근본 가치입니다. 양심에 기초해, 법과 정의를 지켜야 할 이유입니다.

예수님께서는 하느님께서 완전하시듯 우리도 완전해져야 한다고 말씀하십니다. 물론 힘들지만, 우리가 노력하고 하느님이 도와주시면 가능하다고 설파하신 것입니다. 이것이 성경의 핵심이며, 그리스도교의 원리입니다. 하지만 현실은 다릅니다. 살인자들이 범람하고, 죄가 난무합니다. 변절자, 반역자, 도둑, 탐관오리가 득시글하고, 고아와 과부를 외면하는 불신이 만연합니다. 이사야 예언자 시대의 사회상입니다.

유다 현실은 우리네 현실과 판박이입니다. 이 불의한 현실에 하느님께서 개입하십니다. 하느님의 보복, 곧 심판입니다. 잘못을 씻고 불순물을 제거하는 일입니다. 바로 성경의 역사관, 정의의 심판론입니다. 그리스도교는 희망의 종교입니다. 이 세상은 늘 '황폐의 상징인 흉측한 우상'이 우뚝 서 있는 모순의 상황이기 때문입니다. (마르코 15,14)

권력과 금권, 불법과 거짓이 난무합니다. 이를 이길 수 있는 비법은 오직 양심에 기초한 정직과 하늘에 의탁하는 용기입니다. 정직과 용기, 이 두 덕목이 자아실현과 자기 초월을 이루는 발판입니다. 정직이란 양심의 확인이며, 용기는 실천하는 힘입니다.

정읍 환표 사건의 폭로자는
스물다섯 살 박재표 순경

여기 한 청년의 기막힌 사연이 있습니다. 박재표 순경입니다. 1956년 정읍군 소성지서에서 근무하던 스물다섯 살의 박재표 순경은 이승만 독재 정권의 거대한 둑을 무너뜨리는 실마리 역할을 했습니다. 이름하여 1956년 '정읍 환표 사건'입니다.

1956년 8월 13일 제2대 지방의원 선거가 실시되었습니다. 박 순경은 8월 13일 소성면 제1투표소(소성초등학교)의 경비로 배치되어 투표 상황을 지켜보았습니다. 투표가 끝난 후 투표함을 소성면사무소로 옮겼고, 곧이어 본서에서 보낸 트럭에 투표함을 싣고 정읍군 선관위의 개표장으로 향했습니다.

그런데 돌연 트럭이 멈춰 섰습니다. 트럭 뒤에서 따라오던 호송 경비 담당 사복 경찰관은 차가 고장 났으니 수리하는 동안 막걸리나 한잔 하자며 선거 종사원들을 데리고 술집으로 갔습니다. 그 후 트럭에 탄 본서 형사들에 의해 환표 부정이 이루어집니다. 소성면 투표함 3개 중 2개의 봉함서를 뜯고 투표함 속의 투표용지를 바꿔치기한 것입니다.

결국 도의원 선거에서 10,126표를 얻은 자유당 후보가 9,727표를 얻은 민주당 후보를 제치고 도의원에 당선됩니다. 환표가 이루어진 것은 제1투표함과 제3투표함이었습니다. 그렇다면 사고가 나지 않은 제2투표함의 상황은 어떠했을까요? 전체 1,335표 중 자유당 의원이 획득한 것은 단 306표였습니다. '투표에 이기고 개표에 졌다'라는

朴在杓의 正直과 勇氣

1

선거 투표함 개봉 장면

2

이승만의 당선을 알리는
1960년 3월 17일 동아일보 기사

1

2

당시의 유행어 그대로였습니다.

　　박 순경은 환표가 이루어진 트럭 안에 있었습니다. 게다가 본서 형사들의 강요에 환표를 거들기까지 했습니다. 눈앞에서 노골적으로 벌어진 부정행위에 대한 충격과 그에 가담했다는 참담함에 그는 괴로워했습니다. 마침내 박 순경은 8월 26일 밤 남몰래 상경해 27일 기자회견을 엽니다. 그리고 그 내용이 〈동아일보〉와 〈경향신문〉에 대서특필됩니다.

　　모든 사람들이 놀랐습니다. 부정선거가 있었다는 데 놀란 것이 아니라 스물다섯 살 청년의 용기와 결단에 놀랐습니다. 그것도 현직 경찰관의 양심선언이니 파장은 컸습니다. 저는 당시 중학생이었는데 어린 마음에도 그때의 기억이 생생합니다.

　　장기 독재와 부정부패로 민심은 이미 이승만 정권을 떠난 상태였습니다. 자유당의 수족이 되어 움직였던 경찰과 공무원은 당연하다는 듯 선거 부정을 저질렀습니다.

3   4

선거 실적에 따라 인사상 혜택을 주었으니, 선거 부정이 전국에서 조직적으로 이루어
졌음은 사실상 공공연한 비밀이었습니다.

직무유기죄로 옥고를 치르고
평생 연좌죄의 고통 속에

박 순경은 자신의 직을 걸고 부정과 불의를 고발했습니다. 그는 직무유기죄로
구속되어 1년 6개월 실형을 선고받고 옥고를 치렀습니다. 도대체 무슨 직무를 유기했
다는 것일까요? 반면 부정선거로 당선된 자유당 도의원은 4년 임기를 다 채웠다고 합
니다. 임기가 끝날 때까지 선거 소송이 끝나지 않았기 때문입니다. 불의를 고발한 사람

은 감옥에 가고, 불의의 장본인은 혜택을 누렸습니다.

박재표 순경은 출소 후 어떤 곳에도 취업할 수 없고, 어떤 일도 도모할 수 없었습니다. 무자비한 감시하에 그의 가족은 물론 형제, 사촌, 조카들까지도 고통을 겪었습니다. 그러다가 1959년 대법원 최종 판결로 그의 폭로가 허위가 아니었음이 밝혀집니다.

1960년 4·19 직후 복직이 되어 종로경찰서 등에서 근무하다가 환표 사건을 폭로했던 〈동아일보〉에 입사하여 경비, 자재부 등에서 일한 뒤 1990년 정년퇴직했습니다. 그의 손녀딸이 〈기독교방송CBS〉 피디PD가 되었다는 소식도 들려 왔습니다. 박 순경은 천안에서 말년을 보내다가 2017년 세상을 떠났습니다.

시대를 넘어서 정직하고 용기 있는 사람이 대접받아야 하지만, 현실은 그렇지 못합니다. 부정에 항거해 진실을 밝히고자 했던 분들을 외면한다면 이런 일은 늘 반복될 것입니다. 일제의 잔재를 청산하지 못한 업보는 우리에게 원죄나 다름없습니다. 불의한 과거를 끊어내지 못하고 부정을 청산하지 못한 흔적이 지금도 곳곳에 도사리고 있습니다.

경찰의 날은, 미 군정 잔재인 경무국 창설일이 아닌
박재표 순경이 부정선거 고발한 8월 27일이 되어야

박재표 순경은 경찰의 표상, 민주시민의 모범입니다. 정직하고 용기 있는 실천가입니다. 경찰, 검찰, 법관 등 모두 가슴을 치고 깊이 뉘우쳐야 합니다. 아니, 우리 겨레 모두가 뉘우치고 이분을 새롭게 기억하길 바랍니다. 지금 경찰청 현관에는 임시정부 초대 경무국장인 김구 선생의 흉상이 있습니다. 그 옆에 박재표 순경의 흉상도 모셔야 합니다.

한국 경찰의 창립일은 1945년 10월 21일, 미 군정 당시 경무국이 창설된 날입니다. 매우 부끄럽습니다. 대한민국 정부가 수립되기도 전, 일본 경찰의 모습을 그대로 유지한 채 제정된 그 날을 기념하는 것은 민족정신에 반합니다. 5·18 항쟁 당시 계엄군의 명령에 맞서 발포를 거부했던 안병하 치안감을 우리는 기억하고 있습니다. 이제는 박재표 순경을 경찰의 표상으로 모시고 기억해야 합니다. 그때야 비로소 한국 경찰이 새롭게 태어날 것입니다. 저는 박재표 순경이 부정선거를 고발한 8월 27일을 경찰의 날, 경찰 부활의 날로 기념하기를 바랍니다.

그때의 부정선거는 투표함을 바꿔치기하는 것이었지만, 지금은 미디어라는 형태로 정보를 왜곡하고 여론을 호도합니다. 그들은 우리의 눈을 가리고 양심을 무디게 합니다. 또한 무관심과 방관을 유도합니다. 2021년의 우리는 부정과 불의에 맞서 싸웠던 박재표 의인을 정성껏 기억해야 합니다. 나아가 우리 스스로 제2, 제3의 박재표가 되도록 굳게 다짐해야 합니다.

민주와 평화는 늘 누군가의 희생과 헌신 위에 꽃핍니다. 우리 모두 박재표 순경의 정직과 용기를 본받도록 다짐하며 온 겨레와 함께 그의 영원한 안식을 위하여 기도합니다.

정의로우신 하느님, 정직과 용기의 귀감인 박재표 순경을 기억하오니, 그와 함께 가족 모두를 축복하소서. 그리고 이 땅에 정의를 세워 주시고 저희 모두 정의와 평화의 사도가 되게 하소서. 성령 안에서 우리 주 그리스도를 통하여 비나이다. 아멘!

학생의 피에 보답하라

———

4 · 25 대학교수단 시위

1960년 4월 25일

버티던 이승만을
끌어내린 스승들의 용기

카인이 자기 아우 아벨에게 덤벼들어 그를 죽였다.

주님께서 카인에게 물으셨다. "네 아우 아벨은 어디 있느냐?"

카인이 대답하였다. "모릅니다. 제가 아우를 지키는 사람입니까?"

그러자 주님께서 말씀하셨다. "네가 무슨 짓을 저질렀느냐? 들어보아라.

네 아우의 피가 땅에서 나에게 울부짖고 있다."

창세기 4,8-10

———

피는 생명의 상징입니다. 성서작가들은 하느님의 성성聖性과 연계해 "살인하지 마라, 피를 마시지 마라, 오직 공적 예배에서만 동물의 피를 뿌리고 하느님과 맺은 계약에 충실하라"라고 명합니다. 피의 신학, 생명의 신학입니다. 그리스도교는 매일 미사 때마다 십자가에 못 박혀 돌아가신 예수님을 기억하고, 예수님께서 흘리신 피의 의미를 되새기는 성찬례를 거행하고 있습니다. 피로 맺은 계약의 재현입니다.

카인은 동생 아벨을 죽인 최초의 살인자입니다. 친형제를 죽인 이 엄청난 죄악이 바로 하느님을 배신한 원죄의 결과입니다. 성서는 '눈에는 눈, 이에는 이' 식의 동태복수법의 원리로 보복적 살해를 정당화하기도 합니다. 골리앗을 쳐 이긴 소년 다윗, 아시리아 장군 홀로페르네스를 살해한 용맹한 여성 유딧, 가족과 이웃, 동족을 위해 침략자들과 맞서 싸운 이들의 용맹한 행업을 담고 있습니다.

그러나, 예수님께서는 복수보다 더 큰 사랑과 용서를 명하심으로써 히브리 성경의 한계를 넘어서는 초월적 가치를 선언하셨습니다. 성경은 목숨을 바친 순교자들과 예언자들을 칭송하며, 하느님께서 그들에게 합당한 보상을 해 주시리라 선포합니다. 모든 그리스도인들이 예수님의 죽음과 피로 구원되었음을 확신하고 고백하는 근거입니다.

피는 또한 하느님께 대한 전적 봉헌과 사람의 잘못과 허물을 사하는 정화의 의미를 지니고 있습니다. 순교자들의 죽음을 장엄하게 예찬한 말씀이 그 예입니다. "저 사람들은 큰 환난을 겪어낸 사람들입니다. 그들은 어린 양이 흘리신 피에 자기들의 두루마기를 빨아 희게 만들었습니다."(묵시 7,14)

"어린 양이 흘리신 피"는 십자가에서 돌아가신 예수님의 피입니다. 그 피로 두루마기를 빨아 희게 만들었다는 문학적 역설은 진실한 신앙 고백과 기도입니다. 묵시록의 저자가 순교의 아름다움을 장엄하게 표현한 것입니다. "열사들의 피로 백합꽃이 활짝 피어나리라"라는 표현과 상통하는 열정의 노래입니다.

이집트 노예살이에서 탈출한 히브리인들은 바로 "어린 양의 피"로 구원되었습니다. 이 해방의 역사가 십자가 예수님을 통해 완결되었다는 것이 그리스도교 신앙의 핵심입니다. 오늘날 우리도 이와 같이 4·19 희생자들의 피로 인권과 자유, 민주주의를 실현했음을 확인하고 있습니다.

신앙과 교회도, 민족과 공동체도 그 누군가의 피와 희생으로 정화되고 성장합니다. 신화의 새, 펠리칸은 자신의 피를 먹여 새끼들을 키웁니다. 펠리칸이 바로 자신의 몸과 피를 내어 주신 예수님, 성체성사의 상징입니다. 또 다른 사랑의 펠리칸, 4·19 청년 학생들의 피를 생각하며 묵상합니다.

백만 학도여,
피가 있거든 일어서라!

민주주의라는 나무는 국민의 피를 먹고 자랍니다. 오늘날 우리가 뿌리 내린 땅에 선대의 피가 스며들어 있음을 깨닫고, 후대를 위해 기꺼이 우리의 피를 흘릴 각오를 해야 합니다. 그것이 역사라는 거대한 나무를 올곧게 가꾸는 방법입니다.

1950년대 중반을 지나면서 이승만 정부를 향한 국민의 분노는 차곡차곡 쌓여 임계치를 향해 달려갑니다. 국민의 저항이 만만치 않음을 알아챈 자유당 정권은 1960년 3월에 있을 4대 정·부통령 선거에서 이기기 위해 수단과 방법을 가리지 않습니다. 마침 대선 직전에 민주당 대통령 후보 조병옥이 급서합니다. 대통령에 입후보한 사람은 단두 명, 이승만은 당선이 확실시되는 상황이었습니다.

이제 문제는 부통령이었습니다. 85세 고령이었던 이승만은 유고 시 자동으로 권한대행이 되는 부통령에 이기붕을 꼭 앉혀야 했습니다. 하지만, 자유당 부통령 후보 이기붕은 민주당 후보 장면에게 크게 밀리고 있었습니다. 이승만은 "이전 선거처럼 대통령과 부통령이 다른 당에서 나오면 응종(응하여 따름)치 않겠다"라는 폭탄 발언까지 합니다. 후안무치라는 말도 아깝습니다. 대통령이 앞장서 헌법 유린을 자행한 셈이니까요. 게다가 이승만은 자신의 말을 행동으로 옮깁니다.

내무부 장관 최인규는 "모든 공무원은 선거 운동을 하라, 내가 책임지겠다"라며 대놓고 선거 부정을 부추깁니다. 2월 28일, 민주당 후보 장면의 유세에 청중이 모이는 것을 막기 위해 일요일에 학생들을 강제 등교시킵니다. 이 조치가 단초가 되어 대구의 고등학생들이 시위를 시작합니다. 바로 2·28 학생 민주 의거입니다.

시위를 주도한 경북고 2학년 이대우 군은 "백만 학도여! 피가 있거든 우리 신성한 권리를 위하여 서슴지 말고 일어서라!"라고 외쳤습니다. 피는 헌신의 상징이자 행동해야 할 이유입니다. 이렇게 대구에서 시작한 시위는 서울, 부산, 충주, 전주, 그리고 전국으로 퍼져 나갔습니다. 그들은 "대학생은 어디에 있는가? 이 시대의 지성인은 어디에 있는가? 왜 침묵하는가?"라며 어른들을 질타했습니다.

고등학생에서 대학생으로, 그리고 대학교수로
시위는 들불처럼

모두가 우려하던 대로 3 · 15 선거는 우리 역사상 최악의 부정 선거로 기록되었습니다. 자유당 정권은 할 수 있는 모든 부정을 저질렀고, 선거 당일 낮부터 부정 선거를 규탄하는 시위가 들불처럼 일어났습니다. 당황한 경찰은 시위대에 발포를 자행합니다. 그 과정에서 실종되었던 열일곱 살 김주열 학생의 시신이 4월 11일 마산 앞바다에서 떠오릅니다. 최루탄이 눈에 박힌 처참한 모습으로 말입니다. 경찰은 죽음을 은폐하기 위해 시신을 유기하기까지 했습니다.

4월 18일 드디어 고려대학교 학생들이 시위에 나섭니다. 정치 깡패들의 폭행과 경찰의 폭력 진압에도 시위에 참여하는 학생과 시민은 점점 늘어났습니다. 4월 19일엔 경찰의 무차별 발포로 그날만 서울에서 100명 이상이 사망합니다. 시위대는 온몸으로 총탄을 막으며 중앙청, 경무대를 향해 행진합니다. 죽음의 행진, 피의 화요일입니다. 고등학생이 시작하고 대학생과 시민이 이어받은 부정 선거 반대 시위는 거센 탄압에 직면했고, 희생은 점점 커져만 갔습니다.

4월 25일이 되자 드디어 대학교수들이 움직입니다. 젊은 청년들이 죽어 나갈 때 침묵했던 자신들을 반성하며 시국선언문을 낭독하고, 플래카드를 들고 거리로 나간 것입니다. 그 플래카드에 적힌 글귀가 바로 '학생의 피에 보답하라'입니다. 수많은 학생들이 스승의 뒤를 따라 행진했고, 경찰의 강경 진압에 다소 소강상태에 접어들었던 시위는 활화산처럼 살아납니다. 결국 다음날 이승만은 사임하고 망명길에 오릅니다.

1

2

3

1

교수단 시위

2

대구지역 고등학생들의 시위

3

플래카드에 구호를 쓰고 있는
임창순 선생

성균관대학교 교수이자 서예가인
임창순의 친필 플래카드

4월 25일 대학교수들의 시위에서 플래카드에 친필로 글을 쓴 분은 성균관대 교수였던 청명 임창순(1914~1999) 선생입니다. 한학자이자 서예가였던 그는 이 시위에 앞장섰으며, 시국선언에 '대통령 하야'를 꼭 넣어야 한다고 주장했습니다. 청명 선생은 5 · 16 이후 민족자주통일중앙협의회 사건으로 3개월간 구속되었다가 성균관대학교에서 해직되었으며, 1964년 1차 인혁당 사건에 연루되어 옥고를 치렀습니다.

우리의 역사 속에서 민주주의란 이름의 나무를 지키고 키우기 위해 많은 학생, 청년, 시민들이 피 흘렸습니다. 안타까운 것은 희생을 치른 분들은 대접받지 못하고, 권력에 기생했던 이들은 부와 권력을 세습하며 지금도 우리 사회의 기득권 행세를 한다는 것입니다. 자유당 정권, 유신 정권, 그 이후의 군부 독재 정권을 지나오는 동안 이런 일들은 반복되었고, 역사의 암적 존재들은 '그래도 괜찮다'라는 것을 학습했습니다.

시간은 결코 망각의 과정이 아닙니다. 과거는 현존합니다. 미래는 선취해야 합니다. 과거는 지나갔지만, 결코 사라지지 않습니다. 오히려 그들은 분칠을 하고 옷을 갈아입고, 다시 우리 옆에 서 있습니다. 그러니 우리는 60년 전의 죄악을 끝까지 물어야 합니다. 60년 전의 행업을 칼같이 단죄해야 합니다. 또한 60년 전, 피의 희생을 기억하고 또 기억해야 합니다. 그것이 역사에 대한 우리의 책무입니다.

거룩하시고 영원하신 하느님, 의로운 이들의 희생을 굽어살피시어 저희 모두 그들과 함께 은총의 삶을 살게 해주소서. 4 · 19 청년, 학생, 시민들의 희생을 기리며 바치는 저희의 기도를 들어주시고, 아직도 이 땅의 불의한 과거에 기생하는 잘못된 무리들을 퇴치해 주시고 정화해주소서. 성령 안에서 우리 주 그리스도를 통하여 비나이다. 아멘!

4 · 19 불사조

범국민적 이승만 정권 퇴진 운동

1960년 4월 19일

경무대 앞에서 죽어 간
청년 · 학생들이 우리 시대의 불사조다!

아버지께서는 내가 목숨을 내놓기 때문에 나를 사랑하신다.
그렇게 하여 나는 목숨을 다시 얻는다. 아무도 나에게서 목숨을 빼앗지 못한다.

요한 10,17

———

사랑은 그리스도교의 핵심 덕목입니다. 하느님께 대한 믿음, 희망, 사랑을 그리스도인들은 하느님께로 향한다는 뜻으로 향주삼덕向主三德이라 부르며, 이 중 사랑을 첫째라고 고백합니다. 예수님 또한 많은 율법 조항을 하느님 사랑, 이웃 사랑이라는 말로 요약하셨습니다.

로마에 유학한 첫해인 1965년 겨울 어느 날 저는 윤리신학 시험을 앞두고 있었습니다. 구두 면접시험을 치르는데 저는 늘 하듯이 교과서를 열심히 외웠습니다. 교수 신부님은 제게 "사랑이 무엇이냐"고 물으셨습니다. 너무 쉽고 자명했습니다. 저는 "하느님 사랑, 이웃 사랑"이라고 답했습니다. 교수님은 고개를 갸우뚱하시더니 다른 대답을 원하셨습니다. 저는 적잖이 당황했고 십자가 예수님의 희생과 헌신부터 성경의 가르침까지, 시험을 대비하여 외웠던 것들을 열심히 열거했습니다.

교수 신부님은 빙그레 웃으시며 요한1서 4장 10절의 말씀 "내가 말하는 사랑은 하느님에 대한 우리의 사랑이 아니라, 우리에 대한 하느님의 사랑입니다"를 인용하여 하느님께서 먼저 우리를 사랑하셨다는 사실을 깨닫고 고백하는 것이 문제의 핵심임을 일깨워주셨습니다.

저는 지금도 이 성경 말씀을 대할 때마다 부끄러웠던 그때를 떠올립니다. 교수 신부님께서는 내리사랑이야말로 사랑의 원형이라고 말씀하셨습니다. 우리가 하느님을 알기도 전에, 믿기도 전에, 하느님께서는 우리를 점지하시고 사랑하시고 이끄셨습니다. 이러한 하느님 사랑의 예범이 바로 우리네 부모님의 사랑입니다.

1

4 · 19 혁명으로 파손된 자유당사

2

계엄군의 탱크를 뒤덮은 시위 군중

하느님의 사랑처럼, 부모님의 사랑처럼, 아무 조건 없이 자신을 내어주는 사랑이 가장 고귀합니다. 조건 없는 사랑과 투신입니다. 공동체를 위해, 나라를 위해, 민주주의와 평등을 위해 불의와 맞서 싸우며 홀연히 몸 바친 4·19 희생자들 또한 그런 사랑을 실천했던 것입니다.

이승만 사퇴하던 날
신학교 강의실에 울려 퍼진 감사 가

4·19가 일어난 1960년 봄 저는 성신대학(현 가톨릭대학교)에 입학해 혜화동 기숙사에서 살았습니다. 신학교의 시계는 정해진 규칙에 따라 움직입니다. 5시에 일어나 기도와 묵상, 미사 봉헌을 하고, 7시에 아침 식사와 청소, 8시에 첫 수업을 합니다.

대학 생활은 참 좋았습니다. 엄했던 고등학교에 비해 대신학교(가톨릭의 최고 학부)는 자유시간도 많고 일주일에 한 번 외출도 할 수 있었습니다. 하지만, 입학하자마자 잇단 시위로 외출이 금지되었습니다. 신문도 배달은 되나 이틀이 지나서야 학내 게시판에 붙었기에 신문이 아니라 구문인 셈입니다. 따라서 바깥세상에서 무슨 일이 일어나는지를 잘 알지 못했습니다.

1학년 때 저와 친구 몇몇은 학장실의 청소 담당이었습니다. 청소하다가 우연히 책상 위의 신문을 보게 되는 날이면 친구들에게 신문에서 본 것들을 신나게 전하곤 했습니다. 그런데 어느 날 예상치 않은 일이 일어났습니다. 청소 시간 중에 학장 신부님이 방에 들어오신 것입니다. 신부님께서는 "자네들은 신문 보기 위해 학장실에 왔는가?" 하시며 엄하게 꾸짖으셨습니다. 그 후로는 신문 볼 엄두를 내지 못했습니다.

신학교의 12시는 낮 기도와 양심 성찰 시간입니다. 4월 26일 여느 때처럼 낮 기도를 시작하려는 순간, 학장 신부님께서 제대 앞에 섰습니다. 그리고 "오늘은 양심 성찰 대신 중요한 일을 전달하고자 하니 더욱 열심히 기도합시다"라고 하시며, "오늘 10시 30분에 이승만 대통령이 사퇴했다"라고 말씀했습니다. 우리는 모두 놀랐고 숙연한 마음으로 숨죽이며 신부님의 말씀에 귀 기울였습니다.

그날 학장 신부님께서 우리에게 하신 이야기를 저는 평생 가슴에 간직하며 살고 있습니다. 바로 불사조 이야기입니다. 피닉스phoenix는 이집트 신화에 나오는 1,000년을 사는 새입니다. 이 새는 수명이 다하면 자신이 태어난 둥지로 돌아가 스스로 깃털에 불을 붙여 활활 타오릅니다. 한 줌의 재가 되면 다시 그 재 속에서 알이 부화하여 찬란히 부활한 새로운 피닉스는 더 높이 하늘을 나릅니다.

그날의 이야기를 생생히 기억하는 것은 바로 학장 신부님께서 "경무대 앞에서 죽어 간 청년·학생들이 우리 시대의 불사조다!"라고 선언하셨기 때문입니다. "불사조는 자신을 죽임으로써 구원을 가져온 예수님을 상징한다"라고도 말씀하셨습니다. 처음 듣는 이야기였습니다.

이승만을 경무대에서 끌어내기 위해 목숨 바친 그들이 우리 시대의 불사조이고, 그들의 피가 우리에게 민주와 자유를 찾아주었다는 강론에 이어 "우리 함께 감사 가Te Deum를 부릅시다"라고 하셨습니다. 그날 성가는 우리 마음속 깊이 더 경건하게 울려 퍼졌습니다.

어찌 같은 입에서
찬미와 저주가 나오는가

피닉스 신화는 중세 유럽에서 예수님의 부활과 연계해 해석되기 시작했습니다. 영생과 불멸이 죽음으로써 완성된다는 역설은 사뭇 의미심장합니다. 피닉스는 죽음으로써 영원히 사는 길을 선택했습니다. 예수님은 십자가에 못 박힘으로써 부활의 기적

을 보여주셨습니다. 그렇습니다. 죽음을 두려워하는 자는 결코 다시 태어날 수 없고, 낡은 껍데기를 벗어던질 수 없습니다.

교부학 수업에서 불사조 이야기가 나올 때면 학장 신부님의 강론을 떠올리며 더 큰 감흥을 느꼈습니다. 시간이 흘러 제가 교부학 교수가 되어 이 대목을 강의하게 되었고, 언제나 어김없이 4·19 당시의 생생했던 체험을 학생들에게 전했습니다.

불행하게도 4·19는 일 년 후에 일어난 5·16 군사 반란으로 날개가 꺾였습니다. 그래서 오히려 불사조 이야기는 우리의 마음을 더 뜨겁게 하는지도 모르겠습니다. 박정희 유신 독재, 전두환 군부 독재를 겪으면서 저는 끊임없이 불사조 얘기를 꺼냈습니다. 제 이야기를 들은 학생들은 힘을 얻은 듯 구호를 외치며 거리로 뛰쳐나갔습니다.

제 마음속에 늘 아픔으로 남아있는 것은 불사조를 자처했던 4·19의 주역들 가운데 많은 이들이 5·16 군부 독재의 하수인 노릇을 했다는 사실입니다. 4·19 영령을 칭송하면서 어떻게 아직도 이승만과 박정희를 인정할 수 있는지, 이것은 민족사적 모순입니다. 이제라도 진지하게 공동 성찰을 해야 합니다. "같은 입에서 찬미와 저주가 나오는"(야고보 3,10) 이 모순된 현실을 성경은 무섭게 꾸짖고 있습니다.

광화문 네거리에
4·19 탑을 세우자

불의한 정권에 맞서 피 흘린 청년, 학생, 시민들이 지금 수유리 4·19 묘지에 잠들어 있습니다. 4·19를 '혁명'이 아닌 '의거'로 한 단계 격하해 불렀던 시기도 있었습니다. 4·19가 다시 혁명이 되고, 김영삼 대통령 시절 4·19 묘지가 국립묘지로 승격해 다소 한이 풀리긴 했습니다. 하지만, 손호철 교수가 주장하듯 4·19 묘지 곳곳에 '친일 친독재'의 흔적이 아직도 많습니다. 손 교수는 이것이 4·19 영령들에 대한 모독이며, 이제는 광화문 네거리에 새로운 4·19 탑을 웅장하게 세워야 한다고 말합니다. (2021.7.19 프레시안)

당연한 주장이라고 생각합니다. 1960년 거리의 불꽃이 되었던 청년, 학생, 시민들은 결단코 죽지 않았습니다. 한 줌 재에서 다시 태어나는 불사조처럼 민주와 자유라는 토양이 되어 우리를 지켜주고 있습니다. 그리고 살아 있는 우리 모두의 영적 길잡이가 되었습니다. 영원히 살고자 하는 자, 기꺼이 죽어야 합니다. 그것이 예수님께서 이룩한 불멸의 삶입니다.

우리는 앞서가신 4·19 불사조들을 기억하고, 그들의 뜨거운 마음을 계승해 민주와 자유의 지평을 더 넓혀야 합니다. 지치지 말고 흔들리지 않으면서 우리 민족이 평화의 공동체로 나아가도록 노력해야 합니다. 이 땅에 완전한 평화와 안녕이 깃들기를 바라며 기도합니다.

거룩하시고 영원하신 하느님, 십자가 죽음을 통해 인류를 구원하신 예수님의 헌신과 희생을 되새기며 4·19 불사조 영령들을 기립니다. 이들의 고귀한 희생을 간직하며 저희 모두 남북의 평화 공존과 우리 시대 민주주의 계승을 위한 새로운 불사조가 되게 하소서. 성령 안에서 우리 주 그리스도를 통하여 비나이다. 아멘!

타지살지 속타속살

打之殺之 速打速殺

김대건 신부 순교

1846년

나는 죽지만
영원한 생명을 시작합니다

정녕 자기 목숨을 구하려는 사람은 목숨을 잃을 것이고
나 때문에 자기 목숨을 잃는 그 사람은 목숨을 구할 것이다. 사람이 온 세상을 얻고도
자기 자신을 잃거나 해치게 되면 무슨 소용이 있느냐?

루카 9,24-25

———

그리스도인은 예수님을 본받고 따르는 사람입니다. 예수님 삶의 핵심은 십자가 죽음입니다. 따라서 그리스도인이 된다는 것은 십자가를 수락하는 삶, 곧 순교입니다. 순교는 목숨을 걸고 피로써 증언하는 것으로, 목숨을 건 증언은 숭고합니다. "학생의 피에 보답하라"라는 교수들의 외침이 독재자를 쫓아냈습니다. 피 흘린 분들 앞에 경건하게 머리를 숙여야 할 이유입니다.

민주주의가 피를 먹고 자라듯이 교회도 피로써 성장해 왔습니다. 민주주의와 교회는 이처럼 한 짝입니다. 아시아 해방신학자 A. 피어리스 신부는 예수님께서 십자가에 못 박히신 사형 터, 골고타 언덕이 바로 교회가 태동한 자리라고 말합니다. 서울 서대문 형무소 사형 터는 우리에게 독립 항쟁의 원천이요, 조국의 뿌리인 셈입니다.

전례에 따라, 순교자 축일에 사제들은 십자가 예수님, 사랑의 성령, 불길 같은 열정을 상징하는 붉은색 제의를 갖춰 입습니다. 추기경은 교회의 기둥과 핵심으로 순교를 각오하라는 의미로 붉은 수단을 입습니다. 피 흘릴 각오로 진리를 증언하라는 것입니다. 하지만, 그 핵심은 놓친 채 형식적으로 껍데기만 좇는 일이 많습니다.

인간의 한계를 뛰어넘은
의로운 결단

　　유네스코는 김대건 신부님을 2021년 올해의 기념 인물로 선정했습니다. 한국 교회 또한 희년을 선포하여 그분을 새롭게 조명하고 있습니다. 저는 여기서 다시 한 번 김대건 신부님을 기억하고자 합니다. 특히 신부님이 서해 순위도에서 체포되어 해주 감영, 서울 포도청 등에서 겪은 104일간의 폭언과 구타와 고문을 기억하고, 새남터에서 군문 효수(조선시대 사형집행의 한 방법. 벤 목을 군대 정문에 걸어두는 것)로 순교하시기까지의 과정에 눈길을 두고자 합니다.

　　올해 12월 초 저는 교우들과 김대건 신부님의 제주 표착 기념 용수리 성당을 찾았습니다. 180여 년 전 차귀도에 표착한 라파엘 호를 상상하며 청년 김대건의 발자취를 따라 묵상하며 기도했습니다. 이어서 황사영(알렉산델) 순교자의 부인이자 신앙의 증인 정난주(마리아) 묘소를 찾아 피정하는 마음으로 임했습니다. 참으로 위대한 여성이고 신앙인입니다. 그날 순교자들과 의인들의 얼을 받아서인지 몸과 정신이 한결 가벼워져 하늘을 나는 듯했습니다.

　　예나 지금이나 자신의 신념을 위해 목숨을 거는 일은 쉬운 일이 아닙니다. 그것이 아무리 의로운 일이고, 누군가 꼭 해야 할 일이라도 그렇습니다. 우리 역사에는 이렇듯 인간적 한계를 뛰어넘어 의로운 결단을 내렸던 수많은 분들이 계십니다. 그중 한 분이 바로 김대건(안드레아) 신부님입니다.

　　충청남도 당진에서 아버지 김제준 아냐시오와 어머니 장흥 고씨 우르술라 사이에서 태어난 신부님은 순조 21년(1821)부터 헌종 12년(1846)까지 격랑의 조선 말기를 살았습니다. 천주교의 종교적 신념을 지킨다는 것은 당시 목숨을 건 선택이었습니다. 어려서부터 총명하고 신심이 깊었던 그는 작은 아버지이자 순교자인 김한현의 세례명을 이어받아 안드레아가 되었습니다. 유년 시절은 비교적 평탄했지만, 열다섯 살에 프랑

1

2014년 방한해 김대건 신부
생가를 방문한 프란치스코 교황

2

풍랑 속의 김대건 신부
(배우화가 김현정 그림)

1

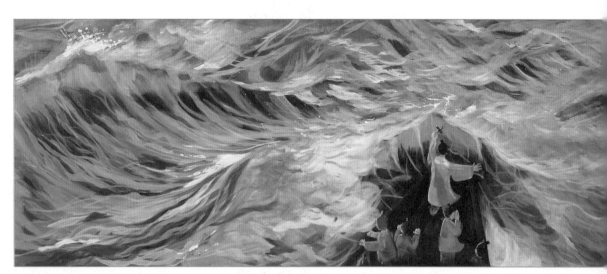

2

스 선교사 모방 신부에 의해 신학생으로 선발되면서 가시밭길 삶이 시작됩니다.

신학교에 가는 것도 큰 문제였습니다. 중국을 횡단하여 마카오까지 걸어서 가야 했기 때문입니다. 조선을 떠난 지 6개월 만에 예비 신학생 두 분과 함께 마카오에 도착합니다. 여정이 얼마나 힘들었던지 한 분은 몇 달 버티지 못하고 열병에 걸려 세상을 뜹니다. 마카오에서 신학 공부를 하는 동안에도 필리핀 마닐라로 피신을 갔다 다시 돌아오는 등 갖은 어려움을 겪었습니다.

김대건 신부에게서
불의에 맞서는 청년을 보다

1842년 청년 김대건은 청나라가 아편전쟁으로 영국에 무릎을 꿇는 국면을 지켜보며 아픈 마음으로 조국을 바라보았습니다. 조선에 돌아오기 위해 압록강을 건너 소 떼 틈에 섞여 들어오려고 하거나 눈 덮인 만주 벌판과 산을 가로지르기도 했으나 모두 실패합니다. 1844년 말에 부제품을 받고 1845년 1월 1일 압록강을 건너 보름 뒤 드디어 서울에 도착하는데, 그 여정이 그의 심신에 얼마나 큰 부담을 주었는지 한동안 호되게 앓았다고 합니다. 병에서 회복되자 그는 순교자들의 전기를 정리하고 조선 지도를 제작하는 등 바쁘게 활동했습니다.

1845년 8월 김대건 부제는 중국 상해 금가항金家港 성당에서 조선인 최초로 사제 서품을 받고, 일주일 뒤에는 횡당橫堂 성당에서 첫 미사를 봉헌합니다. 이번에도 어김없이 조선에 돌아가는 게 큰 문제였습니다. 그해 9월 28일 신부님은 제주도 서쪽 차귀도에 표착하게 됩니다. 그곳에서 며칠을 지내고 10월 12일 강경 황산포에 도착합니다.

신부님은 서울 인근에서 교리를 가르치고 미사와 성사를 집전합니다. 10년 만에 어머니를 만나기도 했습니다. 아버지가 1839년에 순교한 후로, 어머니는 문전 걸식으로 생을 이어가고 있었다고 합니다. 그래도 이 무렵 다섯 달쯤이 신부님에게는 평화로운 시간이었을 거라 생각됩니다.

1846년 5월 14일 김대건 신부는 최양업 부제와 매스트르 신부의 입국을 돕기 위해 황해도 순위도로 향합니다. 중국인 어부에게 편지와 지도를 건네고 돌아오는 길, 배를 징발하려던 관리와 언쟁을 벌이다 순위도 앞바다에서 체포됩니다. 1846년 9월 16일 김대건 신부는 "나는 주님을 위하여 죽습니다. 그러나 이제 나는 영원한 생명을 시작하는 것입니다"라는 말씀을 남기고 새남터에서 순교하십니다.

안중근 의사가 표상으로 삼은
청년 사제 김대건

김대건 신부님은 해주 감영의 네 번째 문초에서 "때리든 죽이든 빨리 때려 빨리 죽이시오!"(打之殺之 速打速殺–타지살지 속타속살)라고 힘주어 외쳤습니다.(김대건 신부 순교 150주년 자료집, 3집 62쪽) 저는 이 대목에서 의인들의 항거와 결단, 순국선열들의 굳센 신념과 결연한 모습, 불의한 정권에 맞서 싸웠던 청년, 학생, 시민 등의 고난을 떠올리며 묵상합니다.

만 25세의 청년 사제 김대건은 이제 한국 천주교 성직자들의 주보이며, 가톨릭 온 세계는 7월 5일(로마 교황청이 1925년 김대건 신부 등을 시복한 날)을 축일로 기념해 추앙합니다. 안중근 의사의 표상이 바로 청년 사제 김대건이었습니다.

우리의 삶 속에는 수많은 순교자의 삶이 중첩되어 있습니다. 비단 종교만을 말하는 것이 아닙니다. 우리는 너나없이 나라와 겨레를 위해 목숨을 건 순국선열들의 고난이 맺은 열매를 먹으며 살아갑니다. 물질적 풍요와 자유를 누리며 살아가는 요즘, 우리는 보다 진지하게 선조들이 겪은 고난의 삶을 묵상해야 합니다. 젊은이들이 청년 김대건과 같은 순교적 결단과 청순함을 되새기고 실천했으면 하는 바람입니다.

　　제주도 용수리 성당에서 숙소로 돌아오는 길, 며칠 전 전직 총리 일행이 고사리 식당을 찾았다는 얘기를 듣게 되었습니다. 일행은 122번 번호표를 받아 1시간 20분을 식당 밖에서 줄 서서 기다렸다 식사를 했는데, 대기하는 동안 순서를 기다리던 청년 학생들과 기쁜 마음으로 담소를 나누었다고 합니다. 이러한 공직자가 있는 한 우리 사회는 희망이 있습니다. 신앙과 현실이 만난 은총의 사건, 사랑의 조화입니다. 이에 저는 김대건 신부님의 사목적 헌신과 함께 하느님과 민족 공동체를 위한 전적 봉헌의 삶을 깊이 묵상했습니다.

　　우리는 지금 힘든 코로나 시대에 살고 있습니다. 하지만, 이 순간에도 세상 어느 곳에서는 묵묵히 자신의 신념을 위해 목숨을 거는 사람이 있습니다. 그들이 세상을 정화하고 한 차원 고양된 미래로 인류를 인도할 것이라 믿습니다. 그들이 꺼지지 않는 빛이 되어 세상의 어둠을 제거할 것입니다. 하느님께서 용기와 결단으로 세상을 포용하는 그들의 앞길을 지켜 주시기를 바라며, 민족 공동체를 위해 더욱 정성스럽게 기도 바칩니다.

　　거룩하시고 정의로우신 하느님, 김대건 사제를 비롯한 순교자들과 순국선열, 그리고 의인들과 희생자들 모두를 기리며 기억합니다. 부디 우리 모두 초지일관의 삶을 사는 신념인들이 되게 해주소서. 그리하여 하느님의 영광을 드러내고 민족 공동체 구성원 모두 이웃과 약자를 위해 더욱 헌신하는 아름다운 열정의 실천자와 증거자가 되게 하소서. 성령 안에서 우리 주 그리스도를 통하여 비나이다. 아멘!

썩어빠진 어제와 결별하자

4.19 정신을 담은 김수영 시인의 시

1960년 4월

우선 그놈의 사진을
떼어서 밑씻개로 하자

요한은 많은 바리사이와 사두가이가 자기에게 세례를 받으러 오는 것을 보고
그들에게 말했다. 독사의 자식들아, 다가오는 진노를 피하라고
누가 너희에게 일러주더냐? 회개에 합당한 열매를 맺어라.

마태오 3,7-8

———

독사의 자식들. 이는 세례자 요한과 예수님께서 종교인과 권력자 등 위선자들을
무섭게 꾸짖으신 말씀입니다. 그리스도인들은 세례를 받을 때 목숨을 걸고 죄와 유혹
과 악의 뿌리인 사탄을 끊어버리겠다고 서약합니다. 삼중의 다짐입니다. 나아가 하느
님과 함께 교회 공동체와 영생을 믿겠다고 신앙 고백을 합니다.

거짓과 속임수는 가증스러운 범죄이며 위선입니다. 우리는 인류의 조상 아담과
하와가 지은 죄를 원죄라고 말합니다. 사탄인 뱀에게 속은 죄입니다. 거짓에 속은 아담
의 죄보다 속인 뱀의 죄가 원죄의 뿌리로, 그 죄가 더 크다고 할 수 있습니다. 하지만,
그동안 교회와 신학은 이 점을 놓치고 소홀히 한 바가 있습니다. 이제는 속인 자의 죄
를 크게 물어야 할 때입니다.

예수님께서는 속인 자의 후예인 위선자들을 독사의 자식들에 비유하며 크게 꾸
짖고 계십니다. 속인 자의 대표로 당시 종교인과 정치인을 지목하십니다. 저는 이 말씀
을 종교인으로서 되새기며 성찰합니다. 그리고 사제가 될 때 했던 '하느님과 공동체를
위해 헌신하겠다'는 다짐과 기도를 반복해 올립니다.

127

종교, 정치, 그리고 언론이 독사라면
어떻게 되겠는가

정치인의 책무도 이와 다르지 않다고 생각합니다. 정치는 아름다운 봉사직입니다. 신정 정치 시대에는 종교와 정치가 한 짝으로, 떼려야 뗄 수 없는 불가분의 관계에 있었습니다. 따라서 정교분리라는 말은 옳지 않습니다. 정치와 종교는 사실 한 실체의 양면일 뿐입니다. 종교 자체가 정치적이며, 정치 자체가 종교적이기 때문입니다.

어떤 의미에서 보면, 오늘날 언론은 종교와 정치라는 두 가지 면을 다 가지고 있습니다. 정직한 말과 진실을 전하는 기능은 종교적이라 봅니다. 제도와 규범, 사람의 언행을 종합, 해설하는 일은 정치적입니다. 그러므로 언론이 타락하면 종교, 정치보다 더 큰 악영향을 미칩니다. 하루속히 우리는 부패한 언론과 결별해야 합니다. 신문과 방송이 자연의 소리, 진리의 말씀, 스승의 가르침, 부모님의 교훈처럼 우리의 길잡이가 되기를 바랍니다.

종교와 정치가 독사이고 언론이 독사라면 그 사회 공동체는 어떻게 되겠습니까? 성서에서 수많은 예언자가 회개를 촉구합니다. 예수님께서도 "회개하라, 하느님의 나라가 가까워 왔다"라고 말씀하십니다. 하지만, 우리는 정작 회개가 무엇인지 알지 못하고, 알려고도 하지 않습니다. 물론 거기엔 절실함도 진실함도 없습니다. 이러하니 세상이 바뀌지도 않고, 영성에 닿을 수도 없습니다. 회개란 방향을 바꾸는 일입니다. 회개란 어제와 결별하는 일입니다.

1

4.19 혁명으로 끌어내려지는
이승만 동상

2

김수영 시인

1

2

성서의 '회개'와 닮은
김수영 시인의 시

여기 거칠지만 한없이 간절한 언어로 혁명적 결단을 촉구한 시 한 편을 소개합니다. 김수영 시인의 시 '우선 그놈의 사진을 떼어서 밑씻개로 하자'입니다.

이 시에서 그는 '그 지긋지긋한 놈의 사진을 떼어서/ 조용히 개굴창에 넣고 … 아아 어서어서 썩어빠진 어제와 결별하자'라고 썼습니다. 저는 이거야말로 진정한 회개의 본질을 꿰뚫고 있다고 생각합니다.

어제와 결별한다. 말처럼 쉬운 일이 아닙니다. 설사 그것이 썩어빠졌다 해도 그렇습니다. 이는 심장을 찢는 결단이며 내적 혁명입니다. 잘못된 과거를 청산하고 개인과 공동체 모두 질적으로 확 바뀌어야 한다는 당위입니다. 시대의 혁명은 이처럼 사람들의 내면적 변화에서 출발합니다. 시어에는 비록 거칠지만 시대의 호소와 열망이 고스란히 담겨 있습니다. 시인 김수영은 무엇에 이토록 격분한 것일까요?

김수영은 서울의 지주 집안에서 태어나 유복한 유년을 보냅니다. 하지만 식민지 조국에서 집안은 몰락하고, 일본으로 유학을 가나 밥벌이 공부보다는 시에 빠져듭니다. 귀국 후 6·25 전쟁이 일어나고, 미처 피난을 가지 못한 그는 북한 의용군에 강제 징집됩니다. 훈련소에서 간신히 탈출하지만 곧 경찰에 체포되어 거제 포로수용소에 수감됩니다. 3년 동안의 수용소 생활에서 극한의 대립과 참혹한 살상을 경험한 그는 세상의 불의와 부조리에 절망합니다.

그 후 12년간 이어진 자유당과 이승만 정권의 독재로 그의 절망은 더욱 깊어집니다. 친일파가 득세한 세상, 희망이 지워진 세상에서 그가 할 수 있는 일이란 매일 밤 술잔을 가득 채운 술을 거름 삼아 피울음 같은 시를 쓰는 것뿐이었습니다. 그러던 중 4·19 혁명은 벼락불처럼 그에게 희망과 미래라는 것을 보여줍니다.

4·19와 함께 시인은 다시 태어납니다. 그는 거리에 쏟아져 나온 사람들이 곧

시대정신이고, 학생들이 외치는 구호가 곧 시라고 생각했습니다. 그는 이승만이 사퇴를 선언하자 흐느껴 울며 수많은 시를 쏟아냅니다. 앞에서 말한 '썩어빠진 어제와 결별하자'는 바로 이런 맥락에서 나온 것입니다. 그에게는 당시 관공서마다 걸려 있던 이승만의 사진을 떼어 버리는 것이 혁명적 변화의 상징이었던 것입니다.

우리는 과연 썩어빠진 것들과
완전히 결별했을까

구약의 예언자들은 하느님의 말씀을 전하며 왕과 사제, 지도자들을 무섭게 꾸짖었습니다. 백성을 외면하는 그들을 위선자라 칭했고, 망해야 한다고 독설했습니다. 예언자들의 메시지는 오늘날 사회, 정치적 개혁 메시지와 일맥상통합니다. 김수영 시인의 시가 성서의 회개와 직결된다고 보는 이유입니다.

세상은 쉽게 희망을 허락하지 않았습니다. 4·19로 분출한 시대정신은 불과 1년 만에 5·16 군사 쿠데타로 지워집니다. 그는 시 '기도'를 통해 "시를 쓰는 마음으로/ 꽃을 꺾는 마음으로/ … 우리가 찾은 혁명을 마지막까지 이룩하자"라고 염원하지만, 4·19에도 불구하고 아무것도 바뀐 것 없는 현실에 무릎이 꺾였습니다.

하지만, 40대 후반의 나이로 세상을 뜨기 직전에 쓴 마지막 시 '풀'에서 그는 "바람보다도 더 빨리 울고/ 바람보다 먼저 일어난다"라고 담담히 노래함으로써, 절망을 강권하는 세상에서도 결코 희망을 잃지 않겠노라고 선언합니다.

그의 일생은 거칠었고 불온했습니다. '세상을 근원적으로 바꿔야 한다', '위선과 가식을 떨쳐야 한다'라는 주장은 기득권의 입장에서 상당히 불편했을 것입니다. 하지만, 과거뿐 아니라 현재를 청산할 수 있는 용기가 곧 성서의 회개이며, 우리의 사회 공동체를 보다 아름답게 변화시킬 수 있는 원동력입니다.

김수영 시인이 세상을 떠난 뒤 어느덧 54년이란 시간이 훌쩍 지나갔습니다. 최근 김수영 시인 탄생 100주년을 맞아 그에 대한 연구와 재평가가 활발히 이루어지고 있습니다. 무엇보다 그 첫걸음은 '우리는 그가 결별하자고 외쳤던 것들과 과연 완전히 결별했을까'란 질문에 정직하게 답하는 일이어야 합니다. 시인은 종교, 정치, 언론을 집약한 그 시대의 길잡이, 예언자, 선구자, 역사와 인생의 스승이기 때문입니다.

　　썩어빠진 어제는 바로 오늘의 종교, 정당과 정치 현실, 입법, 사법체계, 무엇보다도 사적 기업으로 타락한 언론의 변질, 그리고 청산하지 못한 친일 잔재와 분단체제, 유신 독재의 후유증 등입니다. 여전히 우리에게 썩어빠진 과거와의 결별은 미완의 과제입니다. 참담하고 부끄럽습니다. 시대의 깃발이 되었던 시인의 결단과 용기를 본받아, 공동체뿐 아니라 우리 각자가 내적 변화를 이루어야 할 때입니다.

　　지극히 정의로우시고 공정하신 하느님, 불의한 과거와 부조리한 현재를 청산하기 위해 심장을 찢는 마음으로 뉘우치오니 온 세상 온 겨레를 정화해 주소서. 순교자들과 순국선열들, 의인들의 투신과 예언자들의 불길 같은 마음을 불러일으키시어, 저희가 공동체의 행복과 평화를 증진하는 내적 변화의 원동력이 되게 해 주소서.

　　시대 변혁의 주역인 4 · 19 불사조가 되어, 혁명적 시와 기도로 온 겨레가 새로 태어나게 해 주소서. 성령 안에서 우리 주 그리스도를 통하여 비나이다. 아멘!

가자 북으로 오라 남으로

통일촉진궐기대회 학생대표 이수병의 연설

1961년 4월 19일

이 땅이 뉘 땅인데
오도 가도 못 하느냐

그들을 그 땅에서 이스라엘의 산악 지방에서 한 민족으로 만들고
한 임금이 그들 모두의 임금이 되게 하겠다. 그리하여 다시는 두 민족이 되지 않고
다시는 결코 두 나라로 갈라지지 않을 것이다.

에제키엘 37,22

———

1961년 4월, 서울운동장에서 개최한 4·19 일주년 기념 통일촉진궐기대회에서 학생대표 이수병은 "가자 북으로! 오라 남으로! 만나자 판문점에서! 이 땅이 뉘 땅인데 오도 가도 못 하느냐"라고 외쳤습니다.

이는 4·19 혁명으로 이승만 독재를 무너뜨린 청년 학생들이 3·1 독립선언과 항일투쟁 정신을 이어받아, 미국에 종속된 정치체제를 넘어 민족의 일치와 화해, 통일을 위한 불길을 댕긴 것입니다.

4·19로 분출된 뜨거운 시대정신은 청년과 시민을 각성시켰고, 이는 통일운동으로 이어졌습니다. 절절한 시대적 요구에 따라 청년 학생들은 "가자 북으로! 오라 남으로!"를 외치며 판문점으로 향했습니다. 청년 학생들의 열정과 울부짖음은 뿌리를 찾고자 하는, 구원과 완성을 찾아가는 인간 본성의 발로였습니다. 이는 분열된 두 나라가 하나가 되어야 한다는 예언자의 가르침과 명령, 그리고 동족을 위해서라면 그리스도에게 저주를 받아도 좋다는 사도 바오로의 역설적 고백과도 상통합니다.

가자 북으로!
오라 남으로!

당시 신학생이던 저는 이 구호를 듣고 큰 충격을 받았습니다. 백 번 천 번 옳은 말이지만, 감히 생각해 보지도 못한 말이었습니다. 아니, 도저히 가능할 것 같지 않은 딴 세상 얘기처럼 들렸습니다. 시대의 엄청난 변혁의 외침에도 불구하고 우리는 모두 귀 막고 눈 감고 있었던 것입니다. 관념적으로는 불사조가 되겠노라고 다짐했지만, 정작 행동은 아직도 스스로 불태우지도 못하고 하늘도 날지 못하는 엉거주춤한 상태에 머물러 있었습니다.

더군다나 우리 신학생들은 장면 총리가 가톨릭의 모범 신앙인이라 생각했기에 시대의 목소리에 귀 기울이지 않았습니다. 20세기 중반 한국 가톨릭의 실상이었습니다. 정지용 시인 같은 선구자적 신자들도 계셨으나, 이는 손꼽을 정도였습니다. 따라서 신학생이었던 우리에게 이 구호는 매우 낯설고 한편으로 신기하기조차 했던 것입니다.

4·19 직후 범람했던 혁신적 선구자들은 민주와 평화의 기치를 내걸고 목소리를 키웠으나, 이승만 사퇴 후 넉 달 만에 출범한 장면 정권은 혁명의 열망을 담을 그릇이 되지 못했습니다. 젊은이들의 용기를 따라가지 못했으며, 시대의 요구를 포용하지도 못했습니다. 그 꿈은 결국 일 년도 안 되어 5·16 군사 반란으로 물거품이 되었습니다. 그리고 무자비한 탄압과 반동의 역사가 새롭게 시작되었습니다.

5·16 군사 반란으로 집권한 박정희 군사정권에 가장 위협이 되는 세력은 무엇보다 두려움을 모르고 물러설 줄을 모르는 청년들이었습니다. 이수병 선생님도 그중 하나였습니다. 그는 4·19 일주년 행사에서 구호를 외쳤다는 이유로, 혁명 재판에서 15년형을 선고받고 7년간 복역합니다. 하지만, 그것은 끝이 아니라 어둡고 아픈 역사의 시작이었습니다. 민주를 열망했던 학생, 시민들이 민주주의를 포기할 일은 없을 것이며, 박정희 정권이 그들의 요구를 받아들일 일도 없었을 테니 말입니다.

가자 북으로 오라 남으로

1

2

3

1

민족문제연구소가 발간한
이수병 평전

2

가자 북으로 오라 남으로
구호가 적힌 플래카드를 들고
행진하는 군중

3

플래카드에 적힌 구호

1974년 박정희는 중앙정보부를 동원해 눈엣가시였던 민주 세력들을 일거에 쓸어버리려는 의도로 2차 인혁당 사건을 기획합니다. 즉, 민청학련의 있지도 않는 지하조직이 인민혁명을 기도했다는 혐의로 21명에게 중형을 선고합니다. 8명은 사형, 7명은 무기징역, 6명은 징역 20년입니다. 이때 이수병 선생님도 사형을 받습니다.

미처 형이 확장되기도 전에
사형을 집행하다

그런데 더 기가 막힌 것은 1975년 4월 8일, 형이 확정되기도 전에 사형집행 통보서가 서대문 구치소에 전달되었고, 대법원 판결 후 불과 18시간 만에 사형이 집행됐다는 점입니다. 민주와 법치를 근간으로 하는 국가에서 있을 수 없는 일입니다. 그들은 재심의 기회도 갖지 못했고, 가족의 얼굴도 보지 못한 채 사형 집행장으로 끌려갔습니다. 모진 고문의 흔적을 들킬까 봐 가족 면회도 금했고, 문제가 생길 게 명약관화했기에 서둘러 사형을 집행했던 것입니다.

이를 두고 뉴욕타임스는 '비참한 길을 걷는 한국'이란 제목의 기사를 냈습니다. 스위스 제네바의 국제법학자회는 이들의 사형이 집행된 1975년 4월 9일을 '사법 사상 암흑의 날'로 선포했습니다. 국제앰네스티 역시 항의 성명을 발표했습니다. 하지만, 박정희 정권은 이에 아랑곳하지 않고 서둘러 뒤처리에만 몰두합니다.

이들의 구명운동을 했던 조지 오글 목사와 제임스 시노트 신부를 강제 추방하고, 언론을 동원해 사형당한 8인을 악마화하는 기사를 내보냅니다. 그들 전원이 종교의식을 거부하고 모든 반정부 행위를 인정했으며, 최후 진술에서 "조국이 하루빨리 적화통일 되기를 바란다"라고 했다는 것입니다. 훗날 이 모든 것들은 당연히 거짓으로 밝혀집니다.

절망스럽게도 사형당한 이들의 장례조차 마음대로 치를 수 없었습니다. 저는 당시 30대 초반의 나이로 첫 본당인 응암 성당에서 사목하고 있었습니다. 장례 미사를 집전하기 위해 영구차가 도착하기를 기다리는데, 갑자기 성당을 향해 오던 영구차가 방향을 틀었다는 연락을 받았습니다. 송상진 선생님의 시신을 실은 영구차는 녹번동 삼거리에서 무려 4시간을 실랑이하다가 중앙정보부가 크레인까지 동원해 강제로 끌어가서 화장해버렸습니다. 서도원 선생님의 시신을 실은 영구차는 경찰이 고향인 창녕으로 끌고 갔습니다. 유족에겐 유골만 전달되었습니다.

천만다행으로 이수병 선생님의 유족은 시신을 집으로 모실 수 있었습니다. 법정에서 그의 아내는 남편의 뒷모습밖에 보지 못했습니다. 헌병들이 뒤돌아보지 못하게 막았던 것입니다. 그것이 마지막이 될 줄은 꿈에도 모른 채 말입니다. 하루아침에 아내는 기둥 같은 남편을 잃었고, 어린 세 자녀는 아버지를 잃었습니다.

집으로 돌아온 시신에 남겨진 가혹 행위의 흔적에 그의 아내는 오열하며 혼절했습니다. 제가 바로 그 현장의 증인입니다. 열 손가락과 열 발가락은 온통 시커멓게 멍들어 있었고, 전기고문으로 철판이 닿았던 등은 까맣게 탔으며 발뒤꿈치는 움푹 들어가 있었습니다. 이러한 고문의 흔적들은 사진으로도 남아 그때의 처절했던 상황을 역사 앞에 증언하고 있습니다.

사제들, 역사의 한복판으로
'정의구현사제단'의 태동

우리 사제들이 이른바 인혁당 사건 관련 가족들을 만나게 된 것은 1974년 7월 6일 민청학련 사건으로 지학순 주교님이 중앙정보부에 잡혀 구속되자 그분들을 위한 석방 운동을 하게 된 것이 계기가 되었습니다. 저는 그분들이 당한, 말할 수 없는 고문 얘기에 온몸이 저려 잠을 잘 수 없었습니다. 민주주의 국가에서 '어찌 이런 일이 일어날 수 있을까'라는 의분이 일었습니다. 이 사건이 귀 막고 눈 감고 있던 우리 사제들을 깨워서 역사의 현장, 세상 한복판으로 이끌었습니다. 바로 정의구현사제단이 태동하게 되었습니다.

'사법 사상 암흑의 날'인 1975년 4월 9일 정의구현사제단은 그동안 정부가 저질렀던 불법과 사법부의 비밀재판을 규탄하고 고인들의 명복을 빌며 성명을 발표했습니다. 이틀 뒤인 4월 11일, 이 일로 저는 중앙정보부 5국 대공수사국으로 끌려갔습니다.

6국 정치국과는 공기부터 달랐습니다. 수사관은 제게 이렇게 말하며 겁박했습니다. "이봐, 여기는 간첩 잡는 곳이야! 6국하고는 근본적으로 달라. 알았어?!" 분위기가 심상치 않았습니다. 저는 정신을 똑바로 차리고 "하느님! 도와주십시오! 용기를 주십시오! 지혜를 주십시오!"라고 화살기도를 반복해서 끊임없이 올렸습니다.

음습한 벽을 넘어 옆방에서 들려오는 악랄한 고문과 피맺힌 절규에 저는 십자가 예수님을 기억하며 순교자들의 결단을 되새겼습니다. 희생된 여덟 분을 마음에 모시고 안식을 기원하며 청원 기도를 올렸습니다. 그 하룻밤의 고통은 마치 천년처럼 길게 느껴졌습니다. 하지만, 그날 당한 고통과 모욕이 저를 더 강하게 만들었습니다. 고난을 통한 은총의 첫 체험이었습니다.

30년이 지난 2005년 이수병 선생님을 포함해 8인이 희생된 2차 인혁당 사건은 재심의 소가 받아들여졌습니다. 그리고 2007년 1월 피고인 8명 전원에게 무죄가 선고됩니다. 그해 8월에는 유족들이 국가를 상대로 제기한 손해배상 소송에서 시국 사건 최대 배상액이란 판결을 끌어냈습니다.

이수병 선생님의 사망 당시 채 다섯 살도 안 되었던 세 자녀는 이제 아버지가 돌아가셨던 나이를 훌쩍 넘어 쉰 전후가 되었습니다. 여담이지만, 둘째 아들의 혼배 성사를 제가 집전했습니다. 오래전에 진 빚을 갚는다는 심정이었습니다.

아직도 '가자 북으로'에
알레르기 반응을 일으키는 자들에게

참으로 긴 세월이 흘렀습니다. 하지만, 아직도 "가자 북으로! 오라 남으로!"를 스스럼없이 외치기 어렵고, 이 구호에 알레르기 반응을 일으키는 일부 언론과 일부 세력이 존재한다는 사실이 참담할 뿐입니다. 촛불 혁명으로 탄생한 문재인 정부도 시대정신의 구현이라는 막중한 임무를 과연 제대로 해냈는지 돌아봐야 합니다.

시대는 늘 용기 있는 앞선 사람이 문을 엽니다. 그 문으로 한 시대가 통과합니다. 신년 벽두, 통일운동에 몸담았던 귀한 분들이 생각납니다. 이수병 선생님을 포함한 8인, 임진강을 헤엄쳐 건넜던 김낙중 선생님, 남북 화해의 물꼬를 튼 문익환 목사님, 정경모 선생님, 유원호 선생님, 임수경 선생님과 문규현 신부님 그리고 서경원 선생님 등 통일운동의 선구자들을 기억하고자 합니다.

통일의 불을 지피는 데 자신을 불쏘시개로 썼던 의인들 덕분에 우리는 오늘 여기까지 올 수 있었습니다. 이제 그 뜻을 이어받아 "가자 북으로! 오라 남으로! 이 땅이 뉘 땅인데 오도 가도 못 하느냐?"의 외침을 실현할 수 있기를 간절히 바랍니다. 겨레의 이름으로 하나 된 민족 공동체의 꿈을 이룰 수 있기를 기도드립니다.

온 세상 온 우주 만물을 주관하시며 하나 되게 하시는 거룩하신 하느님, 저희가 끊임없이 노력하며 간구하오니, 갈라진 우리 민족을 한시바삐 하나가 되게 해주소서. 성령 안에서 우리 주 그리스도를 통하여 비나이다. 아멘! 민족의 일치와 화해, 통일의 선구자들이여, 우리 겨레를 위하여 빌어주소서. 아멘!

5 · 16 군사 반란

박정희 육군 소장 쿠데타
1961년 5월 16일

아,
그 쿠데타의 나라?

칼을 칼집에 도로 꽂아라.

칼을 쓰는 자는 모두 칼로 망한다.

마태오 26,52

———

사람에 대한 정의는 참으로 다양합니다. 사람의 수만큼이나 많습니다. 성경은 사람을 '하느님의 모상'image of God (창세기 1,27)이라 묘사하고 있습니다. 이는 사람을 잘 보면 하느님을 볼 수 있다는 암시이며, 사람이 하느님을 닮았다는 뜻입니다. 닮았다는 것은 한편으로는 같지만, 다른 한편으로는 뭔가 다르다는 말이기도 합니다.

법과 제도가 없다면 인간은 약육강식의 논리가 지배하는 동물과 다를 게 없습니다. 야만의 세계에 이성과 양심이라는 주춧돌을 놓고, 공동선이라는 기둥을 세운 것이 지금의 민주주의 제도입니다.

초기 민주주의가 다수 독식이라는 모순을 내포했다면, 오늘날의 민주주의는 약자와 소수자 배려라는 시대적 요구를 수용하는 방향으로 발전했습니다. 우리는 지금 서로 '다름'을 인정하면서 '사회적 합의'를 존중하는 새로운 시대에 살고 있습니다.

사회공동체에 문제가 있으면 어떤 방식으로든 기존체제를 뒤집는 변혁의 과정이 따릅니다. 우리는 이를 반란 혹은 혁명이라 말합니다. 종군기자 오리아나 팔라치(1929-2006)는 헝가리, 베트남, 멕시코, 그리스 등의 혁명 과정을 지켜보면서 큰 모순과 아픔을 목격했습니다. 혁명의 결과, 올라가는 깃발이 붉은색이든 푸른색이든 또는 노란색이든 그 과정에서 숱한 이들이 살육되는 것은 똑같다는 것입니다. 모든 것에는 한계가 있다는 실토요, 고백이자 깨달음입니다.

혁명도 정변도 아닌
명백한 군사 반란

5·16을 혁명이라고 부르던 시절, 저는 그것이 혁명에 대한 지대한 모욕이라고 생각했습니다. 누군가는 군사 정변政變이라는 언뜻 들으면 가치 중립적인 듯 보이는 점잖은 표현을 쓰기도 하지만, 저는 단연코 5·16은 '군사 반란'이라고 규정합니다.

로마 유학 시절, 저는 이 점을 분명히 확인했습니다. 그 시절 "너는 어디에서 왔니?"라는 외국 친구들의 질문에 "나는 한국에서 왔다"라고 대답하면 그들은 즉시 "아! 그 쿠데타의 나라?"라는 대꾸가 돌아왔습니다. 그들의 말 속에는 은연중에 우리나라를 얕잡아 보는 느낌이 담겨 있었습니다. 마치 쿠데타나 일어나는 미개한 나라라는 듯이. 저는 가슴이 시리고 치욕스러웠습니다. 박정희의 쿠데타는 을사늑약처럼 우리 민족사의 씻을 수 없는 죄악이자 수치입니다.

장면 내각은 보는 관점에 따라 한 번도 경험해보지 못한 최고의 자유 국가를 구가했다고 말할 수도 있으나, 결국 사회적 분열과 혼란으로 군사 쿠데타의 희생양이 되었습니다. 이승만 사임 후 장면 내각은 불과 9개월을 버티지 못했습니다.

1961년 5월 16일 새벽 제1공수특전단, 제1해병여단, 6군단 포병대 등이 한강을 건너 서울로 진입했습니다. 당시 장면 총리는 소공동 반도호텔 809호를 공관으로 쓰고 있었습니다. 서너 시쯤 공관 인근에서 총격전이 벌어졌습니다. 장면 총리는 피신을 위해 미 대사관과 유엔사령부 등을 돌아다녔지만, 그 어느 곳의 문도 열리지 않았습니다. 새벽 5시쯤 가톨릭 신자였던 장면 총리는 혜화동 가르멜 봉쇄수녀원으로 피신합니다.

장면 총리가 몸을 피하고 잠시 후 총리 공관에 들이닥친 박정희는 쿠데타가 실패했다고 생각하고 통한의 눈물을 흘렸다고 합니다. 그런데 상황이 이상하게 돌아갑니다. 결론적으로 쿠데타가 일어나고 단 3일 만에 박정희에게 정권이 이양된 것입니다. 저는 이 과정에서 어쩌면 쿠데타를 막을 수도 있었던 여러 번의 기회가 있었음을 알고

五一六軍事叛亂

가슴이 찢어질 듯 아팠습니다.

우선 장면 총리는 경찰 첩보로 일부 군인이 쿠데타를 모의하고 있음을 오래전에 알았다고 합니다. 반란 일주일 전에는 매우 구체적으로 박정희 육군 소장이 반란을 꾀하고 있다는 정보도 받습니다. 하지만, 장도영 육군참모총장은 그때마다 "모략이다. 미군이 있는데 말도 안 된다"라며 얼버무리며 거짓말을 했습니다.

그때 미국은 어떠했을까요? 쿠데타를 뒤늦게 알아차린 미 대사가 총리의 피신처를 알기 위해 노기남 주교에게 연락합니다. 그런데 당시 가르멜 수녀원 프랑스인 원장은 주교의 확인 전화에도 불구하고 총리가 없다고 대답한 것입니다. 만일 그때 미 대사와 장면 총리가 즉시 만났다면 어떠했을까요? 아마도 역사가 바뀌지 않았을까 생각해 봅니다.

사실 주한 미군 사령관 C. B. 매그루더는 함부로 군을 움직인 박정희에게 분노했다고 합니다. 그때는 전시뿐 아니라 평시 작전권도 미군에 있을 때입니다. 그는 군 통수권자인 대통령에게 쿠데타 진압을 자청했지만, 웬일인지 윤보선 대통령은 그의 제안을 거부합니다. 오히려 경무대에 쿠데타군이 들이닥치자 "올 것이 왔구나!"라는 유명한 말을 남겼습니다.

허무할 정도로 쉬웠던 쿠데타
장면 총리의 미숙함도

제2공화국은 출발부터 삐걱거렸습니다. 의원내각제에서 민주당의 구파를 대표하는 윤보선 대통령과 신파를 대표하는 장면 총리 체제가 갖춰졌기 때문입니다. 신파와 구파는 서로를 불신했고, 사사건건 부딪쳤습니다. 그 깊은 증오의 골을 박정희가 파고든 것입니다.

1

장면 국무총리 사임 기자회견

2

혁명공약이 담긴 화보

3

5.16 혁명 1주년 기념우표

4

5.16 군사반란으로
서울을 장악한 군인들

1

148

이후 미 국무부도 불개입 원칙을 견지하며 방관자 입장으로 돌아섭니다. 미국은 승자의 편을 들 뿐이었습니다. 그런 점에서는 미국이 친일 세력을 두둔한 것도 이해가 됩니다. 친일파는 보다 쉽게 친미주의자가 될 테니까요.

장면 총리는 피신 55시간 만에 가르멜 수녀원에서 나와 쿠데타를 인정하고 내각 총사퇴를 발표합니다. 허무할 정도로 쉬운 쿠데타였습니다. 장면 총리에 대한 저의 평가에는 애증이 모두 담깁니다. 그는 독실한 가톨릭 신자입니다. 우리는 신학생 시절, 매일 미사 중에 장면 정부의 성공을 위해 기도했습니다. 그의 인품과 신심을 믿어 의심치 않았기 때문입니다.

하지만, 제가 1970년대 감옥에 있으면서 깨달은 것이 있습니다. 국민이 부여한 권력은 목숨을 걸고 지켜내야 한다는 사실입니다. 장면 총리는 이 의무를 다하지 않았기에 이후 수많은 시민과 청년 학생이 큰 희생을 치르게 합니다. 당시 저는 천주교 사제로서, 또한 같은 신앙인으로서 이분이 자신의 정치적 책무를 다하지 못한 것에 대해 보속한다고 생각하며 아픈 마음으로 기도했습니다.

쿠데타의 주역인 박정희는 일제 강점기에 태어나 초등학교 교사를 하다가 만주

2

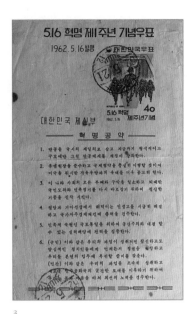

3

4

사관학교(신경군관학교)에 들어갑니다. 거기서 일왕에게 충성 혈서를 씁니다. 민족에 대한 첫 번째 배반입니다. 그 후 일본 육군사관학교를 졸업하고, 일본 육군의 주력부대인 관동군의 견습사관을 거쳐 관동군 보조부대인 만주군의 소위와 중위로 복무합니다. 그런 그가 해방 후에는 광복군이라고 주장하는 희한한 일이 벌어지기도 합니다.

해방 후 그는 국군 창설에 관여해 대위로 임관합니다. 48년에 여순사건에 연루되었으나 동료 명단을 주고 자신은 사형을 면한 것으로 알려져 있습니다. 민족과 동지에 대한 두 번째 배반입니다. 그는 쿠데타 후 "나 같은 불행한 군인이 다시 나오지 않기를 바란다"라고 했습니다. 쿠데타가 불가피했다는 것입니다. 하지만, 그는 자신이 내건 '혁명공약'도 이행하지 않았습니다. 민족과 공동체에 대한 세 번째 배반입니다. 혁명공약의 여섯 개 항목 중 마지막은 "우리의 과업이 성취되면 참신하고 양심적인 정치인들에게 언제든 정권을 이양하고 우리는 본연의 임무에 복귀하겠다"입니다.

1972년 10월 17일 박정희는 유신정변으로 영구집권을 꾀합니다. 그는 위헌적으로 국회를 해산하고 제3공화국 헌법을 정지했습니다. 1974년 10월 1일 국군의 날 행사 연설에서 그는 "큰 자유를 지키기 위해서는 적은 자유는 일시적으로 이를 희생할 줄도 알아야 한다"고 말합니다. 자신과 민족과 역사에 대한 영원한 배반입니다. 마침내 그는 동료이자 부하인 김재규 중앙정보부장의 의로운 결단으로 죽음을 맞이합니다.

경부고속도로가 위로할 수 없고
수출탑이 보상할 수 없는

박정희에 대한 평가는 오늘날까지도 엇갈립니다. 경제 분야의 업적만은 인정해야 한다는 사람들도 있지만, 저는 분연히 반대합니다. 어떤 명분을 갖다 붙여도 3선 개헌과 유신헌법, 그리고 민주화 운동을 했던 수많은 청년 학생, 시민들에게 가한 폭압은 정당화되지 않습니다. 5 · 16은 군사 반란이자 민족사의 치욕입니다.

4 · 19 불사조 정신을 총칼과 군홧발로 짓밟은 박정희는 독재자 이승만의 후계자이고, 독재자 전두환의 선임자일 뿐입니다. 친일 잔재와 이승만 독재, 유신 독재의 청산이 우리 시대 성숙한 시민들이 해야 할 역사적 책무입니다. 지나간 과거사라고 해서 조금도 미화해서는 안 됩니다.

경부고속도로가 고문으로 세상을 떠난 청년 학생, 시민들과 그 유가족들을 위로해주지 않습니다. 100억 달러 수출탑이 짓밟힌 인권과 민주주의를 보상해 주지도 않습니다. 성장 지상주의의 깃발 아래 노동 착취, 빈부 격차, 지역감정과 같은 값비싼 대가를 치렀습니다.

오랜 세월 우리는 숨죽이며 군사 정권의 만행을 겪어야만 했습니다. 1993년 김영삼 대통령이 집권하자 '문민정부'라고 불렸습니다. 군인이 아닌 일반인 출신의 대통령이 통치하는 정부라는 말입니다. 참으로 서글픈 단어입니다. 그 후로도 30년 가까운 세월이 흘렀습니다. 이제 후대를 위해 5 · 16에 대한 제대로 된 역사적 평가를 해야 한다고 생각합니다. 이것만이 잘못된 역사의 고리를 끊는 방법이기 때문입니다. 지금이바로 '그때'라고 생각합니다. 역사적 죄의 뿌리를 잘라내는 일, 그것이 바로 역사기도이고 민족적 성찰입니다.

거룩하시고 영원하신 하느님! "저 사람들을 용서하소서, 저들은 무슨 일을 하고있는지 모릅니다"라는 예수님의 마지막 기도를 반복해 올립니다. 배신자들의 회개를위해, 그리고 자신이 무슨 일을 하고 있는지도 모른 채 같은 잘못을 반복하고 있는 저희 모두의 회개를 청하며 보속과 속죄의 기도를 올립니다.

하느님, 저희 모두 새로 태어나 사람다운 삶을 살도록 깨우쳐 주시고 민족의 일치와 평화 공존을 위해 몸 바치게 해 주소서. 성령 안에서 우리 주 그리스도를 통하여비나이다. 아멘!

민족적 민주주의 장례식

한일협정 반대 서울대 문리대 시위

1964년 5월 20일

수식어 붙은
민주주의는 불순하다

너희는 듣고 깨달아라. 입으로 들어가는 것이 사람을 더럽히지 않는다.
오히려 입에서 나오는 것이 사람을 더럽힌다.
마태오 15,10-11

'거짓말하지 말고 정직하게 살라'는 윤리적 가르침은 하늘과 양심의 명령이며, 모든 법과 인간 질서의 기초입니다. 법에는 위계가 있습니다. 신정법神定法, 자연법自然法, 인정법人定法의 순서입니다. 일반적으로 우리가 말하는 실정법은 신정법과 자연법의 하위 개념입니다. 역사기도는 신정법과 자연법 그리고 양심에 기초해, 실정법의 한계를 넘어 보다 크고 완전한 공동선의 가치를 찾아가는 노력입니다.

우리 근현대사는 치욕의 일제 침략기 36년과 피눈물 나는 독재 정권기로 점철되어 있습니다. 1945년 해방은 되었으나 미국과 소련에 의해 남북으로 갈라졌고, 남한은 3년간의 미군정을 거쳤습니다. 1948년 단독정부 수립은 이승만 독재 12년으로 이어졌습니다. 이승만 독재를 무너뜨린 4·19의 횃불은 딱 1년 만에 박정희의 군사반란으로 무참히 짓밟혔습니다. 이후 전두환, 노태우 정권 12년 동안 군사 독재가 더 이어집니다.

박정희 정권의 특징은 '군사반란'과 '배반'입니다. 박정희와 그 후계 정권을 판단할 때 우리는 이러한 원론적 접근을 해야 합니다. 일제강점기 일본의 침략과 만행을 규탄하면서, 우리 안에 내재한 침략적 불법성과 만행을 눈감는다면 그것은 모순입니다. 특히 1961년 군사반란을 포함해 우리 민족과 동료와 공동체에 대해 저질렀던 박정희의 3중 배반을 늘 기억해야 합니다.

리넌저고미서저의서위면서

박정희의 정통성 콤플렉스가
'민족'을 끌어들이다

누군가는 일제 36년이 근대화 기간이라 주장하지만, 어불성설입니다. 침략과 수탈이 핵심입니다. 마찬가지로 박정희 군부독재 시절에 경제 발전이 있었다고 하나, 이는 부차적 결과일 뿐입니다. 핵심은 군사반란과 배반에 기초한 비양심, 반인권, 반민주, 반민족, 반평화임을 명심해야 합니다. 강도는 강도일 뿐입니다. 날강도짓으로 어쩌다 어려운 이를 도와주었다 한들 결코 자선이 될 수 없습니다.

아우슈비츠 가스실에서 유다인들이 죽어가면서 읊조렸던 마지막 절규와 기도를 기억합니다. "용서하라. 그러나 절대 잊지 말라." 부끄럽고 뼈아픈 과거를 생생하게 기억해야 할 이유가 여기에 있습니다.

저는 1962~63년 군 복무를 하였습니다. 저 또한 청년 사병들처럼 군 복무하는 동안 불의와 불법과 모순에 침묵할 수밖에 없었음을 고백합니다. 군대는 불의한 군부독재의 온상이었습니다. 하지만, 일제의 불의에 항거하여 목숨을 걸고 3·1 독립혁명의 물꼬를 튼 것도 우리 청년, 학생이었습니다. 그 뜻을 이어 청년, 학생들이 박정희 군사반란과 배반에 맞서 분연히 나섰습니다.

신의는 인간관계의 핵심 덕목이며, 하느님과의 관계에서는 목숨 걸고 지켜야 하는 신앙과 믿음입니다. 따라서 배반과 배신은 씻을 수 없는 죄입니다. 상한 음식이 건강을 해치듯, 반란자의 말과 배신자의 말은 민족공동체에 대한 저주입니다. 거짓말도 계속하다 보면 그 말의 진위를 알기 어렵게 됩니다. 바로 군부독재 시대가 빚은 가치관의 혼란과 언어의 부패입니다.

박정희는 스스로 약속한 '공약'을 어기고 군정을 연장하려 들었습니다. 미국이 반대하자 포기하고, 그 대신 창당을 준비하고 기존 정치인의 손발을 묶는 내용의 정치활동정화법을 제정하는 등 집권을 위한 계획을 준비하고 실행합니다. 박정희는 자신에게 부족한 정통성을 보완해야 했습니다. 그렇게 만들어진 구호가 '민족적 민주주의'입니다. 민주주의 앞에 붙는 수식어들은 언제나 불순한 목적을 갖고 있습니다. 명분이나 목표 추구를 위해 민주주의를 제한하겠다는 공지입니다. 박정희의 경우 '민족'이었습니다.

　　대선을 치른 1963년은 해방된 지 18년이 지난 때입니다. 일제강점기와 친일파 문제를 그대로 안고 있었던 당시 공동체 구성원들에게 있어서 '민족'이란 아주 크고 확실한 가치였습니다. 친일 군관이자 남로당원이었던 박정희는 자신의 약점을 보완할 매력적인 구호라 판단했습니다. 경쟁 후보였던 윤보선으로부터 가짜 민주주의라는 공격을 받았으나, 박정희가 승리했습니다.

한일협정은
박정희 정권의 자기 부정

　　'민족적 민주주의'는 민족의 중요성을 강조한 것입니다. 친일 청산, 미완의 역사에 대한 대중들의 감성을 자극한 정치 술수였습니다. 그리고 민족을 위해 민주를 훼손하거나 희생해야 할 대상이라고 선언한 것입니다. 민족을 위해, 공동체 재건을 위해 개인의 자유를 좀 억압한다는, 그러니 독재 통치도 어느 정도 받아들여야 한다는 협박이 있습니다. 구호가 처음 나왔을 때 대중들은 박정희의 속내를 알 수 없었습니다.

　　현실을 왜곡한 박정희의 기만은 1964~65년 대부분의 국민이 반대하는 한일협정을 추진하면서 그 실상이 드러나기 시작했습니다. 청구권 행사로 일제의 지원금을 받기 위해 자존심까지 버렸다는 사실은 '민족적 민주주의'를 표방한 박정희 정권의 자기부정이었습니다. 민족과 민주 중에 민족마저 내팽개친 것입니다. 이에 청년, 학생들이 분연히 일어나 크게 외칩니다. "거짓을 말하지 말라!" 이것이 바로 '민족적 민주주의 장례식'입니다.

1

한일회담 반대 시위에 등장한
관과 만장

2

전국 주요 도시에서
벌어진 한일회담 반대 시위

1964년 3월 한일협정 준비를 위해 김종필 국무총리와 일본 오히라 외상이 도쿄에서 만납니다. 분노한 학생과 시민은 4·19에 버금가는 대규모 시위에 나섭니다. 5월 20일 오후 1시, 서울대 문리대 교정에서 2천 명의 서울대 학생을 포함해 총 3천여 명이 참석한 가운데 '민족적 민주주의 장례식'이 열렸습니다. 문리대 학생 김지하가 조사弔詞 '곡哭 민족적 민주주의'를 낭송했습니다.

학생들은 검은 관을 앞세우고 교문을 나섰습니다. 이 과정에서 경찰과 충돌해 65명이 중경상을 입고 185명이 연행되었습니다. 연행된 학생들의 구속영장이 기각되자, 무장한 군인들이 영장 담당 판사의 집까지 쳐들어가 겁박하기도 했습니다. 사법부의 독립을 위협하는 엄청난 사건이었지만, 군인들의 우국충정이라는 말도 안 되는 이유로 무죄 처리되었습니다.

유신 이후엔
'한국적 민주주의' 표방

1960년대 말 일시적으로 사라졌던 민족적 민주주의는 유신독재와 함께 '한국적 민주주의'라는 속임수로 다시 대중을 현혹했습니다. 수식어만 달라졌지 민주주의를 억압하거나 독재 통치를 용인하라는 협박이란 점에서는 변함이 없었습니다. 7·4 남북공동선언 실천, 즉 분단에 대응하고 경제개발을 위해서 독재를 받아들이라는 강요였습니다. 투표라는 민주주의 형식을 빌려 법과 제도를 무력화하는 권력자의 야만적 행동이었습니다.

저는 민주주의라는 단어 앞에 그 어떤 수식어도 필요치 않다고 생각합니다. '자유민주주의'라는 말도 한가지입니다. 자본주의, 시장경제를 전제한 기득권자들의 속임수입니다. 개인적으로 민족이란 단어에 거부감은 없지만, 민족이 신성불가침이 되어서는 안 된다고 생각합니다. 역사학자 이이화 선생은 생전에 "공격적 민족주의는 거부해야 하지만, 방어적 민족주의는 건강하다"고 얘기했습니다.

오늘, 수많은 학생과 시민이 희생을 치르며 지켜 온 우리의 민주주의는 얼마나 성장했고 단단해졌는지 되돌아봅니다. 아직도 철 지난 냉전 시대 논리에 물든 사람들이 있고 과거 군사독재 정권에 향수를 가진 사람들도 있지만, 저는 우리 사회가 충분한 자정 능력을 갖췄다고 믿습니다. 모든 불의했던 과거와 단절하고 우리의 민주주의가 보다 인류 보편적이고 공동선에 근접하는 방향으로 전진하기를 바라며, 아울러 남북의 평화공존을 기원합니다.

거룩하고 영원하신 하느님, 세상을 떠난 이들에게 영원한 안식을 주소서. 선열들의 고귀한 삶을 본받고 실천하게 하소서. 미숙한 모든 이들을 깨우쳐주소서. 잘못된 군사문화, 배신의 제도를 청산해 역사의 무덤에 묻고, 이제는 아름답고 성숙한 민족공동체의 민주주의 문화를 꽃피우고 알찬 열매를 맺게 하소서. 성령 안에서 우리 주 그리스도를 통하여 비나이다. 아멘!

한일협정 반대투쟁

한일협정 조인 비준 반대 운동

1965년 3월 26일

일본이 물었다
"얼마면 되겠어?"

아주 작은 일에 성실한 사람은 큰일에도 성실하고,

아주 작은 일에 불의한 사람은 큰일에도 불의하다.

그러니 너희가 불의한 재물을 다루는 데에 성실하지 못하면

누가 너희에게 참된 것을 맡기겠느냐?

루카 16,10-11

———

예수님께서는 사도들에게 "뱀같이 슬기롭고 비둘기처럼 순박하라"(마태오 10,16)라고 말씀하십니다. 중동 지방에서 뱀은 신령한 동물이면서 아담과 하와를 유혹한 사탄의 상징입니다. 그러므로 이는 사도들에게 사탄의 꾀를 지니라고 권고하신 것입니다. 이 말씀은 사도들은 물론 지도자들 특히 정치인들이 지녀야 할 지혜입니다.

훌륭한 지도자는 작은 일에도 성실합니다. 예수님께서는 세상살이에서 비록 불의한 재물을 사용하는 일이 있더라도 사명감을 갖고 임하라고 명하십니다. 책임감은 사명감에 기초하며, 구성원과 이웃을 위한 헌신을 지향합니다. 사명감, 책임감, 헌신이 공동체를 위해 지녀야 할 사도들의 필수 덕목입니다.

정치인 또한 사도들과 똑같은 사회적 책무를 지닙니다. 정치란 개인의 선익과 공동체 전체의 안전과 완성을 도모하는 봉사적 기구이기 때문입니다. 정치는 교회와 더불어 하느님의 인류 구원 사업을 위한 동반자적 기능을 수행합니다. 정치인들에게 사회적 책임과 인류 구원에 앞장서며, 정의와 공동선을 실천하라고 요구하는 이유도 바로 여기에 있습니다.

조선 말기 왕과 지배계층은 책임감을 다하지 못해 나라를 빼앗겼습니다. 일본의 패망으로 해방을 맞았지만, 우리는 미국과 소련에 의해 분단국이 되고 말았습니다. 침략국 일본에 대해 속죄와 배상을 요구하는 것은 너무나도 당연한 우리의 권리입니다.

하지만, 이승만 대통령과 장면 총리가 강하게 요청했던 일제 침략 36년에 대한 합당한 배상을 박정희 대통령은 외면했습니다. 그가 온 국민의 절규와 반대를 무시하고 체결한 '한일협정'(한일기본조약)은 우리 민족의 목에 걸린 가시입니다.

36년의 식민 지배가
굴욕적인 독립축하금으로 끝났다

1951년에 시작해 1965년 6월 22일 타결되기까지, 한일 간에 14년간 총 7차례에 걸친 회담이 이루어졌습니다. 일본에 강경했던 이승만 정권은 1951년부터 1958년까지 총 4차례 회담을 진행했습니다. 4·19혁명으로 집권한 장면 내각은 한일관계 개선을 천명하고 5차 회담을 재개했으나 5·16 군사반란으로 중단됩니다. 군사반란과 배신으로 민족사 앞에 씻을 수 없는 죄를 지은 박정희는 자신의 존재 가치를 증명하기 위해, 또한 경제개발과 미국의 쿠데타 승인을 받기 위해 전략적으로 한일협상을 재개하고 협상을 마무리합니다.

협상 타결 이후 한국과 일본 정부는 자국의 국회 비준을 받는 과정에서 청구권에 대해 각기 다른 입장을 보고합니다. 한국 정부는 식민지 문제에 대한 사죄의 대가라고 국회에 보고했습니다. 사실상 보상과 배상의 성격이라는 것입니다. 반면 일본 정부는 경제 협력과 원조, 독립축하금의 의미로 자금을 제공했다고 그 취지를 밝혔습니다.

사실 협정문 어디에도 일제강점기에 대한 사과나 불법 점령에 관한 내용은 없습니다. 해석에 많은 문제점을 지닌 엉터리 협정이었습니다. 협정을 체결한 지도 어언 50여 년이 지났습니다. 하지만, 식민지배에 대한 무효 선언, 독도, 일본 내 조선인의 지위, 사할린 교포, 약탈 문화재, 강제징용 피해자, 일본군 위안부 문제 등은 해결되지 않았으며, 갈수록 갈등만 증폭되고 있습니다. 사정이 이러하니, 당시 청년 학생, 시민, 정치인, 지성인들의 분노가 이해되고도 남습니다. 일제 식민지배에 이어 역사 전쟁에서까지 처참한 패배를 당했으니 그 심정이 어떠했겠습니까?

참고로 협상 과정을 간략하게 정리하면 다음과 같습니다.

[한일협정 청구권 협상 일지]

- 정부 대일배상조사심의회 설치(1949.2)
- 제1차 한일회담(1952.2.15~4.25) 한국은 '한일 간 재산 및 청구권 협정 요강 8개항' 제시, 일본의 '대한 일본인 재산청구권' 주장으로 결렬
- 제2차 한일회담(1953.4.15~7.23): 독도 문제와 평화선 문제에 이견
- 제3차 한일회담(1953.10.6~10.21): 어업(평화선) 문제와 청구권 문제를 둘러싸고 대립, 일본 구보타 망언("일본 통치는 한국에 유익했다")으로 회담 결렬
- 제4차 한일회담(1958.4.15~1960.4.15): 일본 기시 내각 출범에 따라 회담 재개
- 제5차 한일회담(1960.10.25~1961.5.15): 장면 내각, 이케다 내각 출범으로 회담 재개
- 제6차 한일회담(1961.10.20~1964.4): 61년 11월 박정희-이케다 회담, 조속한 시일 내 국교 정상화 합의에 이어 62년 10월 20일 김종필 · 오히라 메모
- 제7차 한일회담(1964.12.3~1965.6.22): 65년 2월 20일 기본관계 조약 가조인과 양국 외상 공동성명 발표, 65년 6월 22일 기본관계 조약과 청구권 협정 등 4개 협정 서명
- 양국 국회 비준: 65년 8월 14일 한국 국회 비준, 65년 11월 12일 일본 중의원 비준, 같은 해 12월 11일 참의원 비준
- 협정발효: 65년 12월 18일 비준서 교환(서울)과 제 협정 발효

1

1

한일협정 반대 시위

2

한일협정 반대 성토대회

2

한일협정 조인식

3

굴욕 외교, 구걸 회담이라는
국민적 비난에 직면

이승만 정권에 의해 회담을 시작할 때부터 한국 대표단 인원 구성에 문제가 발생합니다. 일부 인사의 친일 행적으로 '협상이 제대로 진행될 수 있을까'라는 우려가 있었습니다. 따라서 초기 대표단들은 국민의 이러한 우려 때문에 협상에서 민족의 자긍심을 지키려고 더욱 노력했다고 합니다.

정권의 정통성에서 태생적 한계까지 지닌 박정희 정권은 6차 회담을 시작하면서 오로지 군사정권 집단의 목표에만 집착했습니다. 협정을 어떻게든 성사시키겠다는 의지가 구체적인 의제 설정이나 논의 과정보다 앞섰음을 짐작하게 합니다. 협상 내용보다는 '돈'이 먼저였던 박정희 정권은 협상 과정 전체를 비밀리에 진행합니다.

굴욕 외교, 구걸 회담이라 비난하는 청년과 학생, 시민, 정치인, 지성인들의 격렬한 항의로 6·3 사태가 촉발되었고, 위수령과 계엄령을 선포한 상태에서 한일협정 서명을 진행합니다. 전형적인 반민족, 반민주주의 행태였습니다. 당시 청년 학생과 시민, 정치인, 지성인들이 바란 것은 민족의 과거와 미래에 대한 확신이었습니다. 하지만, 그들의 일제 식민지배에 대한 사과와 배상, 보상 요구는 공허한 메아리가 되었습니다.

결론적으로, 한일협정은 첫 단추부터 잘못 끼웠습니다. 침탈한 나라와 침탈당한 나라가 국교를 정상화하려면 침탈한 나라의 진정한 사과와 반성이 우선이라는 것이 인류 보편적 양심에 기반한 상식입니다.

하지만, 우리는 '얼마를 줄 거야?'로 시작했습니다. 그러니 '얼마면 되겠어?'라는 대답이 돌아온 것입니다. 청구권은 무상 3억 달러, 유상 2억 달러로 합의됩니다. 그것도 보상이나 배상이 아닌 독립축하금이라는 명목입니다. 도저히 선열들께 고개를 들 수 없으며, 후손들에게 영원히 부끄러울 뿐입니다.

오늘날 한일 관계에까지
족쇄로 작용

1965년의 한일협정은 오늘날의 한일관계에서도 걸림돌입니다. 당시 청구권 자금을 5억 달러에 일괄 타결함으로써 일본군 위안부와 강제징용 피해자들의 보상이 원천 봉쇄되어 버렸기 때문입니다. 정통성 자격지심을 가진 독재자의 독단과 조급함이 세월이 가도 아물지 않는 상처를 만들었습니다. 그리고 그 딸인 박근혜는 2015년 10억 엔의 기금 조성을 조건으로 일본과 위안부 문제를 전격 합의합니다. 아물지 않는 상처에 소금을 뿌린 격입니다.

해방 이후 한일협정이 체결되던 시대를 관통한 것은 냉전 논리입니다. 전후 처리를 위해 마련된 1951년 샌프란시스코 강화 조약에서 미국은 한국을 서명 당사국으로 참여시키려 했지만, 일본의 강력한 반발로 무산됩니다. 약소국, 그것도 남북으로 분단된 나라의 발언권은 보잘것없었습니다. 그러했기에 한일협정에는 '민족적 가치와 역사 복원'이라는 의제가 반드시 포함되어야 했습니다.

지금 한일협정 전체를 파기하는 것은 불가능할 것입니다. 그렇다 해도 지금과 같은 상태로 한일 관계를 이어갈 수는 없습니다. 특히 강제징용 피해자, 일본군 위안부 할머니들의 문제는 하루라도 빨리 해결해야 할 과제입니다.

북한은 아직도 일본과 수교하지 않았습니다. 그들은 '우리가 36년간 고통받았고 일본으로 인해 나라까지 분단되었으니 그것까지 보상해야 한다'라는 주장을 굽히지 않고 있습니다. 국제 협약의 기준이나 외교적 언사의 적절성을 떠나, 그들의 당당한 자세만은 인정할 만합니다. 저는 지금까지 드러난 많은 문제를 해결할 실마리가 북일 협상의 과정에서 나올 수 있다고 생각합니다. 북일 수교를 위해서라도 한일 관계는 반드시 변화되어야 합니다.

한일 관계는 누가 이기고 지는 문제로 바라봐서는 안 됩니다. 감정적인 대응도 상황을 어렵게 만들 뿐입니다. 국제사회에서 우리나라의 위상은 갈수록 높아지고 있습니다. 이를 동력으로 담담하게, 당당하게 대처해야 합니다. 안타깝게도 강제징용 피해자와 위안부 할머니들이 한 분 한 분 세상을 떠나고 계십니다. 제발 한 분이라도 더 살아 계실 때 역사의 실마리를 풀어야 합니다. 이것이 오늘을 사는 우리의 책무입니다.

거룩하신 하느님, 저희는 민족사의 오점인 한일협정에 대해, 심장을 찢는 마음으로 뉘우치며 속죄의 기도를 올립니다. 순국선열들의 고귀한 삶을 되새기며 후손들을 위한 희생과 헌신의 삶을 다짐하오니 이 뜻과 기도를 갸륵하게 받아주소서.

다시는 같은 죄와 우를 범하지 않도록 저희 모두 굳게 결심하며, 가정과 이웃, 온 겨레를 위해 헌신하는 살신성인의 실천자가 되겠습니다. 또한 민족의 일치와 화합을 위해 더욱 노력하겠습니다. 이끌어 주시고 축복하소서. 성령 안에서 우리 주 그리스도를 통하여 비나이다. 아멘!

껍데기는 가라

신동엽 시인의 대표 시

1967년 1월

위선과 가식을
떨쳐내는 근본적 회개

불행하여라. 너희 위선자 율법학자들과 바리사이들아!
너희가 겉은 아름답게 보이지만, 속은 죽은 이들의 뼈와 더러운 것으로 가득 차 있는
회칠한 무덤 같기 때문이다. 이처럼 너희도 겉은 다른 사람들에게 의인으로 보이지만,
속은 위선과 불법으로 가득하다.

마태오 23,27−28

———

어린이는 순수함과 정직함의 상징이며 천사들의 대명사입니다. 예수님께서는 하늘나라에서 가장 위대한 이는 '어린이와 같은 사람'이라 말씀하셨습니다. 반면 율법학자와 바리사이 같은 지도자들과 종교인들은 불법으로 가득 찬 위선자라며 무섭게 꾸짖으셨습니다. 생각해보면 율법학자와 바리사이들도 한때는 천사와 같은 어린이였습니다. 성장하면서 때가 묻고 죄를 짓고 위선자가 되었습니다. 선현들이 초심을 간직하라고 강조하신 이유가 여기 있습니다.

순수한 아이들이 왜 때 묻고 죄를 짓는 위선자 어른이 될까요? 그에 대한 답은 아마 사람 수만큼이나 많을 것입니다. 그것을 집대성한 가르침이 바로 종교의 경전입니다. 모든 종교는 수신, 극기, 절제, 양보, 희생, 사랑, 자비를 가르칩니다. 모든 인간은 이기적으로 변하기 쉽기 때문입니다.

우리는 1997년 구제금융 시대를 지나면서 더욱더 자기중심적이고 탐욕중심적으로 변했습니다. 희생과 헌신, 양보 등은 온데간데없고 온통 나만을 위한 세상이 되었습니다. 이러한 개인주의야말로 위선과 불법의 온상입니다. 지금 그것을 단호하게 끊어내야 합니다.

1

문학세계사가 펴낸 신동엽 평전

2

신동엽 시인

저항을 넘어선 신학적 울림
껍데기는 가라

네덜란드의 신학자 R. 아돌프스는 《신의 무덤》(삼성문화문고 83)에서 복음에 언급된 두 개의 무덤, 곧 '회칠한 무덤'과 '빈 무덤'을 주제어로 교회 현실을 냉철하게 비판합니다. 겉은 깨끗하고 화려하지만 속은 탐욕과 불법, 이기심으로 가득 찬 것이 회칠한 무덤이라고 질타했던 것입니다. 교회 조직과 체제에 대한 뼈아픈 성찰과 지적입니다.

빈 무덤이 바로 예수님께서 부활하신 현장이며, 교회가 지향해야 할 참된 영적 가치라고 주장합니다. 소유한 만큼 위선과 가식이 그득하고 비울수록 깨끗하고 아름답습니다. 움켜쥔 만큼 무겁고, 비울수록 가벼워 쉽게 하늘로 오를 수 있습니다. 개인과 사회, 종교와 정치가 깊이 되새겨야 할 교훈입니다.

비움과 절제의 언어가 시詩입니다. 시인은 자신이 겪은 역사의 질곡과 개인적 고뇌, 통찰을 응축해 서늘하게 날선 칼을 벼려냅니다. 칼날 같은 단어, 벼락같은 시 한 줄은 불의와 쉬이 타협하거나 현실에 안주하려는 우리를 일으켜 세우고 눈빛을 형형하게 만들며 심장을 다시 뛰게 합니다. 신동엽(1930~1969) 시인의 시 '껍데기는 가라'가 그렇습니다.

이 시는 민중시, 저항시로서뿐만 아니라 신학적으로도 울림이 큽니다. 위선과 가식을 떨쳐내라는 근본적 '회개'와 일맥상통하기 때문입니다. 하느님 앞에서 우리는 껍데기를 벗어던지고 벌거벗은 몸으로 평가받을 수 있는 영적인 삶을 살아야 합니다. 우리는 살면서 껍데기인 줄도 모른 채 많은 것들을 몸에 두르고 있습니다. 그것들을 하나하나 남김없이 벗어던지는 것이 진정한 회개이자 종교의 본질입니다.

신동엽 시인은 일제 강점기에 태어나 해방과 6·25 전쟁, 이승만 독재정권과 4·19 혁명, 박정희 군부통치를 온몸으로 부딪치며 겪었고, 그 상흔을 자양분 삼아 온몸으로 시를 썼습니다. 40년도 채 안 되는 짧은 생애는 극한의 대립과 격변의 연속이었습니다.

　부여에서 태어난 그는 금강과 부소산을 벗하며 자랐습니다. 전주사범학교에 진학했으나 민주학생연맹에 가입했다는 이유로 퇴학당하고, 그 후 단국대를 졸업하고 교사의 삶을 걸었습니다.

　그가 대표적 저항 시인으로 기억되는 것은 그의 강렬한 체험 덕분일 것입니다. 그의 초기 시가 신화적 상상력과 원초적 생명력을 노래했다면 4·19 혁명을 기점으로 역사, 민중, 저항, 통일이란 주제로 옮겨갑니다. 그의 아내이자 시인 인병선 여사는 1960년 4월 19일 밤늦게까지 연락이 없던 남편의 구두에 먼지가 뽀얗게 앉아 있었다고 회고합니다.

　그는 4·19를 지켜보며 민족의 평화적 공존이 가능하다는 희망을 품었습니다. 빨치산을 소재로 동족상잔의 비극을 그린 '진달래 산천', 갑오농민전쟁을 주제로 쓴 장편 서사시 '금강', 70년대 민주화 운동의 상징이 된 '껍데기는 가라'부터 유작시 '누가 하늘을 보았다 하는가'까지, 그는 시를 통해 민중과 민족이 주체가 되는 세상, 거짓과 위선이 사라지고 공존과 평화가 깃든 세상을 꿈꾸었습니다.

독재자는 종말을 맞았지만
시는 살아남아

　'껍데기는 가라'는 1967년에 발표되자마자 주목을 받았습니다. '동학년 곰나루의 그 아우성만 살고 껍데기는 가라'라는 구절이나 '중립의 초례청 앞에 서서 부끄럼 빛내며 맞절할지니'와 같은 구절은 반공을 부르짖으면서 유신체제로 향해 가던 박정희 독재 정권에 정면으로 도전하는 것이었습니다.

　시간이 흘러 무소불위의 권력을 휘두르던 독재자는 종말을 맞았지만, 시는 살아

남았습니다. 현재 고등학교 문학 교과서 총 18종 중 14종에 '껍데기는 가라'가 실려 있습니다. 선종 50주년을 맞은 2019년 4월, 시인의 문학관이 있는 부여와 서울에서 다양한 추모 행사가 열렸습니다.

저는 당시 학술대회에서 《신동엽 산문전집》(창비)에 실린 '석림石林 신동엽 실전失傳 연보年譜'라는 글을 접하게 되었습니다. 이제까지 잘 알려지지 않았던 청년 신동엽을 조명하는 내용이었습니다. 글을 쓴 사람은 노문盧文으로, 부여에서 시인과 함께 문학 동인 '야화'野火의 일원으로 활동했다고 합니다.

노문의 기록에 따르면, 6·25 전쟁 전후로 신동엽의 삶은 파란만장했습니다. 그가 전쟁에 참여한 것은 아니지만 후퇴하는 인민군과 빨치산을 따라 대둔산에서 지리산으로 남하하는 경험을 했던 것입니다. 중도에 대열을 이탈했으므로 비록 한 달 남짓의 기간이었지만, 이 체험은 시인에게 강렬하게 내재화된 것으로 보입니다.

노문은 '신동엽은 빨치산도 공산주의자도 아니었고, 다소 복잡한 평화주의자였다'라고 술회합니다. 시인과 뜨겁게 교우했던 문학청년 노문은 이북 출신인 데다 부여 경찰서 사찰계 형사였다고 하니 이 또한 역사적 아이러니가 아닐 수 없습니다.

저는 신동엽 시인을 직접 만나 뵌 적은 없습니다. 그의 아내와 아들과는 인연이 좀 있습니다. 시인이자 민속학자인 인병선 여사와는 민주화운동기념사업과 관련하여 함께 활동했고, 아드님과는 현재 '인권의학연구소'에서 함께 일하고 있습니다. 인병선 여사는 서울 종로구 명륜동에 있는 짚풀생활사박물관의 설립자이기도 합니다.

시인의 장남인 신좌섭 서울대 의대 교수는 유신체제 아래에서 야학과 노동운동을 했습니다. 그는 문학이나 정치학을 전공하고 싶었지만, 당시는 알게 모르게 연좌제가 적용되던 시기라 의대에 진학했다고 합니다. 아버지의 큰 그림자가 평생 따라다닌 셈입니다.

청년층의 호감도를 바탕으로
함세웅 대담집의 제목으로 사용

'껍데기는 가라'와 관련된 제 개인적인 일화도 하나 있습니다. 2012년 성당을 은퇴하면서 손석춘 교수와 대담한 자료를 책으로 엮어서 출판하게 되었습니다. 저는 책 제목으로 '금송아지를 부수어야'가 좋겠다는 의견을 냈습니다. 성경의 모세 이야기에 나오는 글귀로, 종교가 배금주의에 빠져서는 안 된다는 교훈을 잘 전달하기 때문입니다. 하지만, 손 교수나 출판사 쪽에서 제가 생각한 제목보다는 '껍데기는 가라'가 좋겠다고 했습니다.

조사를 해보니, 이 글귀에 청년층의 호감도가 높았다고 합니다. 50년 전 시인의 시 구절이 현재의 청년들에게도 울림을 준다고 생각하니 내심 반가운 생각도 들었습니다. 저는 다수의 의견을 좇아, 책 제목을 '껍데기는 가라'로 정했습니다. 판권을 갖고 있던 인병선 여사에게 허락을 받았고 대담집에 시를 인용하기도 했습니다.

'껍데기는 가라'는 4·19 정신의 핵심입니다. 우리가 지향할 것은 껍데기가 아니라 본질이라는 외침입니다. 우리는 껍데기에 둘러쌓인 반민주, 반민족, 반생명을 거부하고 민족의 일치와 화해, 평화와 공존, 통일의 희망을 향해 나아가야 합니다. 이는 위선과 가식을 버리고 본질을 찾아가고자 하는 종교적 회개와 같습니다.

거룩하시고 전지전능하신 하느님, 저희의 모든 것, 내면까지 꿰뚫어 보시는 하느님, 저희는 언젠가 하느님의 심판대 앞에서 모두 벌거숭이가 되어 대령하고 부복해야 할 미약한 존재들입니다. 하오니 저희의 모든 위선과 가식, 죄와 잘못을 용서하시고 깨끗하게 씻어 주시어 예수님과 같은 비허卑虛와 낮춤, 아름답고 진솔한 은총의 새 옷으로 감싸 주소서. 그리하여 저희 모두 기쁨 충만한 천상 잔치에 참여케 해주소서. 성령 안에서 우리 주 그리스도를 통하여 비나이다. 아멘!

3선 개헌 반대 투쟁

3선 개헌 저지 범국민 투쟁
1969년

주전자 뚜껑으로
날치기 통과된 3선 개헌안

사람들이 어떤 죄를 짓든, 신성을 모독하는 어떠한 말을 하든

다 용서받을 것이다. 그러나, 성령을 모독하는 말은 용서받지 못할 것이다.

마태오 12,31

———

성경의 〈지혜문학〉은 속담, 격언 등 선현들의 가르침을 하느님 안에서 해석하고 자신과 이웃, 공동체를 위해 실천하기 위한 지침서입니다. 그 가운데 가장 중요한 덕목은 신의입니다. 그 덕목은 하느님에 대해서는 신앙이요, 형제·자매·동료들에 대해서는 신의이며, 이웃과 재물에 대해서는 신용이라고 표현합니다. 세 단어 모두 접두어는 '믿을 신信' 자입니다. 그 반대어가 바로 배신背信입니다.

1970년대 저는 교도소에서 많은 의로운 교도관들을 만났습니다. 저는 지금도 그분들께 늘 고마운 마음을 지니고 있습니다. 그분들은 억울한 재소자들을 인간적으로 대해주었고, 재소자 처우 개선에 큰 힘을 보탰습니다. 교도소에는 '비둘기를 날린다'라는 은어가 있었습니다. 재소자의 편지를 밖의 친지들에게 전해 주는 일입니다. 당시 교도관들은 자신의 직업을 밝히기 꺼릴 정도로 열악했기에, 그 일로 금전적 대가를 받는 것이 관행이었습니다.

하루는 한 교도관이 저에게 자신의 처지를 고백했습니다. 자신도 간혹 비둘기를 날리긴 하지만, 그 전에 꼭 대상자의 죄과를 확인한다는 것입니다. 아무리 대가가 커도, 거짓말을 일삼는 '사기죄'를 범한 사람은 배제한다는 얘기였습니다. 그런 사람과 상통했다가는 언젠가는 반드시 사달이 나므로, 사기꾼의 돈은 받지 않는다는 것이 교도소 내의 불문율이라고 합니다.

이후 저는 강의 중에 이 이야기를 전하곤 했습니다. 사기는 배신의 죄입니다. 신앙인에게 가장 크고 무거운 죄는 바로 하느님을 배반한 배교입니다. 초기 교회는 단호

하게 배교자들을 공동체에서 격리하고 죽을 때까지 크게 뉘우치도록 조처했습니다. 말하자면 사형 또는 무기징역인 셈입니다.

군사반란은 자유를 보장하신
하느님께 대한 배신

예수님께서도 모든 죄는 다 용서받을 수 있지만, 성령을 거스른 죄는 결코 용서받지 못한다고 분명히 말씀하셨습니다. 하느님의 크신 자비와 모순된다는 주장과 함께 신학적으로 크게 논란이 되는 난제입니다. 이에 대한 종합적 결론은 자유를 지닌 인간이 그 자유를 남용한 잘못에 대해 엄중한 책임을 져야 한다는 것입니다. 하느님께서 보장하신 자유를 훼손하는 행위는 하느님에 대한 모욕과 배반이기도 합니다.

하느님께서 보장하신 은총의 이 자유를, 4 · 19의 피와 희생으로 찾은 공동체의 고귀한 자유를 박정희는 군사반란으로 짓밟았습니다. 그 죄는 민족공동체에 대한 배신일 뿐 아니라, 자유를 보장하신 하느님께 대한 배신이며 나아가 성령을 모독한 죄이기도 합니다.

물론 민족사적으로도 용서받을 수 없는 죄입니다. 비록 독재자가 부분적으로 자비로운 일을 했다 하더라도 그 자비는 잠언의 말씀과 같이 오직 잔인할 뿐입니다. 배신에 대한 이 신학적 선언을 우리가 늘 되새기고 역사기도에 임해야 할 이유입니다.

저는 1965년부터 로마에서 유학 생활을 했습니다. 그런데 신기하게도 국내에 있을 때보다 한국 소식을 더 자세히 알게 되었습니다. 대사관에서 한 달이 지난 묵은 신문을 가져와 샅샅이 훑어보는 일은 우리 신학생들에게 큰 기쁨이었습니다. 그런데 어느 순간, 신문을 보는 일이 매우 괴로워졌습니다. 고국에서 들려오는 소식은 온통 혼돈과 실망뿐이었고, 신문의 행간에서 울부짖는 청년 학생과 시민들의 목소리가 들렸기

1

2

때문입니다.

　　4·19 혁명으로 이승만 독재 정권을 무너뜨렸지만, 5·16 군사반란으로 역사의
시곗바늘은 다시 뒤로 당겨졌습니다. 그런데 박정희는 거기서 멈추지 않고, 3선 개헌을
통해 장기 집권을 넘어 영구 집권을 꿈꾸었습니다. 이승만이 한 짓을 박정희가 그대로
따라 하고 있었던 것입니다. 역사의 퇴행을 지켜보는 국민의 마음은 아프고 절망스러
웠습니다.

　　1967년 대선에 두 번째로 나서면서 박정희는 이번이 마지막이라 공언했습니다.
하지만, 이것은 애초에 거짓말이었습니다. 그 후 곧바로 3선 개헌을 준비했고, 1971년
3선 이후 바로 유신 체제를 준비했기 때문입니다. 김형욱 회고록에 의하면, 1967년 대

선 기간 중 사석에서 박정희는 "나는 절대 정권을 못 내려놔!"라고 실토했다고 합니다.

신민당 의원 3명의 변절로
새벽 2시 30분 날치기 통과

6·8 부정선거(1967년 제7대 국회의원 총선거)를 대대적으로 자행했던 이유도 개헌에 필요한 국회의원 정족수를 확보하기 위해서였습니다. 1969년 1월 공화당 의장서리 윤치영은 "조국 근대화와 민족중흥의 과업을 이루기 위해 강력한 리더십이 필요하다"고 설레발을 치면서 3선 개헌의 물꼬를 텄습니다. 윤치영은 박정희를 '단군 이래 최고의 성군'이라 부른 희대의 아첨꾼으로 유명합니다.

야당과 청년 학생, 시민들의 반발은 거셌습니다. 3선 개헌에 대놓고 반대하던 뜻 있는 젊은 국회의원들은 정보부에 끌려가 고초를 당했습니다. 대학생은 물론 고등학생까지 전국적으로 반대 투쟁이 일었습니다. 이에 위수령을 발동했고, 모든 학교는 교문을 닫았습니다.

3선 개헌 당시 헌법 개정안의 가결 정족수는 117명이었는데 공화당 의원은 총 109명이었습니다. 당시 정구영 국회의장이 개헌안에 공개적으로 반대해 확보된 찬성표는 108표입니다. 온갖 방법을 다 동원한 박정희는 공화당 108명, 유신정우회 11명, 신민당 3명으로 총 122명의 국회의원을 확보하고 9월 8일 국회에 개헌안을 상정합니다.

신민당 3명이라는 숫자에 놀라는 분들이 있을 것입니다. 당시 야당이었던 신민당 의원 중 성낙현, 조흥만, 연주흠이 중앙정보부의 공작에 넘어갔습니다. 이렇듯 어느 시대나 변절자는 존재합니다.

전국적인 개헌 반대 시위가 일어났지만 결국 9월 13일에 개헌안의 국회 표결이 선포되었습니다. 위기감을 느낀 신민당 의원들은 표결 저지를 위해 단상을 점거하고

반대 농성을 벌였습니다. 자정이 다가오자 이효상 국회의장은 주말을 보낸 후 월요일에 다시 본회의를 소집하겠다고 밝히고 산회를 선언합니다.

여당 의원이 퇴장하고, 안심한 야당 의원들도 집으로 돌아가 단꿈에 빠져 있었을 이튿날 새벽 2시 50분, 태평로 국회의사당 건너편의 국회 제3별관에 불이 켜집니다. 그리고 주변 반경 500미터를 1,200명의 기동경찰이 철통같이 에워싼 상황에서 날치기 통과가 이루어집니다.

얼마나 급했던지 미처 의사봉을 준비하지 못해 주전자 뚜껑으로 책상을 3번 두드려 통과시켰습니다. 여기에 걸린 시간은 단 6분입니다. 당시 이 사건은 신생 언론매체였던 MBC 기자의 특종으로 세상에 알려집니다.

날치기 통과의 주범이라 할 수 있는 이효상 의장은 진보적 사회운동을 해온 학자이자 독실한 가톨릭 신자입니다. 그런 그가 박정희 정권의 들러리로, 독재자의 앞잡이로 활동했다는 사실이 부끄럽고 가슴 아픕니다.

그는 "(대구) 이곳은 신라의 찬란한 문화를 자랑하는 고장이건만 그 긍지를 잇는 이 고장의 임금은 여태껏 하나도 없었다. 박정희 후보는 신라 임금의 자랑스러운 후손이며, 이제 대통령으로 뽑아 이 고장 사람으로 천년만년 임금으로 모시자"라고 했습니다. 한국 현대사에서 지역감정을 첫 등장시킨 장본인입니다.

박정희, 전두환 정권을 이어서
들러리를 자청한 대구대교구

그는 본래 가톨릭 대구교구장 서정길 대주교가 독재 정권의 들러리로 내세운 인물입니다. 그의 아들 이문희는 보좌 주교가 되고, 후에 교구장이 되었습니다. 대구는 원래 항일 재야 도시입니다. 3·15 부정선거 때 투표함을 몸으로 껴안고 지켰다는 대구의 야성이 박정희 정권을 기점으로 변질하였습니다. 어느새 대구대교구는 유신 교구, 어용 교구가 되었습니다. 무엇보다 가슴 아픈 것은 박정희 정권 아래서 일치의 가톨릭이 깨졌다는 사실입니다.

이후 대구대교구는 독재 정권과 밀착 행보를 이어갔습니다. 그 결과 대구대교구가 소유한 〈매일신문〉은 전두환의 언론 통폐합 정책에서도 살아남을 수 있었습니다. 대구교구의 이종흥, 전달출 두 신부는 국보위 위원으로 활동하기도 했습니다. 한국천주교회사의 씻을 수 없는 오점입니다.

그러나, 3선 개헌 반대 투쟁에 앞장선 종교인도 있습니다. 한신대학교의 김재준 목사님입니다. 그는 문익환, 문동환 형제 목사의 스승으로, 세상을 바꾸는 일 역시 종교인의 책무라 여기셨습니다. 하느님의 나라가 인간 세상에 여실히 건설되어야 한다는 그분의 생각을 높이 평가합니다.

1779년 프랑스 혁명이 일어났을 때, 시민들은 교회로 달려가 성당 내의 성상들과 성물들을 파괴했습니다. 민중 속, 가장 낮은 자리에 거해야 할 교회가 귀족과 왕권에 결탁해서 높은 자리의 권력을 탐했기 때문입니다. 사제와 신앙인이 제대로 살지 못하면 외면당할 수밖에 없습니다. 하지만, 프랑스 교회는 이런 과정을 거쳐 혁신할 수 있었습니다. 한국 교회 특히 대구교구가, 죽어야 다시 태어난다는 십자가의 교훈을 깊이 새기길 바라며 함께 속죄의 기도를 올립니다.

친일 청산을 하지 못한 길고 끈질긴 업보가 독재 정권으로 이어졌고 오늘날까지도 그 연장선에 있습니다. 청산해야 할 과제를 더는 외면하면 안 됩니다. 친일과 독재의 고리를 끊지 않는 한 고통스러운 역사는 반복됩니다. 이것이 역사의 법칙입니다.

불의한 독재 정권을 저지하기 위해 온몸을 바쳐 투쟁한 정치인과 청년, 대학생을 기억하고, 하루빨리 불의한 과거와 친일 청산을 이루어 보다 투명하고 선명한 민주주의로 나아갈 수 있기를 염원합니다. 또한 우리 가톨릭이 하느님 안에서 하나이고 거룩하고 보편되며 사도로부터 이어오는 참된 교회공동체로 다시 태어날 수 있기를 바라며 간절한 마음으로 기도드립니다.

거룩하시고 영원하신 하느님, 하느님께서 보장하신 자유의 은총을 잘 간직하며 선행을 통해 공로를 쌓겠습니다. 또한 이웃의 자유를 존중하면서 공동선을 기초로 서로 협력하고 양보하면서 아름다운 세상을 이룩하겠습니다. 은총의 자유를 짓밟고 공동체에 해를 끼친 모든 불의한 세력과 맞서 싸우며 하느님께서 보장하신 은총과 자유를 잘 지키겠습니다. 그리하여 자유롭고 성숙한 시민 사회, 아름다운 민족공동체를 이룩하겠습니다. 모든 불의한 배신자들을 척결해 주소서. 성령 안에서 우리 주 그리스도를 통하여 비나이다. 아멘!

우리는 기계가 아니다

전태일 열사 분신

1970년 11월 13일

대통령 각하,
일요일은 제발 쉬게 해주세요

안식일이 사람을 위하여 생긴 것이지 사람이 안식일을 위하여 생긴 것이 아니다.
그러므로 사람의 아들은 또한 안식일의 주인이다.

마르코 2,27-28

———

인간의 존엄과 평등은 모든 종교가 고백하고 온 세계가 공인한 천부적 권리입니다. 세계인권선언 24조는 노동자의 권익에 대해 "합리적 노동시간의 제한과 정기적 유급휴가를 포함한 휴식과 여가의 권리를 갖는다"라고 단언합니다. 하지만, 현실은 그렇지 못합니다. 인류의 역사는 존엄과 평등을 실현하는 과정이자 노동자들이 자신의 생존과 권리 보장을 위해 싸워 온 역사이기도 합니다.

시편 작가는 만물의 영장인 인간을 예찬하면서도 겸허하게 인간의 한계를 고백합니다. 인간이 서로 돕고 살아야 할 이유입니다. 사람은 생존을 위해 마땅히 일해야 하고, 동시에 적당한 때에 꼭 휴식을 취해야 합니다. 이것이 인식일의 규정입니다. 히브리인들은 안식일을 하느님 안에서 쉬도록 명했습니다. 하느님과 함께 하느님 안에서 쉰다면 그것이 바로 아름다운 예배와 기도이기 때문입니다.

사실 휴식이라는 라틴어 어원은 재창조re-creatio를 뜻합니다. 하느님 안에서 쉰다는 것은 하느님의 창조사업에 참여한다는 신학적 의미입니다. 사람뿐 아니라 동식물과 자연에도 휴식이 필요합니다. 오늘날 만연한 코로나 펜데믹도 자연을 제대로 대접하지 않은 인간의 탐욕과 난개발에 대한 반작용이라고 많은 이들이 지적합니다. 그러니 휴식을 빼앗는 것은 생존에 대한 위협이기도 합니다.

예수님 시대에 유다 종교 지도자들은 안식일 규정을 지나치게 기계적으로 해석해 오히려 사람을 안식일의 노예로 전락시켰습니다. 이에 예수님께서는 사람이 안식일보다 우선한다고 선언하셨습니다. 종교법과 제도, 모든 체제보다 사람이 앞선다는 혁명적 가르침입니다. 예수님 자신이 목수의 아들로서 당대 민중들의 삶을 살았던 노동자이셨습니다. 예수님은 가난하고 병든 자들과 소외된 이웃, 여성들에게 다가가신 해방자이셨습니다.

창문과 환풍기 없는 다락방에
원단 먼지는 눈처럼 쌓이고

노동운동가라고 하면 대부분 격렬하고 전투적인 이미지를 떠올립니다. 더욱이 1960년대의 끝에서 1970년까지, 자신이 노동운동가라는 사실도 인지하지 못한 채 노동운동을 하다가 분신으로 생을 마감한 전태일 열사라면 대부분의 사람이 그런 선입견을 가질 법합니다. 하지만, 그의 행적은 그가 소박하고 온건하며 낙천적이었다는 사실을 증언합니다. 그런 그가 그리도 격하고 비통한 죽음을 택한 것은 그것밖에 달리 방법이 없었기 때문입니다.

전태일(1948~1970)은 그 시대를 살았던 대부분의 사람처럼 하루하루 입에 풀칠할 것을 걱정하는 가난한 삶을 살았습니다. 쌍문동 산꼭대기 여섯 평짜리 판잣집에서 여섯 가족이 모여 살면서, 온종일 동대문시장 주변을 거닐며 닥치는 대로 허드렛일을 했습니다. 열일곱 살이 되자 평화시장에서 재봉사 일을 시작했고, 눈과 손이 빨랐던 그는 금세 재단사가 되었습니다. 그때까지만 해도 그의 꿈은 돈 많이 벌어 가족들을 호강시키는 것이었습니다.

그런데 그가 접한 노동 현실은 열악하다는 말이 사치일 정도로 참담했습니다. 다락방 구조로 이루어진 대여섯 평의 작업 공간을 노동자들은 '닭장'이라고 불렀습니다. 그곳에서 수십 명의 여공과 재단사가 얽혀 하루 14시간 이상을 일했습니다. 창문과 환풍기 하나 없는 공간에서 원단 먼지는 전선 위에 눈처럼 소복이 쌓였습니다. 열다섯

우리는 기께우 앙이니라

살 즈음의 여공들은 각혈을 하는 것보다, 아픈 것을 들켜서 해고되는 것을 더 두려워했습니다. 청계천에서 쌍문동까지 걸어 다니며 아낀 차비로 여공들의 간식을 사주는 것만으로는 아무것도 해결되지 않았습니다.

고뇌하던 전태일은 우연히 '근로기준법'의 존재를 알게 됩니다. 초등학교 중퇴 학력의 그가 한문으로 쓰인 근로기준법을 읽기란 너무 힘든 일이었습니다. 옥편을 찾아가며 한 자 한 자 글을 읽던 그는 자신이 바라는 모든 것이 이미 법으로 정해져 있었다는 사실을 깨닫습니다.

그는 한 줄기 희망을 가집니다. 서울시청의 근로감독관을 찾아가고 노동청에 진정합니다. 언론사에 편지도 보냅니다. 한 번이 아니고 두 번도 아니고 끈질기게 합니다. 박정희 대통령에게 "존경하는 대통령 각하, 옥체 안녕하시옵니까"로 시작하는 편지도 보냅니다. 그는 편지에서 "하루 14시간 노동시간을 10시간이나 12시간으로 줄여주고, 일요일은 제발 쉬게 해달라"라고 호소합니다. 당연히 편지는 전달되지 않았고, 노동청과 언론사는 무시와 조롱으로 일관했습니다. 온건하고 합리적이고 상식적인 모든 방법이 통하지 않았습니다.

그는 뜻을 함께하는 친구들과 시위를 계획했지만, 번번이 경찰과 기관에 가로막힙니다. 이제 그가 할 수 있는 일은 별로 남아 있지 않았습니다. 1970년 11월 8일, 그는 친구들과 함께 근로기준법 화형식을 계획합니다. 있으나 마나 한 근로기준법을 불태우자는 것이었습니다. 그 자리에서 전태일은 "우리는 기계가 아니다"라는 구호를 작성합니다. 그러나, 화형식을 하기로 했던 11월 13일, 계획은 새어나갔고 준비한 플래카드는 모두 빼앗기고 시위는 무산됩니다.

청년 전태일에게서
예수님의 십자가 부활을 보다

오후 1시가 조금 넘어 평화시장 뒷골목에 힘없이 앉아 있던 전태일은 온몸에 불을 붙인 채 큰길로 뛰쳐나옵니다. 그의 손에는 근로기준법이 들려 있었습니다. 그는 극한의 고통 속에서도 "근로기준법을 준수하라, 일요일은 쉬게 하라, 우리는 기계가 아니다!"를 외칩니다. 그리고 그날이 다 가기 전에 스물두 살의 전태일은 "내가 한 일을 헛되이 하지 말라"라는 유언을 남기고 눈을 감습니다.

저는 이 장면에서 예수님의 십자가와 부활을 보았습니다. 어린 여성 노동자를 위해 자신을 불살랐던 그는 우리 모두를 회개의 길로 이끌었습니다. 2021년 12월 개봉한 애니메이션 영화 〈태일이〉의 부제는 '세상을 바꾼 불꽃'입니다. 그렇습니다. 그로 인해 세상이 바뀌었습니다.

전태일의 분신에 가장 놀랐던 것은 대학생들이었습니다. 자신들이 민주화 투쟁을 하는 동안 어느 그늘에서는 어린 노동자들이 죽어가고 있었던 것입니다. 전태일의 죽음은 우리나라의 노동 현실이 어떤지, 노동운동이 왜 필요한지를 알렸습니다. 대학생뿐 아니라 지성인, 정치인, 재야인사, 종교인들이 모두 충격을 받았습니다. 그들 중에 문익환 목사님도 계셨습니다. 그는 전태일의 죽음 앞에서 큰 회개를 했다고 고백합니다.

가톨릭 교리는 어떠한 이유로든 스스로 목숨을 끊어서는 안 된다고 가르칩니다. 하지만, 1962년 제2차 바티칸 공회의 이후에는 이에 새롭게 접근합니다. 죽음은 영원과 만나는 순간으로 하느님의 영역이기에 자살한 분들을 위해서도 합당하게 장례미사를 봉헌하고 교회 묘지에 모실 수 있도록 허용했습니다. 사실 그분들 중에는 공동체를 지키기 위해, 대의를 위해 스스로 목숨을 끊은 분들도 많이 계십니다.

1968년 소련이 체코를 침공했습니다. 일명 '프라하의 봄' 때입니다. 그때 소련에

청계천 평화시장 앞 전태일 흉상

항거해 체코의 자유를 지키기 위해 분신한 청년들이 있습니다. 당시 교황 바오로 6세는 주일 삼종기도를 바치며 바티칸 광장에 모인 순례객들에 잠시 강론을 하셨습니다. 분신한 이 청년들을 기리며, 그 방법에는 동의하지 않지만 불의에 항거하고 공동체의 선익을 위해 투신한 그 행업은 예수님의 죽음과 같이 고귀하다고 말씀하셨습니다. 당시 유학 중이었던 저는 이 말씀을 듣고 크게 감동하였습니다.

"나는 돌아가야 한다. 꼭 돌아가야 한다. (⋯) 불쌍한 내 형제의 곁으로, 내 마음의 고향으로. (⋯) 나를 버리고, 나를 죽이고 가마. (⋯) 오늘은 토요일 8월 둘째 토요일 이날 무고한 생명체들이 시들고 있는 이때에 한 방울의 이슬이 되기 위하여 발버둥치나니 하느님, 긍휼과 자비를 베풀어 주십시오! 아멘"

전태일이 분신하기 석 달 전, 삼각산의 건축 공사 현장에서 일할 때 쓴 일기 중 일부입니다. 당시 평화시장을 잠시 떠나 있었는데, 다시 돌아갈 것을 결심하며 쓴 글입니다. 1977년 2월 서대문 구치소에서 상고이유서를 쓸 때 저는 마무리로 이 대목을 인용하며 절절한 마음으로 기도하고 묵상했습니다.

지금 이 시간에도 노동자들이 떨어지고, 끼이고, 깔려서 죽어가고 있다

안타까운 일은 전태일과 함께 활동했던, 전태일 죽음의 증언자들이 변절했다는 사실입니다. 전태일이 분신했을 때 가장 먼저 달려왔다고 알려진 서울대 법대생 장기표를 생각하면 마음이 아픕니다. 한국사회의 노동자들은 전태일 정신을 높이 평가하는 데 그쳐선 안 되고 그것을 체화해야 합니다. 어느 순간 노동운동은 순수함과 초심을 잃고, 단순한 임금 투쟁으로 변질하였습니다.

저는 모름지기 노동운동을 하는 사람이라면 전태일을 가슴에 안고, 전태일로 살아야 한다고 생각합니다. 전태일 동상 앞에 한 점 부끄러움이 없도록 노동 문화를 개선하는 것이 시대적 소명입니다. 더는 교회가 예수님을 팔아먹고, 절이 부처님을 팔아먹고, 노동운동가가 전태일을 팔아먹는다는 얘기를 들어서는 안 됩니다.

전태일은 일기장에 '태일피복'이란 회사를 만들겠다고 적었습니다. 그 회사는 8시간 일하고 일요일에 쉬는 회사입니다. 천장엔 형광등이 있고 넓은 창문과 환풍기가 있는 회사입니다. 기업주와 종업원이 공평하게 이윤을 나누고, 기업주는 종업원의 건강을 돌보는 그런 회사입니다. 정직하게 제품을 만들고 성실하게 세금을 내는 그런 회사…. 언젠가는 이 땅 위에 그의 꿈이 꼭 실현되리라 믿습니다.

지금 이 순간에도 노동자들이 현장에서 떨어지고, 끼이고, 파묻혀서 죽어갑니다. 연간 1천 명 가까운 노동자가 산업 현장에서 사고로 목숨을 잃는다고 합니다. 전태일 죽음 후 50년이 흘렀지만, 비정규직 노동자들은 해고의 불안 속에 살아가고, 위험의 외주를 맡은 노동자들은 생명의 위험 속에서 살아갑니다. 정규직은 비정규직을 외면하고, 대기업은 외주업체의 등을 떠미는 행태는 하루빨리 개선되어야 합니다. 노동운동은 비록 조금씩이더라도 '함께'여야 합니다. 전태일은 '함께'를 위해 기꺼이 자신을 바쳤습니다.

거룩하시고 영원하신 하느님, 저희는 십자가 죽음을 통한 예수님의 영광스러운 부활을 고백하며 사는 신앙인들입니다. 그러나 많은 경우에 십자가 희생을 망각한 채 예수님의 부활만을 앵무새처럼 읊조리고 있는 기계적 신앙인이기도 합니다. 부활은 십자가와 고통, 고난과 죽음의 수락입니다. 어린 노동자들을 위해 자신을 불사른 전태일 열사를 생각하며 희생과 헌신의 고귀한 가치를 깊이 되새깁니다.

하느님, 지금 저희가 비록 예수님처럼 철저하게 살지 못하고, 전태일 열사처럼 감히 몸을 불사르지는 못하지만, 그래도 예수님의 가르침만은 제대로 깨닫고, 전태일 열사의 정신을 잘 간직해, 그 일부분만이라도 실천하도록 이끌어주소서. 이 모든 것을 성령 안에서 우리 주 그리스도를 통하여 비나이다. 아멘!

함세웅의 붓으로 쓰는 역사기도 22

유신헌법 철폐

유신체제 반대 투쟁

1973년

초헌법적
존재를 탄생시킨 유령 헌법

"카이사르에게 세금을 바치는 것이 옳습니까? 옳지 않습니까?

바쳐야 합니까? 바치지 말아야 합니까?"

예수님께서 그들의 교활한 속셈을 알아채시고

"왜 나의 속을 떠보는 거냐? 데나리온 한 닢을 가져다 보여다오" 하셨다.

그들이 돈을 가져오자 "이 초상과 글자가 누구의 것이냐?" 하고 물으셨다.

그들이 "카이사르의 것입니다" 하고 대답하자 "그러면 카이사르의 것은

카이사르에게 돌리고 하느님의 것은 하느님께 돌려라" 하고 말씀하셨다.

그들은 예수님의 말씀을 듣고 경탄해 마지않았다.

마르코 12,14−17

———

"카이사르의 것은 카이사르에게, 하느님의 것은 하느님에게!" 교회는 교회대로 왕들과 독재자들은 그들 나름대로 아전인수 격으로 해석하면서 많은 논란을 일으킨 성경 구절입니다. 박정희 유신독재에 저항했던 천주교정의구현전국사제단을 향해 당시 김종필 국무총리가 한 말이기도 합니다. 종교의 사회 비판적 기능을 애써 거부하며 궤변의 근거로 삼았던 것입니다.

이 말씀은 결코 독재 정권의 불법을 정당화한 가르침이 아닙니다. 로마 황제 카이사르 역시 하느님의 피조물인 한 인간일 뿐입니다. 사람은 하느님의 모상으로 창조된 존재입니다. 따라서 황제의 초상이 새겨진 동전은 황제의 것이므로 황제에게 돌리고, 하느님의 모상을 지니고 태어난 황제는 하느님의 몫이니 마땅히 하느님께 봉헌해야 한다는 신학적 선언입니다. 우리는 모두 하느님의 모상으로 창조되었기에 하느님께 귀속되어야 한다는 신앙고백입니다.

정치는 백성들의 눈물을 닦아주는 아름다운 봉사와 예술이어야 합니다. 정치는

공동선에 근거하고, 공동선을 지향하고, 공동선을 이루어야 합니다. 공동선은 개인의 이득과 욕심을 넘어선 공동체의 공유 가치입니다. 인간의 기본 덕목은 이웃에 대한 배려이며, 종교의 근본 덕목은 극기와 사랑입니다. 이러한 도덕적·종교적 원리를 기초로 정치사회공동체가 작동합니다.

4·19로 태어난 정권
9개월 만에 군홧발에 밟히다

헌법 제1조 2항은 "대한민국의 주권은 국민에게 있고 모든 권력은 국민으로부터 나온다"라고 규정하고 있습니다. 그런데 불행하게도 초대 대통령 이승만은 이 헌법을 유린했습니다. 4·19 혁명을 통해 그 상처를 치유하려던 순간, 박정희 육군 소장이 군사반란과 삼중의 배신으로 민주주의를 짓밟았습니다. 그 후 두 번이나 대통령을 연임하고 다시 불법으로 헌법을 개정해 3선 연임을 했습니다. 그러다 아예 대통령 종신직을 기획하며 불법으로 국회를 해산하고 유령과도 같은 유신헌법을 만들었습니다.

그러나, 이승만과 박정희의 연이은 불법과 억압에 맞서 청년 학생을 비롯한 국민 개개인은 한층 굳센 힘을 다졌습니다. 박정희의 유신체제가 항일 독립투쟁의 정신을 일깨웠고, 각계각층의 국민은 한목소리로 유신헌법 철폐를 외쳤습니다. 온 나라가 감옥이니, 감옥 탈출을 위한 민주 대행진이 시작된 것입니다. 부활을 향한 십자가 고난의 길목에서 온 겨레가 더욱 깊이 민주주의의 고귀함을 깨닫고 성숙하게 된 계기입니다.

저는 유신헌법이 공포되었다는 소식을 로마에서 들었습니다. '유신'이란 말부터 엄청난 거부감이 일었습니다. 1868년 일본의 메이지유신이 연상되었기 때문입니다. 박정희는 늘 일본을 동경하고 추종한, 뼛속까지 친일인 인물입니다. 유신헌법은 박정희가 자신의 실체를 스스로 고백한 선언이라 생각합니다.

4 · 19 혁명으로 탄생한 정부는 단 9개월 만에 군홧발에 짓밟혔습니다. 무능하다는 이유에서입니다. 1963년 대통령에 취임한 지 10년 만에 유신헌법이라는 무지막지한 통치 도구가 필요했다는 사실은 오히려 자신이 무능했음을 실토하는 것이 아닐까요? 박정희는 민간에 정권을 이양하겠다는 자신의 '공약'을 저버렸고, 이번이 마지막이라는 약속도 지키지 않았습니다. 애초에 지킬 생각도 없었습니다.

1971년 남북공동성명의 속임수
박정희의 유신독재, 김일성 수령체제 공고화

1971년 이후락이 북한을 방문해 김일성과 회담을 갖고 7 · 4 남북공동성명을 발표했습니다. 표면적으로는 남북 평화 공존의 기초를 놓은 것이 맞습니다. 하지만 그 이

1972년 12월 27일 유신헌법 공포식

면에는 남북 양쪽의 검은 속셈이 숨겨져 있었습니다. 공동성명 이후에 북한은 김일성 수령 1인 독재 체제가, 남한은 유신독재 체제가 공고화되었기 때문입니다. 뒷거래란 의심을 지우기 힘듭니다.

미국에서 해제된 기밀문서에 따르면, 1972년 유신체제를 발표하기 며칠 전 중앙정보부가 두어 차례나 북한의 박성철과 김성주에게 구체적 내용을 통보했다고 합니다. "우리에게 곧 정치 변혁이 있을 터인데 그것은 내부 문제이고 북한과는 아무 관계가 없다"란 내용입니다. 남과 북의 지도자에게 가장 중요했던 것은 이념도 민족도 아닌 자신의 정권욕이었습니다. 이는 매우 가슴 아픈 지점입니다.

유신헌법이란 무리수는 박정희의 두려움에서 출발했습니다. 1971년 3선 개헌 이후 정권에 반대하는 시위가 이어졌습니다. 또한 전국적인 부정선거, 관권선거를 저질렀지만, 국회 의석은 민주공화당 183석, 신민당 89석으로 개헌 저지선이 무너졌습니다. 1972년 박정희는 위수령과 휴교령을 발동하고 특별조치법을 통과시킵니다. 일련의 유신 전前 단계 조치입니다. 같은 해 10월 17일 대통령 특별선언을 통해 국회를 해산하고 정당정치를 금하는 계엄령에 준하는 조처를 한 후 박정희는 유신헌법을 발표합니다.

"유구한 역사와 전통에 빛나는 우리 대한민국은 3·1 운동의 숭고한 독립정신과 4·19 의거 및 5·16 혁명의 이념을 계승하고"로 시작하는 유신헌법 전문은 뻔뻔함의 극치이자, 군사반란으로 4·19 정신을 파괴한 자들의 자기 부정입니다. 유신헌법은 통일주체국민회의에 의한 대통령 간선제와 연임 제한 철폐에 그치지 않고, 대통령에게 의회 민주주의에서는 불가능한 막강한 권한을 부여합니다.

국회의원 추천권, 긴급조치권, 국회해산권, 법관 임명권, 법률 거부권 등입니다. 국민의 기본권은 축소되었고, 자유와 권리의 본질적 내용은 침해할 수 없다는 조항도 삭제됩니다. 대통령은 삼권 위에 군림하는 초헌법적 존재가 됩니다. 유신헌법에 관여했던 헌법학자와 교수들이 바로 독재 정권의 조력 범죄자들입니다.

헌법학자 한태연과 갈봉근의 부역
유신헌법이 '한갈이 헌법'으로 불리는 이유

젊은 검사 김기춘이 유신헌법의 초안을 마련했고, 당대 최고의 헌법학자로 칭송받던 한태연과 갈봉근이 박정희의 영구 집권 계획에 부역했습니다. 한때 유신헌법은 두 학자의 이름을 따서 '한갈이 헌법'이라고 불립니다.

한태연 교수는 유신헌법에 대해 드골 헌법을 차용했으며 '한국적 민주주의'를 구현한 것이라 변명했습니다. 드골이 통탄할 일입니다. 지식인이 자신의 양심을 팽개치면 이런 참담한 결과가 초래됩니다. 역사의 악당은 별난 존재가 아닙니다. 우리가 존중하던 지식인들이 얼굴을 바꿔서 민중을 탄압하고 독재에 앞장섰습니다. 유신헌법이 악랄한 것은 반대를 원천 봉쇄했다는 점입니다. 유신헌법을 수정하자고 건의하는 것도 위헌입니다. 하지만 학생, 시민들은 오래 침묵하지 않았습니다.

1973년 10월 서울대 문리대에서 시위가 시작되었습니다. 학생들은 '유신 철폐, 파쇼정치 철폐, 중앙정보부 철폐, DJ(김대중) 납치 진상 해명'을 외쳤습니다. 경북대가 서울대 시위를 이어받으면서 전국의 대학과 시민사회, 종교계 등에서 유신 반대 시위가 들불처럼 일어났습니다.

1973년 12월에는 '개헌청원 100만인 서명운동'이 시작되었습니다. 장준하, 함석헌, 천관우, 계훈제, 백기완, 김수환 추기경 등이 참여했습니다. 유신헌법에 이의를 제기하는 것조차 불법이었기에 이 운동의 정식 명칭은 '현행 헌법 개정 청원운동'이 되었다고 합니다. 박정희는 담화문을 발표해 불순한 행동을 중지하라고 협박했지만, 서명운동은 10일 만에 30만 명을 돌파할 정도로 뜨겁게 불타오릅니다.

사태가 심상치 않음을 간파한 박정희는 1974년 1월 8일 긴급조치 1호를 발동합니다. 유신헌법에 대한 비난, 개정이나 폐지하자는 주장과 청원은 물론 이를 보도하는 행위도 금했습니다. 장준하 선생과 백기완 선생 두 분은 긴급조치 1호의 최초 구속자입

維新憲法撤廢敎

니다. 서명운동이 전국민적 호응을 끌어냈지만, 공권력을 가장한 폭력 앞에 좌절되고 말았습니다. 이후 긴급조치는 4호까지 이어지면서 언론에 재갈을 물렸고, 독재 권력에 항거하는 학생과 시민들을 갖은 방법으로 탄압했습니다.

여전히 우리 옆에서 활개치는
독재자의 후예들

역사는 잔인할 정도로 정확합니다. 존재했던 과거는 저절로 지워지지 않고, 모든 희망과 변화는 대가를 요구합니다. 제가 역사기도를 쓰면서 잘못된 과거의 청산을 끊임없이 강조하는 이유입니다. 유신헌법이 알려주는 역사의 교훈은 명확합니다. 일제 강점기의 친일 부역, 이승만 독재 정권의 잔재들이 박정희 유신체제의 모태가 되었고, 그것은 다시 전두환 군부 독재를 불러냈습니다.

오늘날에도 그 후예들이 이름을 바꾸고 옷을 갈아입고는 활개를 치고 있습니다. 다른 모습, 더 교묘한 수단으로 민주주의를 훼손하고 역사와 온 국민을 속이며 민족의 평화와 공존을 해치고 있습니다. 오늘날 주류를 자처하는 수구 언론도 그 공범입니다.

〈동아일보〉 편집국장을 지낸 송건호 선생은 우리나라의 독립운동사를 연구하면서 "모든 일의 시작은 청년 학생이었다"라고 일갈했습니다. 청년, 학생이 살아나야 역사의 정통성이 바로 섭니다. 청년, 학생이 좌절하고 뒤로 물러앉은 세상에 희망은 없습니다. 청년, 학생들이 오늘 역사의 물줄기를 바로잡는 주체가 되어야 합니다.

우리의 역사가 다시는 질곡에 빠지지 않도록 불의한 과거를 깨끗이 청산하는 길을 선택하기 바랍니다. 우리의 청년과 학생들이 자신 앞에 놓인 역사의 소명을 인식하고 민족 공동체의 평화를 위해 한 발 한 발 나아갈 수 있기를 간절히 바라며 기도합니다.

거룩하시고 의로우신 하느님, 주님의 모상을 따라 창조된 저희 모두가 언제나 주님의 거룩함을 간직하고 정의롭게 살도록 이끌어 주소서. 늘 양심과 법에 따라 이웃과 공동체를 위해 바른 삶을 살게 해주소서. '예' 할 것은 '예!' 하고 '아니오' 할 것은 '아니오!'라고 당당하게 응답하며 불의한 제도와 정치를 개선하고 개혁해, 아름답고 참된 민주주의 공동체를 이룩하게 해 주소서. 온갖 간악한 무리를 퇴치해 주시고 남북평화 일치를 앞당겨 주소서. 성령 안에서 우리 주 그리스도를 통하여 비나이다. 아멘!

자유언론 실천선언

동아일보의 언론 자유 옹호 결의
1974년 10월 24일

낮에는 신문을 만들고
밤에는 투쟁하다

너희는 저녁때가 되면 '하늘이 붉으니 날씨가 좋겠구나' 하고,

아침에는 '하늘이 붉고 흐리니 오늘은 날씨가 궂겠구나' 한다.

너희는 하늘의 징조는 분별할 줄 알면서 시대의 표징은 분별하지 못한다.

마태오 16,2-3

———

복음 선포와 자유언론은 하느님의 말씀, 곧 진리에 뿌리를 두고 있습니다. 기쁜 소식은 곧 바른 소식입니다. 따라서 복음과 언론은 구원과 소통이란 면에서 불가분의 관계에 있습니다. 표현의 자유라는 인간 최고의 가치를 추구하는 종교와 언론은, 정의에 기초해 인류 구원과 완성을 위해 함께 노력하는 하느님의 도구입니다.

요즘 언론은 '기레기'라는 오명을 듣고 있습니다. 종이신문과 공중파 방송에서 인터넷과 모바일 기반의 매체로 언론 지형이 변하면서 소위 클릭질을 유발하는 언론과 언론인에 대한 신뢰는 바닥으로 떨어졌습니다. 지금은 그 어떤 언론인도 자기가 쓴 기사로 인해 어딘가로 끌려가 험한 꼴을 당할 거라 생각을 하진 않습니다. 언론자유를 위해 목숨 걸고 투쟁한 선배들 덕분입니다.

1974년 1월 8일 대통령 긴급조치 1호가 발동되었습니다. 유신헌법에 대한 반대나 비방, 심지어 수정하자는 요구에 대해서도 일체 보도할 수 없었습니다. 이른바 기관원들이 신문사와 방송사에 상주하며 기사 내용을 일일이 검열하던 험악한 시절이었습니다. 그때는 툭하면 편집국장과 기자들을 불법 연행하고 협박했습니다.

기관원이 언론사에 상주하고
툭하면 기자들을 연행하던 시절

그해 10월 23일 중앙정보부가 송건호 편집국장 등 간부 3명을 불법 연행하자, 동아일보 기자 180여 명은 다음날 자유언론을 위한 3개 항에 결의했습니다. 첫째, 신문·방송·잡지에 대한 어떠한 외부 간섭도 배제한다. 둘째, 기관원의 출입을 단호히 거부한다. 셋째, 언론인의 불법 연행을 거부한다. 지금 보면 너무나 당연한 주장이지만, 그 당시에 이러한 선언은 목숨을 건 결단이었습니다.

다음날 〈동아일보〉 기자들은 '10·24 자유언론 실천선언'을 채택하고 철야농성 끝에 신문 1면에 3단 기사로 선언문을 보도하는 데 성공합니다. 그 후 전국의 언론인들이 궐기대회를 열어 선언문을 채택하고 언론자유 옹호를 결의합니다. 학생, 시민, 종교인 등을 중심으로 전개되었던 인권 회복과 구속자 석방 운동, 민주화 투쟁이 자연스럽게 언론계로 확산한 것입니다.

일찍이 1971년 5월에 〈동아일보〉 기자들을 필두로 전국의 기자들이 언론에 대한 외부 압력을 배격하는 선언문을 발표한 바 있었습니다. 1973년 11월에는 전국의 기자들이 두 번째 언론자유 수호 궐기대회를 열기도 했습니다. 결정적으로 1974년 '10·24 자유언론 실천선언'은 한국 언론사에 큰 획을 그으며 한국 민주화 운동의 분수령을 이루었습니다.

1974년 12월 26일, 정부는 〈동아일보〉에 대한 광고 탄압을 시작합니다. 광고주들은 이유를 밝히지 않은 채 무더기로 광고 계약을 해지하였고, 이에 〈동아일보〉는 12월 26일 자 신문 4, 5, 6면의 광고란을 백지로 발행합니다. 언론 탄압에 항거하는 새로운 방법이었습니다. 한국기자협회는 언론에 대한 압력을 철회할 것을 요구하는 성명을 발표하고, 재야단체와 종교계는 광고 사태로 어려움을 겪고 있는 〈동아일보〉 돕기 운동을 거국적으로 펼쳤습니다.

12월 27일에는 천주교정의구현전국사제단이, 그다음 날에는 기독교교회협의회가 정부의 언론 탄압 정책을 꾸짖는 성명을 발표했습니다. 특히 정의구현사제단은 '암흑속의 햇불'이라는 제목으로 유신체제의 모순을 지적한 지학순 주교의 양심선언과 함께 그동안 언론에 전혀 실리지 못했던 각종 선언문을 요약하여, 1975년 1월 4일 자 동아일보 마지막 8면(당시 신문은 8면 제작)에 전면광고를 게재했습니다.

광고의 효과는 컸습니다. 마치 세상이 개벽한 듯했습니다. 그 후 어린이로부터 노인에 이르기까지 각계각층의 시민들이 자유언론에 대한 염원과 소망을 광고란에 싣기 시작했습니다. 기도와 눈물로 채운 감동적 지면이었습니다.

결국 권력에 굴복한 동아일보
사주는 '죄송합니다'만

그런데 1975년 1월 7일 〈동아일보〉와 장기 광고 계약 중이던 16개 대기업 광고주들이 '설명할 수 없는 사정에 의해서'라며 광고 게재를 중단하고 무더기로 해약했습니다. 또한 광고문을 게재한 민주회복국민회의 사무국장 홍성우 변호사, 가톨릭 노동청년 여회장 정인숙 등 수많은 민주인사가 불법 연행되었습니다. '1 육군 중위'라는 1단짜리 광고를 실은 사람을 찾겠다며 보안사까지 동원되고 광고국장이 연행되는 등 살벌한 분위기가 이어졌습니다.

1975년 2월 12일, 유신헌법에 대한 찬성만을 강요하는 국민투표에서 투표율 79.84% 중 찬성 73%의 지지를 확보한 정부는 2월 15일부터 3일간 긴급조치로 구속한 160여 명의 민주인사를 석방하면서 외형적으로는 유화정책을 펼칩니다. 하지만 실제로는 〈동아일보〉에 엄청난 폐간 압력을 가했습니다.

그해 3월 8일, 동아일보사는 경영난을 이유로 기자 등 18명을 갑작스레 해임합니다. 기자들은 '우리의 봉급을 인하하더라도 해임을 철회해 달라'라고 건의한 후 낮에는 신문을 만들고, 밤에는 농성하는 눈물겨운 투쟁을 전개합니다. 3월 17일 새벽, 결국 기자들은 정부와 사주가 동원한 폭력배들에 의해 쫓겨납니다.

　온 국민이 성금과 함께 광고로 힘을 보탰지만, 〈동아일보〉는 끝내 국민의 뜻을 배신하고 정부에 굴복한 것입니다. 당시 민주회복국민회의 대변인이었던 저는 함석헌 선생, 공덕귀 여사, 이태영 변호사, 문동환 목사, 김철 선생 등을 모시고 〈동아일보〉 김상만 사장을 두어 차례 찾아가 격려했습니다.

　1975년 1월 만남에서 김상만 사장은 "국민들의 성원에 최선을 다하겠다"라고 힘주어 말했으나, 그해 3월 기자 해임 소식을 듣고 달려간 우리에게 곤혹스러운 표정으로 "죄송합니다"란 말만 반복했습니다. 우리는 "회사가 어렵다면 기자들이 봉급을 인하

동아투위 자유언론실천선언

하겠다고 하고, 우리 국민들도 이렇게 격려광고로 동아를 지지하고 있으니 자유언론을 지켜야 한다"라는 호소와 함께, 그의 부친 김성수 님의 행업까지 언급하면서 조심스럽게 그러나 강한 어조로 그에게 윤리적 압력을 가했습니다.

그는 거듭 "말 못 할 사정이 있습니다. 이해해 주십시오"라고만 말했습니다. "정부의 압력 때문입니까?"라는 한 분의 질문에 그는 고개를 숙인 채 아무 말도 하지 못했습니다. 저는 그날 비굴한 인간의 모습, 우리의 자화상 그리고 우리 민족과 현실의 한계를 직시하며 매우 안타깝고 슬픈 마음으로 자유언론의 죽음을 지켜보았습니다.

저는 이 장면에서 그리스도교에 대한 박해가 오히려 사도 교회의 외연 확장이라는 성장을 이끈 사실을 떠올렸습니다. 탄압받은 그리스도인들이 여기저기 흩어짐으로써 예수님의 가르침은 울타리를 넘어 더 넓은 곳으로 나갈 수 있었던 것입니다.

최상층 기득권이 된 언론
언론 자유 투쟁은 여전히 진행형

이처럼 감옥에 가거나 해직된 기자들은 언론이 아닌 다른 영역으로 진출합니다. 대표적인 곳이 출판계입니다. 그들로 인해 그동안 금서로 인식되던 다양한 책들이 번역되어 퍼져 나갔습니다. 해직 기자 중 정계에 진출한 사람도 있습니다. 그들은 각자 자신의 새로운 자리에서 열심히 노력했고, 나름대로 역사의 순기능을 해냈습니다.

다만 김영삼, 김대중, 노무현 정권에서 복권된 그들이 '왜 언론 개혁에 더 적극적으로 나서지 못했는가'에 대해서는 안타까움이 앞섭니다. 물론 정치권과 언론 사주 간의 묘한 뒷거래가 있었기 때문입니다. 어쨌든 그때 그들은 언론 폐단의 뿌리를 뽑지 못했고, 문제는 여전히 진행형입니다. 오늘날 언론인들은 글 쓰는 기계가 되었습니다. 가짜 뉴스가 판치는 것보다 그것에 대한 아무런 문제의식이 없다는 것이 더 아프고 무

自由言論實踐宣言書

서운 현실입니다.

언론은 이미 우리 사회의 최상층 기득권이 되었습니다. 그만큼 견제는 더 어려워졌습니다. 우리 시민이 한층 더 깨어나 두 눈을 부릅뜨고 언론을 감시해야 할 이유입니다. 요즘 세상에 기자 정신을 왈가왈부하는 것이 순진한 소리로 들릴지 모르지만, 저는 끝까지 믿음을 저버리지 않을 것입니다.

〈동아일보〉의 '자유언론 실천선언'을 비롯해 언론 운동에 앞장선 분들, 중앙정보부 등 기관에 끌려가 고통받은 언론인들, 그리고 해직 기자들은 우리가 꼭 기억해야 할 은인입니다. 우리가 매년 10월 24일을 '자유언론 실천 기념일'로 삼아 기리는 이유이기도 합니다.

언론자유 투쟁은 여전히 진행형입니다. 아직도 끝나지 않았습니다. 박근혜 정권 당시 동아투위에 대한 양승태 대법원의 판결은 사법농단이며 자유 언론과 민주 시민에 대한 큰 모독입니다.

2014년 대법원 제2부 주심 신영철 대법관의 동아투위 손배소 판결, 2015년 대법원 제2부 민영일 대법관의 판결, 그리고 2014년에 이용훈 전 대법원장이 동아일보 창립자 김성수 기념사업회 이사장으로 취임한 것마저도 법관들의 인맥과 동아일보사 간의 깊은 유착을 여실히 보여주고 있습니다. 하루빨리 사법, 입법, 행정, 언론 등 모든 분야에서 근원적인 개혁이 이루어지길 염원하며 기도합니다.

거룩하시고 영원하신 하느님, 예수님께서는 세상에 오시어 말 못 하고 듣지 못하는 이들을 온전히 치유해 주셨습니다. 신앙의 표현과 자유를 회복하고 보장해 주신 하느님의 크신 구원 행업입니다. 그러나 불의한 정치인들의 만행과 불법으로 세상 곳곳에서는 여전히 신앙과 자유 언론이 침해당하고 있습니다.

자유언론을 위해 헌신한 기자들과 가족 동지 모두의 좋은 뜻을 확인해 주시고 축복하소서. 또한 불의한 독재자들을 퇴치해 주시고 의로운 이들의 신념과 자유를 지켜 주시고 보호해 주소서. 악마의 화신인 위선자들과 거짓 언론인, 사주들을 송두리째 뿌리 뽑아 건강한 말씀의 문화 속에서 기쁨과 희망, 평화와 일치를 이루도록 저희 모두를 바르게 이끌어 주소서. 성령 안에서 우리 주 그리스도를 통하여 비나이다. 아멘!

민주회복국민회의

반 유신 운동의 구심체

1974년 11월 27일

'보수' 윤형중 신부와
'개혁' 함석헌 선생이 손잡다

하느님을 사랑하는 이들, 그분의 계획에 따라
부르심을 받은 이들에게는 모든 것이 함께 작용하여
선을 이룬다는 것을 우리는 압니다.

로마서 8,28

———

1974년, 그해는 참으로 살벌했습니다. 대통령의 말이 곧 법이었던 시절, 헌법을 수정했으면 좋겠다는 말 한마디에 감옥으로 끌려갔으며, 한국 헌정 사상 가장 많은 사형과 무기징역이 쏟아졌던 참으로 어처구니없는 그해가 역설적으로 한국 민주화 과정에서 가장 빛나는 인권운동의 정점이었습니다.

깊은 어둠 속에서 한 줄기 빛은 더욱 찬란하기 마련입니다. 청년 학생들의 항거, 천주교정의구현전국사제단 결성, 〈동아일보〉 기자들의 자유언론 실천선언, 구속자가족협의회 모임, 문인 노동자 등 우리 사회의 각계각층에서 불의한 유신독재에 '아니오!'를 외치며 들불처럼 일어났습니다.

또한 10월 9일 가톨릭은 전국의 주교들과 교황대사 등 500여 명의 사제들과 2만여 명의 신자들이 모여 혜화동 가톨릭대학 교정에서 성년聖年대회 미사를 봉헌했습니다. 이날 전주교구장 김재덕 주교님은 미사 중 강론에서 구속자들의 석방 요구와 함께 유신체제를 정면으로 비판했습니다.

미사 후에는 사제와 수도자, 신자들 2천여 명이 혜화동 로타리까지 평화 시위를 펼쳤습니다. 한국 가톨릭이 민족사 안에서 새로 태어난 기적과도 같은 사건입니다. 박정희 정부는 김재덕 주교님을 즉각 구속하려 했으나 이전 구속되었던 지학순 주교님 사건과 바티칸과의 외교적 관계를 고려해 엄포만 놓고 끝냈습니다.

11월 22일에는 박정희 대통령 초청으로 미국의 포드 대통령이 방한했고, 동행한

슈나이더 안보담당 자문위원은 조지 오글 목사, 제임스 시노트 신부 등 미국인 선교사 9명과 만나 한국의 인권 상황에 대한 특별 간담회를 가졌습니다. 다소 누그러진 분위기를 기회로 종교인, 법조인, 교수 그리고 정치인들이 뜻을 모아 범국민적 조직을 결성합니다.

유신독재 탄압이 심하던 1974년
각계 참여한 '민주회복국민회의'

1974년 11월 27일 함석헌, 이병린, 천관우, 김홍일, 강원룡, 이태영, 이희승의 7인 위원회를 중심으로 각계각층의 재야인사 71명이 참여해 '민주회복국민회의'를 발족했습니다. 그들은 선언문을 통해 현행 헌법의 개정, 복역·구속·연금 상태에 있는 모든 인사의 사면과 석방을 요구했습니다.

와이엠씨에이YMCA에서 창립총회(12월 25일)를 열기로 하고 상임대표에 윤형중 신부님을 모시기로 했습니다. 신부님께서는 "나는 은퇴했고 몸도 아픈데"라고 말문을 여시더니 "그게 전교(선교활동)에 도움이 되는가?"라고 물어보셨습니다.

저는 "불의에 맞서 싸우는 것이 바로 전교입니다"라고 힘주어 대답했습니다. 신부님은 고개를 끄덕이셨습니다. 신앙인 한 사람의 회개로 세상은 변화할 수 없습니다. 사회공동체의 영성과 공동체의 변화가 예수님의 가르침을 실천하는 길이라는 데에 신부님도 동의하신 것입니다.

그러나, 12월 25일 중앙정보부는 YMCA 건물을 원천 봉쇄했습니다. 이에 모임 장소를 명동성당 주교관으로 바꿉니다. 성탄 미사를 위해 많은 신자가 명동성당에 모였기에 기관원들의 감시를 벗어나기에 아주 좋았습니다. 드디어 오후 2시, 3층 회의실에서 창립총회를 개최했습니다.

　　이날부터 윤 신부님이 계신 주교관 건물이 사실상 민주회복국민회의 회합소가 되었습니다. 중앙정보부의 감시와 제재로 민주회복국민회의 회원 그 누구에게도 사무실을 임대해 주지 않았을 뿐만 아니라, 그 누구도 임대할 수 없었기 때문입니다.

　　윤형중 신부님을 상임대표로 하고 함석헌, 천관우, 이병린, 이태영, 김영삼, 양일동 등을 대표위원으로 홍성우, 한승헌, 김병걸, 김정례 등을 운영위원으로 선임했습니다. 윤보선, 백낙준, 김홍일, 유진오, 김대중 등은 고문을 맡았습니다. 저는 대변인으로서 윤 신부님을 보좌하기로 했습니다. 성당에 대해서는 정권이 직접적인 통제와 감시를 할 수 없었기에 가톨릭교회가 많은 역할을 부여받았던 것입니다. 민주회복국민회의는 정치인과 종교계, 교수, 법조인 등 사회 각 부문의 활동가들이 폭넓게 참여함으로써 반유신운동의 중심체 역할을 할 수 있었습니다.

창립총회에서 윤형중 신부님과 함석헌 선생은 처음 만났습니다. 1950년대 말 〈사상계〉에서 한국 기독교의 사회적 역할을 두고 불꽃 튀는 논쟁을 했던 두 분이 이제 70대 초반의 노령에 만나 서로 포옹하며 소년처럼 환하게 웃었습니다.

윤형중 신부님은 지극히 보수적인 분이고, 함석헌 선생은 매우 개혁적 성향이었지만 두 분은 '민주화'라는 대의에 하나로 통했습니다. 저는 이 순간 민족과 공동체를 위한 헌신, 민주주의와 인권회복을 위한 투신에서 보수와 진보는 바로 한 실체의 양면일 뿐임을 깨달았습니다.

1975년 1월 6일, 윤형중 신부님은 명동성당에서 연두 기자회견을 열었습니다. 그 자리에서 "현행 헌법 철폐와 민주적 헌법의 채택, 현 정권의 대오각성과 책임 있는 결단만이 현재의 난국을 타개하는 길이다"라는 내용을 발표합니다. 신부님의 기자회견은 신성불가침으로 여겨졌던 유신헌법에 대한 통렬한 비판으로 큰 반향을 불러일으켰습니다.

"각하의 권력욕이
애국심을 넘어섰습니다"

1975년 1월 22일, 박정희는 특별담화에서 유신헌법 찬반 여부를 국민투표에 부쳐서 자신의 신임 여부를 판단하겠다고 발표했습니다. 여담이지만 김재규 부장은 1980년 재판정에서 '박정희를 처단해야 한국의 민주주의가 실현될 수 있다'라고 확신한 계기가 유신 선포였다고 했습니다. 유신헌법 선포 당시 박정희에게 "각하의 권력욕이 애국심을 넘어섰습니다"라고 직언했음을 그는 수사 과정과 재판정에서 수차례 반복해 진술했습니다.

민주회복국민회의는 1975년 2월 예정된 유신헌법 국민투표 거부 운동에 나섰습니다. 반유신 활동이 본격적으로 시작된 것입니다. 활동이 본격화되면서 조직도 확장되었습니다. 전국에서 자생적 조직이 만들어졌고 산하 단체로 가입하겠다는 연락도 끊이지 않았습니다.

아울러 조직 구성에 참여한 분들은 중앙정보부를 비롯한 공권력의 탄압을 받았습니다. 홍성우 사무국장과 김정례 운영위원이 먼저 체포되었습니다. 선언에 참여한 교수들도 대학에서 쫓겨났습니다. 국립대학에 계셨던 백낙청 교수, 김병걸 교수 등은 파면되거나 권고사직 되었고, 사립대학에서 강의하셨던 안병무, 문동환, 서남동 교수 등에게는 엄중 경고가 내려졌습니다. 한승헌 변호사는 반공법 위반 혐의로 구속되고, 김윤식, 계훈제 두 분은 긴급조치 위반 혐의로 구속되었습니다. 참여했던 많은 분이 불법적인 미행, 감시, 연행, 가택 수색을 당해야만 했습니다.

국가 폭력이 공공연히 자행되던 고난의 시기에 민주회복국민회의는 청년, 학생, 시민, 노동자, 농민, 지식인을 결집시킨 구심점이었습니다. 개신교, 불교, 가톨릭 등 종교도 하나로 뭉쳤습니다. 학생과 교수가 어깨동무를 했고, 재야인사와 야당 정치인이 한목소리를 냈습니다. 유신체제에 맞서 민주주의를 실현하기 위해 각계각층의 민주인사들과 종교인들이 한마음으로 모일 수 있었다는 점에서 민주회복국민회의는 큰 의미를 갖습니다. 민주화에 대한 사회적 동의를 확인한 시기였고 연대 활동으로 공동선을 실천할 수 있다는 자신감을 만들었습니다.

긴급조치 9호로 강제 해산
민주주의를 지켜낸 시대의 파수꾼

민주회복국민회의가 활동할 당시 저는 30대의 청년 사제였습니다. 십자가에서 돌아가신 예수님처럼 살겠다고 서약한 사제라면 일반적인 사회인들과는 조금 다른 삶

미자한의비배만혜이

을 자청한 것입니다. 불의에 분노하고 고통받는 이들의 대변자가 되는 것은 당연한 일입니다. 그러나 사제인 저와는 다른 삶을 보장받은 청년 학생들은 자신들의 권리를 포기하며 매 맞고 감옥에 가고 고통을 자초하는 삶을 살았습니다. 그분들이야말로 기꺼이 멍에와 십자가를 졌으며, 민주주의를 지켜낸 시대의 파수꾼이라고 생각합니다.

1975년 4월 베트남의 공산화를 빌미로, 박정희 정권은 5월 13일 긴급조치 9호를 발동하고 유신체제의 비판과 일체의 모임을 원천봉쇄 했습니다. 이와 함께 민주회복국민회의의 활동도 중단되었습니다. 짧은 기간이었지만 윤형중 신부님과 천관우 선생님 두 분이 대표로 활동하면서 정당을 포함해 펼친 범국민적 항거였습니다. 선열들과 선배들을 기리며 기도합니다.

참고로 1974년 11월부터 1975년 4월 말까지 민주회복국민회의가 발표한 성명서의 제목을 소개합니다.

선언문 - 민주회복을 위한 국민선언 (1974. 11. 27)

성명서 - 서명 인사에 대한 탄압을 규탄한다 (1974. 12. 6)

성명서 - 윤형중 신부의 연두 기자회견 (1975. 1. 6)

성명서 - 대통령의 연두 기자회견을 듣고 (1975. 1. 15)

성명서 - 연행 사태를 즉각 중지하라 (1975. 1. 17)

성명서 - 동아일보 광고 사태에 즈음하여 (1975. 1. 20)

성명서 - 국민투표에 대한 우리의 견해 (1975. 1. 23)

성명서 - 공포 분위기를 조성하지 말라 (1975. 1. 25)

성명서 - 양심선언 운동을 전개하며 (1975. 2. 3)

성명서 - 국민투표의 실태를 주시하면서 (1975. 2. 6)

성명서 - 국민투표에 대한 우리의 결의 (1975. 2. 10)

선언문 - 자유와 민주를 선언한다 (1975. 2. 12)

거룩하시고 영원하신 하느님, 십자가와 부활의 신비를 묵상합니다. 예수님의 죽음으로 십자가 사형 틀이 이제는 사랑과 헌신의 상징이 되었습니다. 십자가는 상하 좌우, 수직과 수평의 만남으로 하늘과 땅, 온 우주 만물을 포괄하는 보편성의 상징입니다.

민주회복국민회의 역시 고난을 감수하면서 각계각층이 힘을 포괄해 불의한 정부를 꾸짖고 구원의 정도를 제시했습니다. 그 일치와 연대, 협력 정신으로 분열된 오늘의 현실을 치유하고 극복하게 해 주소서. 그리고 남북의 일치와 평화공존을 이룩해 주소서. 이 모든 것을 성령 안에서 우리 주 그리스도를 통하여 비나이다. 아멘!

자유를 질식시키는 공포의 병영국가

김상진 열사 자결

1975년 4월 11일

탄압과 기만의
검은 바람이 불어온다!

여러분은 죄에 맞서 싸우면서
아직 피를 흘리며 죽는 데까지 이르지는 않았습니다.

히브 12,4

———

죽음 앞에서 우리는 모두 진지하기 마련입니다. 존재 양식의 질적 전환을 체험하기 때문입니다. 죽은 사람의 과거를 생각하고 영생을 기리는 추모와 애도는 그 자체가 감동입니다. 전쟁 중에 사망한 절친한 벗 '요나탄'에 대한, 여인의 사랑을 능가한다는 다윗의 칭송과 그 깊은 우정(2사무 1.25-27)은 아가페 곧 헌신의 초월성을 의미합니다. 이웃과 공동체를 위해 산화한 순국선열과 민주 영령들을 정성껏 기리고 칭송하는 이유가 바로 여기에 있습니다.

1975년은 여전히 억압과 공포로 뒤덮여 있었지만, 민주화에 대한 국민적 열망과 청년 학생들의 항거 의지 또한 높아진 한 해였습니다. 이를 잠재우기 위한 술책으로 박정희 정권은 유신헌법에 대한 찬반 국민투표를 공포했습니다. 그러나 오직 찬성만 가능한 일방통행식의 정치 연극이었습니다.

국민투표로 형식적 지지를 만들어낸 유신정부는 며칠 후 화해라는 명목으로 민청학련 구속자들을 대거 석방함으로써 정치적 국면 전환을 꾀했습니다. 그러나 실상은 더욱 치밀한 공작으로 민주인사들을 탄압했습니다. 특히 동아와 조선투위 기자들을 무더기로 해직시키기도 했습니다.

서울대 농대 김상진 군의 자결
시신 강제 화장 뒤 보도 금지

이에 대학가를 중심으로 '독재 타도'를 외치는 목소리가 점점 높아졌습니다. 1975년 4월 고려대학교를 비롯한 일부 대학에 휴교령을 내리고, 4월 8일 인혁당 재건 사건의 연루자 8인에게 사형선고를 한 지 18시간 만에 형을 집행하는 등 충격과 혼란의 나날이 이어졌습니다.

그러던 중 가슴 아픈 소식이 들려왔습니다. 4월 11일 수원에 위치한 서울대학교 농대 학생이 스스로 목숨을 끊었다는 것입니다. 서울대 축산과 68학번 김상진 군입니다. 당시 서울 농대는 황연수 학생회장이 구속된 상태에서 시위를 이어가고 있었습니다. 11일 오전에도 학내 집회가 예정되어 있었던 터라, 농대 대강당 잔디밭에 수백 명의 학생들이 모였습니다. 이날 시국성토대회의 세 번째 연사로 등장한 김상진 군은 준비한 선언문을 읽어내려갔습니다.

"더 이상 우리가 어떻게 참을 수 있으며 더 이상 우리가 저들에게서 무엇을 바랄 수 있겠는가? 어두움이 짙게 덮인 저 사회의 음울한 공기를 헤치고 죽음의 전령사가 서서히 우리에게 다가오는 것을 우리는 직시하고 있다. (…) 탄압과 기만의 검은 바람이 불어오는 것을 보라! 나는 이제 자유와 평등의 민주사회를 향한 결단의 깃발을 내걸어 일체의 정치적 자유를 질식시키는 공포의 병영국가가 도래했음을 민족과 역사 앞에 고발코자 한다."

선언문 낭독이 끝나갈 때쯤 김상진 군은 자결을 시도합니다. 학생들이 황급히 병원으로 옮겼으나 그는 다음날 숨을 거두고 맙니다. 당시 상황이 녹음되어 있어 지금도 김상진 군의 육성을 들을 수 있습니다. 또한 선언문의 제목이 '학우들에게 바치는 나

1

2

1

1975년 봄 서울대
농대생들의 시위

2

김상진 열사

3

서울대 농대 건물은 현재 경기도
상상캠퍼스로 운영되고 있다

3

자유를 지키시는
공포의 병영국가

의 유서'였음도 밝혀졌습니다. 그의 선언문에는 당시의 상황이 고스란히 담겨 있습니다. 숨 막히는 공포, 앞이 보이지 않는 절망을 그는 '검은 바람'이라고 표현했습니다. 그는 온몸으로 검은 바람을 거부했고 몸을 던져 바람을 갈라 길을 냈습니다.

　　박정희 정권은 두려움이 없는 청년, 학생을 가장 두려워했습니다. 김상진 군의 죽음이 또 다른 시위로 이어질까 두려워했던 정권은 하루도 되지 않아 그의 시신을 강제로 화장해버립니다. 아울러 언론에 보도 금지 조치를 취합니다. 하지만 〈동아일보〉에 실린 1단 기사로 그의 죽음은 널리 알려졌고, 전국에서 추모 집회가 열렸습니다.

　　저는 김상진 군의 소식을 며칠 뒤에야 들었습니다. 천주교정의구현사제단이 발표한 성명서로 인해 4월 11일 중앙정보부에 연행되었기 때문입니다. 4월 18일에야 가톨릭학생회 지도 신부단 주관으로 '김상진 군 추모미사'를 조촐하게 명동성당에서 봉헌했습니다. 그리고 22일에는 민주회복국민회의 주최로 명동성당 문화관에서 대규모 추모행사를 개최하기로 했습니다. 추모행사에 많은 학생과 윤보선 전 대통령도 참석하기로 되어 있었지만, 그들은 결국 성당에 들어오지 못했습니다. 경찰이 미도파백화점 앞부터 성당 마당까지 들어와 이를 원천 봉쇄했기 때문입니다.

박정희에게 남긴 간곡한 글
정권은 추모행사도 원천봉쇄

　　김상진 군이 세상을 떠난 후 학우들에게 보내는 글 외에 또 하나의 글이 있었다는 사실이 알려졌습니다. 바로 박정희 대통령에게 보내는 글로 '대통령의 결단을 촉구합니다'란 제목이 붙어 있었습니다. 자신의 죽음을 앞두고 쓴 글인데도 그 깍듯한 표현에 눈물이 날 것 같았습니다. 그는 '위대한 지도자의 진정한 용기는 영광의 퇴진을 위한 숭고한 결단에 있다'라고 하면서 박정희의 혁명공약을 언급하기도 합니다.

"각하께서 5 · 16 직후 발표하신 혁명공약에서 민정 이양을 선포하셨을 때, 우리 국민은 정의로운 혁명가에게 갈채를 보냈고, 삼선에 출마하셨을 때 우리 국민의 얼굴은 어두웠으며, 유신헌법이 공포되었을 때 국민의 눈동자는 두려움으로 가득 차 감히 입을 열고자 하는 사람이 없었습니다."

김상진 군은 박정희의 양심에 일말의 기대를 걸었던 듯합니다. 애국애족과 헌법정신을 일깨우면서 국민의 두려움과 절망을 살펴봐 달라고 간청합니다. '자신과 같은 무고한 희생이 더 이상 나오지 않도록 진실로 엎드려 바란다'라고도 썼습니다. 하지만 박정희에게 김상진 군의 간청은 닿지 않았습니다. 그에게 한 젊은이의 죽음은 빨리 덮어 버려야 할 사건이었을 뿐입니다.

정부의 탄압은 가혹했습니다. 더구나 월남이 패망하자, 북한의 남침 도발 등 전쟁 분위기를 고조시키며 전국을 공포의 도가니로 몰아넣었습니다. 국회도, 재야도, 교회도 모두 침묵할 수밖에 없는 비통한 시기였습니다. 김옥선 국회의원의 용기 있는 발언, 긴급조치 9호 이후 유신 철폐를 외치며 당당하게 감옥에 가고 법정에 선 청년 학생들, 특히 천주교정의구현 청년전국연합 회원들의 저항운동이 민주화의 열기를 전해 준 마지막 보루였습니다.

"무릎 꿇고 사느니 차라리 서서 죽겠다"
김상진 열사의 선명한 선언

1970년 전태일 열사의 자기 헌신 이후, 공개적으로 민주주의를 위해 죽음을 택한 사람이 김상진 열사입니다. 당시 질식시키는 공포를 깨기 위해 많은 젊은이가 피를 흘렸습니다. 그들은 열심히 공부해 좋은 대학에 들어간 앞날이 유망한 젊은이들이었습니다. 현실에 질끈 눈 감아 버리면 미래가 보장되는 데도 그들은 차마 그러지 못했습니다. 김상진 열사도 다음과 같은 처절하고 선명한 선언을 하며 자신을 먼저 내던졌습니다.

"역사는 이러한 사태를 원치 않으리라. 그러나 우리는 하늘이 무너지고 또 무너지더라도 불의가 우리를 핍박하더라도 무릎 꿇고 사느니 차라리 서서 죽을 것임을 재천명해야 하리라."

김상진 열사는 현재 경기도 이천의 민주화운동 기념공원에 안장되어 있습니다. 옛 서울 농대가 있었던 경기 상상캠퍼스에는 김상진 열사 기념 표석이 서 있고, 김상진 열사 기념사업회가 추모사업을 펼치고 있습니다.

저는 당시의 모든 청년, 학생 열사들에게 존경의 마음을 갖고 있습니다. 그들은 자신의 안위와 빛나는 미래를 버리고 공동선을 위해 헌신했습니다. 이는 역사적으로는 순국선열의 행업과 이어지고, 신학적으로는 예수님의 희생과 맥을 같이 합니다.

민족의 평화와 안녕, 공동선을 위해 '나'를 버리고 '우리'를 위해 헌신하신 모든 분을 기억하며 감사드립니다. 우리는 지금 이 시대에도 온전한 민주주의를 갈망합니다. 우리는 하느님의 크신 사랑 안에서 지성과 양심의 목소리에 귀 기울여 끊임없이 앞으로 나아갈 것을 다짐합니다.

거룩하시고 영원하신 하느님, 불의에 맞서 싸운 청년 학생들의 열정을 되새깁니다. 특히 공포의 병영국가를 종식시키기 위해 자신의 몸을 바친 김상진 열사의 결단과 호소를 깊이 묵상합니다.

노동자의 자유를 위해 몸 바친 전태일 열사, 학문과 사상 그리고 정치적 자유를 외치며 산화한 김상진 열사, 이 두 청년은 1970년대의 어둠을 밝힌 등불이며 침묵과 굴종에서 벗어나라는 경종입니다. 이 두 청년의 헌신을 통해 저희 모두 정화되어 민족 공동체를 위한 아름다운 제물이 되게 하소서. 노동자들과 청년 학생들을 우뚝 세워 주소서. 성령 안에서 우리 주 그리스도를 통하여 비나이다. 아멘!

천주교정의구현 청년전국연합

청년들의 인권 · 민주화 운동 모임
1975년

판사의 책상을
걷어찬 청년 이명준

시온 때문에 나는 잠잠히 있을 수가 없고

예루살렘 때문에 나는 가만히 있을 수가 없다. 그의 의로움이 빛처럼 드러나고

그의 구원이 횃불처럼 타오를 때까지.

이사야 62,1

———

사람은 늘 삶과 죽음의 갈림길에 서 있습니다. 그런데 '죽음은 죽음이 아니요, 새로운 삶으로 옮아가는 과정'이라고 그리스도교는 신앙으로 고백합니다. 한 차원 높은 삶, 무한한 영생의 삶을 전제한 가치관 설정입니다. 생명의 범주에는 자신과 가족 그리고 신의와 우정, 정의와 공정, 동족과 공동체라는 사회의 연대적 가치가 함축되어 있습니다. 신앙과 신의, 조국애와 동포애가 바로 그 예범입니다. 교회와 조국, 모교와 고향을 사랑하고 그리는 이유도 바로 여기에 있습니다.

예언자들은 하느님 때문에 시온과 예루살렘을 기리고 칭송합니다. 유다인들에게는 성전이 자리 잡은 예루살렘이 곧 하느님의 현존과 모국의 상징입니다. 고향은 내가 태어나고 자란 단순한 장소를 넘어선 그 어떤 초월적 의미를 지닌 이상향이기도 합니다. 그렇습니다. 우리는 모두 물리적이고 정신적인 두 가지 유형의 고향을 지니고 있습니다.

유다인들에게 예루살렘이 소중하듯 1970~80년대 수많은 이들에게 명동성당은 아주 귀중한 영적 보루였습니다. 그뿐만이 아닙니다. 누군가에겐 젊음의 추억이 깃든 낭만의 장소이고, 또 누군가에겐 고난과 투쟁의 장소입니다. 한때 명동성당은 민주화의 성지였고, 민주화에 투신한 청년 학생들의 성채였습니다.

1974년부터 명동성당에 모여든 청년들
'정의구현 청년전국연합' 결성

1974년부터 청년 학생들이 명동성당에 모여들었습니다. 가톨릭 신자여도 좋고 아니어도 좋았습니다. 그들은 신앙 활동을 하면서 인권 운동, 민주화 운동에 앞장섰습니다. 대표적 인물이 중앙대학교 학생 이명준입니다. 그는 1974년 4월에 클레멘스란 이름으로 세례를 받고 사제가 될 열망도 지닌 열심한 청년이었습니다.

이명준 학생은 뜻이 맞는 친구들과 함께 명동성당에서 보좌사제를 보필하며 청년회를 활성화했습니다. 명동성당 보좌신부의 사제관 문은 늘 열려 있었습니다. 학생들이 언제 들어올지 모르기 때문입니다. 사제관은 청년들의 만남의 장소였고, 책장과 책꽂이는 암호로 이루어진 청년들의 약속 같은 것이었습니다.

어느 날, 이명준 학생이 저를 찾아왔습니다. 천주교 정의구현전국사제단을 본떠 '정의구현 청년전국연합'을 만들겠다는 것이었습니다. 서울 10여 개 대학에 다니는 가톨릭 신자를 대상으로 모임을 결성해 보다 조직적인 운동을 하겠다는 포부를 밝혔습니다. 저는 '아, 이제 가톨릭의 청년 시대가 열리는구나!'라고 생각하면서 매우 기뻤고, 그 자리에서 좋은 생각이라고 동의했습니다.

그런데 1975년 5월 긴급조치 9호가 발동되어 일체의 모임이 금지되었습니다. 당시 정치적 발언을 이어가던 정의구현전국사제단은 정권의 눈엣가시이자, 모두가 전전긍긍하는 골칫거리였습니다. 이에 한국주교회의가 잔꾀를 냈습니다. 김남수 등 일부 주교들과 이종홍 사무처장 신부는 사제단 활동을 수용한다면서 "우리가 앞장설 터이니 사제들은 교회 내의 사목 활동에만 전념했으면"이라는 담화문을 내어 사람들을 혼란스럽게 했습니다. 점잖은 말이었지만, 사실상 사제단 활동을 막겠다는 의도였습니다. 우리 사제들은 의연하게 대응했지만, 내심 분노하지 않을 수 없었습니다. 우리는 이종홍 사무처장 신부를 찾아가 왜곡된 담화문에 대해 크게 항의했습니다.

"유신헌법을 부정해서 잡혀 온 사람이
어찌 유신 법정에서 재판을 받겠는가"

5월 22일 서울대 학생들이 긴급조치에 반대하며 유신 철폐 운동에 나섰고, 이명준이 이끄는 정의구현 청년전국연합도 움직일 계획을 세웠습니다. 그런데 5월 하순, 청년전국연합의 소식이 어떻게 새나갔는지 활동도 해보지 못하고 23명이 체포되고 맙니다. 명동성당을 중심으로 활동하던 7명과 그 외 16명입니다. 사제들도 무사하지 못했습니다. 학생들과 친분이 깊었던 이기정 보좌신부와 사무원 데레사는 공범자로 체포되고, 저도 배후로 지목되었습니다.

가톨릭대학에서 강의를 끝내고 나오다가 혜화 유치원 앞에서 체포된 저는 며칠

재판 거부를 선언하고 나오는 명동성당 7인위원회 관련 대학생

간 중앙정보부에 끌려다니며 조사를 받았습니다. 저는 "청년 신자들과 대화를 나눴으며, 학생들의 복음 정신과 정의로운 일에 동의했다"라는 답변만 반복했습니다. 어떻게든 저를 학생들의 배후로 만들려고 애쓰는 것 같았습니다. 며칠 후 저와 이기정 신부, 사무원 데레사는 나왔지만, 학생들은 그렇지 못했습니다.

　　명동성당에서 활동했던 일곱 명의 학생은 검찰에 의해 '7인 위원회'란 이름으로 불리게 됩니다. 그런데 그들은 학생 운동사에 한 번도 없었던 놀라운 모습을 보여줍니다. 일체의 조사와 재판을 거부한 것입니다. 그들은 법정에서 "유신헌법을 부정해서 잡혀 온 사람이 어찌 유신 법정에서 재판을 받을 수 있는가. 우리는 재판을 거부한다"라고 외치며, 검찰 신문에 일절 응하지 않았습니다. 서울지법 대법정은 순식간에 아수라장이 되었습니다. 유신헌법과 긴급조치 9호의 권위가 무너지는 순간이었습니다.

　　청년전국연합은 역사에 남을 큰일을 했지만, 그 과정은 고통스러웠습니다. 가혹한 고문과 폭력은 지금까지도 그들의 정신과 육체를 괴롭히고 있습니다. 중앙정보부는 이들을 체포한 후 며칠 동안 잠도 재우지 않은 채 무섭게 물고문을 가했습니다. 중앙정보부 6국 지하실은 건물 좌우 끝을 돌아 뒤 계단으로 연결되는데, 이들은 지금도 남산을 지날 때면 그때의 악몽이 떠올라 더 굳게 인권과 민주 평화를 다짐한다고 합니다.

　　중앙정보부는 이들을 국가보안법 위반으로 무리하게 기소하려 했다가 취소하고, 긴급조치 9호 위반으로 검찰에 송치합니다. 그들은 모두 그해 6월 중순 서대문 구치소로 끌려갔습니다.

　　그때의 상황을 이명준 님은 다음과 같이 회고합니다.

　　"사형장을 바라보며, '주님! 제 목숨을 지켜주십시오!' 끝없이 기도 올리며 펑펑 울다가 '주님께 모든 것을 맡기오니 주님 뜻대로 하소서!' 하고 기도 올리니 갑자기 등짝에 불길이 확 지나가는 느낌을 받으며 내적 평정을 되찾았습니다. 그 밤 이후 평화로운 마음으로 구치소 생활을 했습니다. 저희가 받은 모두 두 번의 재판은 검찰 구

천추교정의구현청에남전북연함

형으로 끝났습니다. 저는 구형 15년을 받았습니다. 혼자 꽁꽁 묶여서 주임 판사실에서 재판을 받았고, 선고되었습니다. 배석 판사 중 한 명이 바로 양승태였습니다. 최근에 확인했더니 양승태의 경력에 이 재판의 기록은 없었습니다. 판사 옆에는 정체불명의 중년 남자, 즉 중앙정보부원이 앉아 있었습니다. 교도관들이 판사 앞으로 끌고 가길래 '이게 무슨 재판이냐?' 하고 판사의 책상을 발로 걷어찼습니다. 판사는 부들부들 떨고 있었고, 옆에 있던 중앙정보부원이 판사가 들고 있던 종이에 볼펜으로 어느 지점을 찍으니까 그제야 판사는 '징역 8년, 자격정지 8년'을 선고했습니다. 그것으로 재판은 끝났습니다."

2013년, 학생들 모두
재심을 통해 무죄 확정

당시 민주화 운동을 하다가 구속된 학생들에겐 통상적으로 3년 이하의 형량이 선고된 데 반해, 청년전국연합의 주도자로 지목된 7명은 괘씸죄가 적용돼 중형을 선고받습니다. 리더격인 심지연은 징역 10년에 자격정지 10년, 이명준과 한경남, 김용석은 징역 8년에 자격정지 8년, 박홍석과 선경식, 조성우는 징역 7년에 자격정지 7년입니다.

2016년 9월 25일 박근혜 퇴진 민중 총궐기 시위에서 경찰의 차 벽에 항의하다 경찰의 물대포에 맞아 선종한 백남기 농민도 그들 중 하나입니다. 1975년 당시 중앙대생으로 이 모임에 함께해 수배 중이었던 그는 피신 중에 가르멜 수도원에 입회해 수사 생활을 했고, 그 후 수도원을 떠나 가톨릭농민회 활동에 전념했습니다.

그런데 문제는 이런 내용이 당시 언론에 전혀 보도되지 않았다는 것입니다. 가장 핍박받고 고통받았으나 세상에는 전혀 알려지지 않았던 것입니다. 물론 그들이 공명심에서 한 일은 아니지만, 의로운 일이 묻히는 것을 옆에서 지켜본 저로서는 마음이 몹시 아팠습니다. 그때 만일 이기정 신부가 함께 구속되었더라면 하는 아쉬움이 남습니다. 그랬다면 교회가 더 많이 움직였을 것이고, 언론도 이 사건을 크게 다루어 '학생들의 고통을 아주 조금이라도 줄여 줄 수 있지 않았을까' 하는 생각입니다. 저는 그때의 일을 늘 마음의 빚으로 담고 있습니다.

40여 년이 지난 2013년 2월 14일, 학생들은 모두 재심을 통해 무죄를 확인받았습니다. 참고로 당시 구속되었던 23인은 다음과 같습니다.

심지연(서울대 대학원생) 박홍석(서울대 국사) 이명준(중앙대 신방4) 한경남(고려대 정치외교4) 김용석(연세대 정치외교4) 선경식(외대 행정과 졸업) 조성우(고려대 행정4) 김헌웅(고려대 농경4) 김 철(연세대 국문4) 강기종(연세대 법학4) 박계동(고려대 정치외교4) 이정국(고려대 정치외교4) 정민수(외대 이태리어3) 민병권(외대 이태리어1) 우영제(외대 이태리어) 윤서영(외대 포루투갈3) 박진선(이대 수학3) 송영길(서울대 사회3) 최 열(강원대 농화학4) 이명복(외대 법정학부1) 서상섭(서울대 대학원 졸업) 여석동(경북대 정치외교4) 장성효(서울대 사회4)

청년전국연합 회원들은 출옥 후에 환경, 교육, 정치, 민주시민, 통일 등 여러 분야에 투신해 이제 70대 중반의 원로들이 되었습니다. 이분들의 헌신으로 명동성당은 청년 학생들의 집결지가 되었습니다. 명동성당청년연합회(명청년)가 결성되었고, 이는 1987년 6월 민주항쟁에서 명동성당을 지키고 시민들과 함께 전두환 독재 타파의 중추 역할을 했습니다. 그때의 그 열기가 천주교 서울대교구 새 교구장 시대에 다시 재현되었으면 하는 바람입니다. 명동성당이 다시 청년 학생들의 모임터가 되기를 꿈꿉니다.

우리 역사에는 이름을 남기지 않은 의인들이 무수히 많습니다. 신앙과 신념을 위해 순교하신 분들, 민족을 위해 헌신하신 순국선열과 독립운동가들, 민주주의를 위해 투쟁한 청년 학생과 시민 등, 이름 모를 그분들이 우리 시대를 지탱하는 뿌리입니다. 저는 묵념할 때마다 늘 마음속으로 "순국선열들과 익명의 희생자들을 기리며"라고 말하곤 합니다.

거룩하시고 영원하신 하느님, 큰 용기로 칠흑 같은 어둠의 시대를 빛내고 시대정신을 벼리는 칼날이 되어 준 청년 학생과 민주시민들을 기리며 기도합니다. 불의에 무릎 꿇지 않고 폭압에 물러서지 않았던 그들 덕분에 오늘날 저희는 큰 자유와 행복을 누리고 있습니다. 저희 모두 하느님 말씀 안에서 더 정의로운 세상과 더 민주적인 시대를 이루는 방향으로 나아가도록 도와주십시오. 또한 몽매함에서 깨어나 독선과 이기주의로부터 공존과 평화의 길로 방향을 바꾸도록 이끌어 주시고 도와주소서. 이 모든 것을 성령 안에서 우리 주 그리스도를 통하여 비나이다.

3·1 민주구국선언

명동성당 구속자 석방과 인권 회복 미사

1976년 3월 1일

형사들이 둘러싼 성당,
뒷담 넘어 들어간 신부

모세는 죽어 모압 땅에 있는 뱃브올 맞은편 골짜기에 묻혔는데

그의 무덤이 어디에 있는지는 오늘까지 아무도 모른다.

모세는 죽을 때 나이 120세였다. 그러나 그의 눈은 아직 정기를 잃지 않았고

그의 정력은 떨어지지 않았다.

신명기 34,6-7

———

모세는 히브리 백성을 이집트 노예살이에서 해방시킨 위대한 첫 예언자입니다. 울부짖는 백성과 함께 아파하시는 공감의 하느님을 체험하고, 그들 속에 들어가 함께 살며 최선을 다했습니다. 그러나 모세는 자신의 인간적 한계를 깨닫고, 후계자 여호수아에게 모든 것을 맡기고 약속의 땅을 바라보며 느보산에서 세상을 떠납니다. 모세의 눈동자는 죽는 순간에도 맑았습니다. 하느님께서 역사의 주재자임을 확신하고 고백하며 오직 하느님의 뜻에 따라 산 하느님의 충실한 종이었기 때문입니다.

1970년대 우리는 박정희 대통령이 이러한 모세의 정신을 본받도록 호소하고 기도했습니다. 1975년 4월 30일 월남이 패망하자, 위기감을 느낀 박정희 정권은 베트남의 상황을 빌미로 5월 13일 긴급조치 9호를 선포합니다. 일체의 비판이나 반대를 허용치 않겠다는 살벌한 경고였습니다.

긴급조치 선포 며칠 전인 5월 5일, 한국 천주교 주교회의 상임위원회는 두 번째 담화문을 통해 "그동안 사제들이 중심이 되어 자발적으로 전개해온 현실 비판과 인권 옹호 운동을 주교단이 책임지고 차원을 높여 정부와 직접 대화로써 해결할 수 있기를 바란다"라고 선언했습니다. 하지만 이는 빈말이었습니다.

1976년 3·1절 맞아 미사 계획
이효상 국회의장도 참여

　　교회 안팎의 암울한 분위기 속에서 사제들은 줄기차게 기도회를 열었습니다. 특히 김지하 시인 구명운동과 언론 자유에 초점을 맞추었습니다. 사제들은 매달 모임을 통해 시국을 분석, 성찰, 종합하며 증언의 삶을 이어갔습니다. 주교단의 제동이 자칫 내분으로 비치지 않도록 신중하게 대처하면서도 결코 복음적 삶을 포기하거나 예언자적 소명을 소홀히 하지 않았습니다.

　　1975년 후반기는 고난의 연속이었지만, 내실을 위한 성찰과 재충전의 계기가 되었습니다. 정권의 탄압은 날이 갈수록 악랄해졌고 학생들은 계속 구속되었습니다. 게다가 김지하 시인은 사형 직전의 상황까지 몰렸습니다.

　　1976년 1월 18일부터 성 바오로 사도의 회심 축일인 25일까지는 가톨릭과 개신교의 일치 주간입니다. 25일 가톨릭과 개신교 대표가 공동합의 형식으로, 김지하 시인과 학생의 석방을 요구했습니다. 중앙정보부의 작명에 따르면 '원동성당 연합기도회 사건'입니다.

　　이에 박정희 정권은 더 큰 탄압으로 대처했습니다. 2월 말에는 대학교수 460명이 재임용 과정에서 탈락했습니다. 권력이 대학 강단까지 완전히 장악한 것입니다. 그 후 입이 있어도 말하지 못하고 뜻이 있어도 행동하지 못하는 암흑의 시간이 이어졌습니다. 하지만 정권이 요구하는 대로 가만히 있을 수는 없었습니다.

　　1976년 3·1절을 맞아 명동성당에서 구속자 석방과 인권회복 미사를 열기로 계획했습니다. 김몽은 주임신부께 미리 허락도 받았습니다. 당시 명동성당은 김수환 추기경의 묵인으로 개방적 분위기여서 우리가 원할 때는 언제나 자유롭게 미사를 봉헌할 수 있었습니다.

　　3·1절 미사를 계획하던 중 우연히 문익환 목사님을 만나게 되었습니다. 문 목사

244

님은 3월 1일에 뭘 해야 하는데 아무도 장소를 빌려주지 않는다면서 행사를 함께 해도 괜찮겠냐고 물었습니다. 저는 1부에 미사를 봉헌하고, 2부 시간을 드리겠다고 했습니다. 그렇게 해서 가톨릭과 개신교가 일치의 지향으로 행사를 갖게 되었습니다. 저는 선배인 김승훈 신부님을 찾아가 그날 강론을 해주십사 요청했습니다.

1976년 3월 1일 오후 6시, 명동성당에서 3·1절 기념 미사가 시작되었습니다. 성당은 700여 명의 신자로 가득 찼습니다. 그중엔 공화당의 이효상 국회의장도 있었습니다. 그런데 김승훈 신부님이 강론을 시작하자 장내가 술렁였습니다. 김승훈 신부님은 유신헌법과 긴급조치의 부당성과 언론의 책임, 교회의 시대적 사명을 힘주어 말하고 구속자 석방을 강력하게 요청했습니다. 모두가 하고 싶었으나 하지 못한 말입니다. 장내는 흥분에 휩싸였고, 이효상 국회의장은 슬쩍 자리를 떴습니다.

김대중 서명에 격노한 박정희
'정부 전복 음모' 누명 씌워

1부 미사를 마친 후 김지하 시인 모친의 호소문을 문정현 신부님이 대신 낭독했습니다. 그리고 제2부 개신교의 행사가 시작되었습니다. 설교는 문익환 목사님의 동생, 문동환 목사님이 맡았습니다. 그는 신명기 34장 '모세의 죽음'에 대해 설교했습니다. 120세의 모세는 약속의 땅을 눈앞에 두고도 들어가지 못했습니다. 하느님의 부름에 응답해 포기했던 것입니다. 그토록 바랐던 일이지만 후계자에게 넘겨주었습니다. 문동환 목사님은 박정희 정권이 노욕을 버리고 이런 마음가짐을 가져야 한다고 역설했습니다. 김승훈 신부님의 강론과 딱 맞아떨어지는 내용이어서 전율이 일었습니다.

이어서 3부에서는 이우정 교수님이 3·1 민주구국선언을 읽었습니다. 긴급조치 철폐, 구속 인사 석방, 언론·출판·집회의 자유 보장, 의회정치 회복, 사법부 독립 등 5개 항을 요구하고 박정희 정권의 퇴진을 촉구했습니다. 이 선언문에 서명한 10인은 윤보선, 함석헌, 정일형, 김대중, 윤반웅, 안병무, 이문영, 서남동, 문동환, 이우정입니다.

미사는 별일 없이 마무리되었습니다. 하지만 서명한 10인에 김대중이 포함되었다는 사실을 박정희가 알자 상황은 급변합니다. 순식간에 3·1 민주구국선언은 종교계와 재야인사들이 기획한 '정부 전복 음모'가 되었습니다. 서명한 10인을 포함해 총 20명이 긴급조치 9호 위반 혐의로 입건되었습니다. 저 역시 저녁 미사를 위해 응암동 성당으로 가던 중 형사 수십여 명이 성당을 둘러싸고 있다는 연락을 받았습니다. 저는 바로 삼양동 가는 버스를 타고 산동네에 있는 수녀원을 찾아갔습니다. 당시 형사들이 저의 사진을 들고 전국의 성당과 수녀원을 이 잡듯 다녔다고 합니다.

수녀원에서 이틀 머문 후 다시 응암동으로 돌아가 교우 할머니 댁에 은거했습니다. 저를 빼고는 입건된 모두가 잡혀갔다는 소문이 들려왔습니다. 저는 김수환 추기경께 편지를 쓴 후, 뒷담을 넘어 성당으로 들어가 미사를 집전하고 중앙정보부에 전화해 "저는 성당에 있습니다"라고 밝혔습니다. 들리는 말로는 성당을 지키고 있던 서부경찰서장과 정보과장 등 여러 명이 문책 해임되었다고 합니다.

감옥은 제2의 수련소
하느님이 만드신 절묘한 사건

사실 명동성당 미사와 3·1 민주구국선언은 소박한 행사였는데 박정희가 키워준 측면이 있습니다. 정치인, 변호사, 교수, 목사, 사제, 여성단체가 포함된 민주화 투쟁은 국제적 사건으로 비화하여 전 세계에 타전됩니다. 재판은 일사천리로 진행되었습니다. 당시 법원이 정동에 있었고, 토요일에도 정상 근무하던 때였는데 법원의 모든 업무와 재판 일체가 중단되고 덕수궁과 시청 일대를 차단한 후 민주구국선언 관련자만 재판을 받았을 정도입니다. 형을 선고받은 사람들은 진주, 홍성, 광주, 공주 등 여러 교도소로 뿔뿔이 흩어졌습니다.

저 또한 이 사건으로 2년 가까이 감옥 생활을 했습니다. 유난히 추위를 타는 체질이라, 천장이 높고 3~4월에도 천장에서 성에가 뚝뚝 떨어지는 서대문 형무소 생활은 고통스러웠습니다. 하지만 30대의 혈기로 참아낼 수 있었습니다.

감옥 생활을 하던 중 어느 날 새벽 '감옥의 영성'이란 문구가 떠올랐습니다. 저에게 감옥 생활은 성경을 새롭게 받아들이는 체험이었습니다. 예수님을 따라 사는 삶에 대해 숙고하게 되었으며, 성서 속 고난과 사도의 이야기가 더욱 크게 다가왔습니다. 그래서 저는 감옥을 제2의 수련소라고 정의합니다. 다만 김지하 시인의 양심선언 이후 종이와 펜을 주지 않아 글을 쓰지 못한다는 점이 매우 아쉬웠습니다.

지금 다시 생각해도 3·1 민주구국선언은 하느님이 만드신 절묘한 사건입니다. 하느님의 큰 섭리를 저는 이 사건을 통해 확인하게 되었습니다. "사람은 계획하지만, 하느님께서는 일을 성취시키신다"(Homo proponit, Deus disponit)라는 성경 말씀과 라틴어 격언의 깊은 뜻을 되새기며 묵상합니다.

3 · 1 사건은 상징적으로나 현실적으로 큰 의의를 지닙니다. 가톨릭 사제와 목사 등 뜻있는 이들의 작은 모임이 일파만파로 작용해 전국을 흔들고 전 세계의 이목을 집중시켰기 때문입니다. 공포와 억압으로 침체되었던 당시의 분위기를 깨고 각계각층이 연대하여 유신체제와 맞서 싸워야 한다는 사실을 새롭게 일깨워주었습니다.

이후 1976년의 활동들은 대부분 3 · 1 사건과 관련된 기도회로서, 신자들과 국민의 뜻을 하나로 모으는 새로운 전기를 이루었습니다. 11월에는 가톨릭농민회가 주체가 되어 '함평 고구마 피해보상대책위원회'를 결성했는데, 이듬해인 1977년에 '함평고구마 사건'으로 비화하여 농민운동의 토대가 형성된 해이기도 합니다.

이 글을 쓰면서 46년 전의 민주구국선언을 다시 읽어봅니다. 지금도 별반 달라진 게 없다는 생각에 이르니 안타까움이 몰려옵니다. 하지만 120세의 모세가 자신의 한계를 받아들이고 후일을 기약하는 성경 장면을 떠올리며, 진정한 용기와 선한 의지에 대해 묵상합니다.

거룩하시고 의로우신 하느님, 홍익인간의 가르침을 마음에 품고 3 · 1 순국선열들을 기립니다. 민民이 나라의 주인임을 선포한 3 · 1 독립선언은 왕 중심의 왕정제도를 넘어선 만민평등의 혁명 선언입니다. 민주주의와 공화주의의 공공성을 함께 확신하며 고백합니다.

시대의 쳇바퀴 속에서 저희가 결코 뒷걸음치거나 지치지 않도록 도와주소서. 스스로에 대한 믿음과 용기로 세상 한가운데서 민족과 공동체의 안녕과 평화, 민주와 자유를 위해 멈추지 않고 전진할 수 있도록 힘을 주소서. 3 · 1 독립선언, 3 · 1 민주구국선언을 일상과 역사의 삶 속에서 재현하고 깊이 뿌리내려 남북의 평화공존을 실현하게 해주소서. 성령 안에서 우리 주 그리스도를 통하여 비나이다. 아멘!

청년 김대중

사단법인 '청년 김대중' 발족

2021년 1월

청년 예수님, 청년 김대건 신부님,
청년 안중근, 청년 김대중…

젊은이야, 네 젊은 시절에 즐기고 젊음의 날에 네 마음이 너를 기뻐하도록 하여라.

그리고 네 마음이 원하는 길을 걷고 네 눈이 이끄는 대로 가거라.

다만 이 모든 것에 대하여 하느님께서 너를 심판으로 부르심을 알아라.

코헬렛 11,9

―

성경도 이토록 청춘을 예찬합니다. 또한 청춘을 노래하고, 청춘을 만끽하라고 가르칩니다. 젊음은 그 자체로 은총과 축복, 충만의 상징이기 때문입니다. 창작과 발명, 운동 등 모든 영역의 신기록은 청년 시기의 결실입니다. 청년은 만발한 꽃의 시기, 그 이후는 열매 맺고 익어 가는 시기입니다. 이는 모든 것을 오직 하느님께 봉헌하고 의탁하라는 성경의 교훈입니다.

1977년 1월, 미국의 39대 대통령 지미 카터는 대통령 취임사 말미에서 자신의 청소년 시절 조지아 주 작은 예배당에서의 체험을 얘기합니다. 그날 전도사가 가르쳐 준 성서 말씀을 인용하며 전 세계인에게 호소한 것입니다.

"사람아, 무엇이 착한 일이고 주님께서 너에게 요구하시는 것이 무엇인지 그 분께서 너에게 이미 말씀하셨다. 공정을 실천하고 신의를 사랑하며 겸손하게 네 하느님과 함께 걷는 것이 아니냐?"(미카 6,8)

전 세계를 움직이는 미국 대통령이 가슴속 깊이 간직했던, 오래전 체험을 바탕으로 하는 이 호소는 그 자체가 감동입니다. 저는 성당 주일학교 교사들에게 늘 말하곤 합니다. 지금 우리가 가르치는 이 어린이들은 바로 미래의 지도자, 미래의 대통령이 될 인재들이라고. 그러니 자부심과 긍지로 매일 매 순간 최선을 다하라고. 어린 시절의 순수함과 청년 시기의 열정은 우리의 현실을 아름답게 바꾸는 힘입니다.

2020년 어느 날, 대만 유학을 다녀왔다는 한 청년이 저에게 만남을 청했습니다. 그는 자신이 호남 출신이며 유명 정치인의 인턴 보좌관을 한 경력이 있다고 자신을 소개했습니다. 저는 기쁜 마음으로 그를 만났습니다.

그런데 그가 대뜸 '김대중'이란 이름을 입에 올렸습니다. 대한민국 대통령이자 노벨 평화상 수상자인 김대중 전 대통령의 위상이 저평가되고 있는 현실을 안타깝게 생각해 2030 청년들에게 김대중의 철학과 정책을 알리고자 한다는 것이었습니다. 그는 "어떤 사람의 삶에서 가장 순수하고 뜻이 강렬한 시기가 청년기라고 생각한다"면서 청년 김대중을 주보로 모시고 한국 사회를 바꾸고 싶다는 포부를 밝혔습니다.

어느 날 찾아온 청년의 입에서
'김대중'이란 이름이

그 후 몇 차례 만남이 이어졌고, 그는 '사단법인 청년 김대중'을 설립할 계획인데 저에게 대표 이사장을 맡아달라고 부탁했습니다. 저는 여러분 스스로 해야 할 일이라고 말하며 몇 가지 조언을 해주었습니다. 그러자 제가 요즘 붓글씨를 쓰고 있다는 얘기를 귀담아들었던 그가 '청년 김대중'을 붓글씨로 써달라고 청했습니다. 그 청년의 이름은 이대선입니다.

2021년 1월 '청년 김대중'의 창립준비위원회가 발족했습니다. 코로나 19의 여파로 온라인으로 진행했는데 2백여 명의 창립준비위원이 참여하고 여의도에 사무실을 개설했습니다. 그리고 그 사무실에 제 글씨를 걸었습니다. 발족식에는 김 대통령과 인연이 깊은 이인영, 김민석, 송영길, 설훈 의원 등이 축하 메시지를 보냈습니다.

뜻깊은 사실은 발족식에 해외의 청년들도 참여했다는 것입니다. 현재 영국에 망

1

젊은 시절의 김대중

2

2021년 6월 사단법인
'청년 김대중' 개소식

1

2

청년 김대중

명 중인 홍콩 민주화 운동가 네이선 로 그리고 태국의 학생 운동가 네티윗 초티팟파이산이 영상 메시지를 보내왔습니다. 특히 네이선 로는 "김대중 대통령이 이룬 자유와 민주주의에 대해 깊은 존경심을 표하며, 그의 민주화 투쟁에서 영감을 얻었다"라고 말했습니다. 사단법인 청년 김대중은 노벨 평화상을 수상한 90년대생 시민 운동가인 말랄라 유사프자이, 나디아 무라드 등 많은 분과도 교류할 예정이라고 합니다. 2021년 8월에는 전년에 이어 김대중 대통령의 온라인 추모식도 열렸습니다.

사단법인 청년 김대중은 김대중 대통령이 홍익인간에 기초해 추구한 민주, 인권, 평화의 가치를 기리고, 그것이 바로 우리 겨레 모두의 근본 목표이며, 이를 2030 청년 세대와 함께 공유하고 국제적 위상을 높이기 위해 만들어진 모임입니다.

예언자는 자신의 고향에서 존경받지 못한다는 격언에도 불구하고, 이 청년들은 남북 분단과 남남 지역 갈등의 현실 속에서 끊임없이 평화와 화해를 지향했던 청년 김대중의 열정을 되새겨 개인과 민족공동체의 긍지를 살리기 위해 투신하고 있습니다. 사실 미국 클린턴 대통령, 스웨덴의 올로프 팔메 총리 등 세계 민주주의 지도자들은 김대중 대통령을 평화의 상징으로 바라봤고 대한민국의 민주화 역사를 김대중 대통령의 삶과 연계해 해석하고 평가했습니다. 이에 대해 우리는 민족사적 긍지를 지녀야 합니다.

현재 사단법인 청년 김대중의 대표이사는 앞에서 말한 이대선이고, 김대중 대통령의 장손인 김종대, 노무현 재단 이사 황희두, 더불어민주당 전국대학생위원장인 박영훈 등이 이사를 맡고 있습니다. 이대선 대표는 매일 페이스북 등을 통해 김대중 대통령의 어록을 뽑아 실천의 길잡이로 제시하고 있습니다. 한 예로 2022년 4월 1일 자 어록을 소개합니다.

"그동안 우리 국토가 심대하게 파괴되고 환경오염이 심화된 것은 과거 개발지상주의에 입각한 잘못된 정책 때문이었습니다. 이제는 그 잘못된 정책 패러다임을 철저히 바꾸는 새로운 발상과 개혁이 필요합니다."(김대중 어록)

서대문 형무소의 옥중 동지, 김대중
집권 시에는 비판도

저는 김대중 대통령과 각별한 인연이 있습니다. 1973년 8월 그가 일본 동경에서 납치된 사건 이후로 교우들과 함께 자주 동교동 자택을 방문하여 함께 기도했습니다. 1976년 3·1 민주구국선언으로 서대문 형무소에 함께 투옥된 옥중 동지이기도 합니다.

하지만 김대중 대통령 시절에는 이문영 교수님과 함께 그분을 비판하기도 했습니다. 김대중 정권을 탄생시킨 김종필 씨와의 연대(DJP 연합)부터 자녀 문제, 박정희 도서관 건립 등에 대해 문제를 제기한 것입니다. 그렇지만 2000년 6·15 남북공동선언은 그의 모든 허물을 뛰어넘는 위대한 발자취라 평가합니다.

분단된 지 55년 만에 남북의 정상이 처음 만난 6·15 남북공동선언은 우리 민족이 자주적이고 평화적으로 분단 문제를 해결할 수 있다는 희망을 주었습니다. 언뜻 김대중의 오랜 꿈이 이루어지는 듯했습니다. 하지만 상황은 녹록하지 않았습니다. 우리의 평화를 원치 않는 사람은 나라 밖뿐만 아니라 나라 안에도 존재했습니다. 이후 노무현 정부, 문재인 정부에서 다각적인 평화 공존 방안을 모색했으나 북한의 핵 개발로 촉발된 국제 관계에서 상황은 더욱 꼬여만 가고 있습니다.

5개 항으로 구성된 6·15 남북공동선언의 1항은 "남과 북은 나라의 통일 문제를 그 주인인 우리 민족끼리 서로 힘을 합쳐 자주적으로 해결한다"입니다. 우리말로 쓰인 글이니 따로 해석이 필요 없습니다. 20여 년 전의 이 단순 명쾌한 문장이 지금 시점에서 요원하게 들린다는 것이 너무나 안타깝습니다.

대통령직에서 물러난 후에도 저희는 그분을 몇 차례 더 만났습니다. 특히 천주교 정의구현전국사제단 창립 30주년을 맞은 2004년 9월에는 김대중 대통령 내외분이 참석해 축하 말씀을 해주셨습니다. 또한 2006년 3월 1일에는 명동 민주구국선언 30주년을 맞아 두 분이 민주화 동지들과 함께 결속과 연대를 확인해 주셨습니다. 그는 건강이 좋지 않아 주 3회 투석을 하는 와중에도 미국이나 중국의 정치인들을 만나서 남북 문제의 평화적 해결을 호소했습니다. 그에게는 남북 평화 공존과 통일이 최고의 신념이자 신앙이었습니다. 저는 그 점을 높이 평가합니다.

기독교의 핵심도 청년 예수
큰 사랑과 헌신 기억해야

청년기는 인생에서 매우 중요한 시기입니다. 청년기에 어떤 가치관이 형성되었느냐에 따라 그 사람의 인생 항로가 달라집니다. 우리는 '청년 안중근'을 기억해야 합니다. 한 청년의 굳센 의지와 민족정신이 후일 대한민국의 나침반이 되었습니다. 우리는 '청년 예수님'이 보여 주신 큰 사랑과 헌신을 기억해야 합니다. 청년 예수님이 걸어가신 길은 후세 모든 종교인의 귀감이 되었습니다.

20세기 가톨릭의 혁신적 신학자 한스 큉 신부님은 그리스도교의 핵심은 바로 창시자인 '타살당한 청년 예수님'이라고 술회했습니다. 33세의 청년 예수님이 종교와 세상의 틀을 근본적으로 바꿨다는 것입니다. 청년 세대가 바로 미래를 바꾸는 원동력입니다.

우리 시대의 청년들은 역사상 그 어떤 청년 세대보다 어려움을 겪고 있습니다. 정치권과 기성세대들은 그들의 목소리에 귀 기울이고 그들이 사회의 구성원으로 순조롭게 기능할 수 있도록 할 수 있는 모든 것을 해야 합니다. 청년이 행복하지 않은 세상에 희망은 존재하지 않습니다. 우리는 청년의 눈물 위에서 자신의 이익을 챙기려는 자들을 반드시 엄히 단죄해야 합니다.

우주 만물을 창조하시고 새롭게 하시는 하느님, 새 생명을 통해 세상은 늘 새롭게 진전하고 있습니다. 자연의 섭리와 조화 속에서 저희는 늘 새로운 희망을 창출하고 있습니다. 그러나 오늘날 청년 세대는 불안과 상실감 속에서 좌절하고 있습니다. 하느님의 은총으로, 예수님의 십자가 정신으로, 성령의 불길로 그리고 무엇보다도 우리 청년들의 열정으로 이 모든 난관을 극복하고 아름답고 창조적인 새로운 세상을 개척할 수 있도록 도와 주소서.

청년 예수님, 청년 김대건 신부님, 청년 안중근, 그리고 청년 김대중의 정신을 본받아 우리 청년 세대들이 민족의 번영과 평화를 이룩하는 선구자 그리고 실천자가 되게 해 주소서. 거룩하신 하느님, 이 모든 것을 성령 안에서 우리 주 그리스도를 통하여 비나이다. 아멘!

부마항쟁

부산 · 마산의 반독재 투쟁
1979년 10월 16일

부끄러움이라는
시대정신으로 일어나다

정직한 사람은 의롭게 살아 구원을 받지만 사기꾼은 제 욕심에 얽매인다.

불의하게 살면 기다리던 것도 죽음과 함께 수포로 돌아간다.

허튼짓을 하면 바라던 것도 물거품이 된다.

잠언 11,6-7

———

지혜의 대명사인 솔로몬도 말년에는 이성과 신앙을 잃고 방종과 미신에 빠진 나머지 결국 그 자식 대에 나라가 분단되는 비극을 겪게 됩니다. 더 큰 원인은 바로 그의 아들 르호보암의 오만과 방자함 때문이었습니다. 오만이 바로 분열과 멸망의 씨앗입니다. 한결같이 초심을 간직하라는 선현들의 참뜻이 바로 여기에 있습니다.

1948년 대한민국 정부 수립 이후 이승만, 윤보선, 박정희, 전두환, 노태우, 김영삼, 김대중, 노무현, 이명박, 박근혜, 문재인 대통령에 이어 윤석열 대통령이 임기를 시작했습니다. 전임 대통령 중 여덟 분이 사퇴 또는 사살, 투옥, 비운의 죽음을 맞았고, 다른 두 분은 정상적으로 퇴임했지만 자녀들이 옥고를 치렀습니다.

정치 지도자들에게 중요한 핵심 덕목은 선배들의 조언을 귀담아듣는 경청의 자세와 자신의 말을 실천하고 책임을 지는 솔직함입니다. 윤석열 대통령의 대통령직인수위원회 사무실 정면에는 '겸손하게 국민의 뜻을 받들겠습니다'라는 글귀가 걸려 있었습니다. 그런데 아무도 그 말에 감동을 느끼지 못했을 것입니다. 실천이 없는 죽은 표어이기 때문입니다. 이러한 표어를 대할 때마다 저는 마음이 무겁습니다. 우리가 언어를 부패시키고 있다고 생각합니다.

79년 10월 부산대 · 동아대 시위로
부산엔 비상계엄, 마산 일대엔 위수령

1979년 10월 16일에서 20일 사이에 부산과 마산의 청년 학생, 시민들은 민중 봉기를 통해 박정희 유신정권에 결정적 일격을 가했습니다. 그것이 바로 부마항쟁입니다.

1970년대 후반은 박정희 유신체제의 강압적 조치들이 극에 달했습니다. 반정부 인사들은 감옥에 갔고, 노조는 핍박받았고, 대학생들은 숨죽여야 했습니다. 그 와중에 야당 총재인 김영삼은 총재직이 정지되고 의원직이 박탈되었습니다. 민주주의 국가에서 일어날 수 없는 일들이 다반사였습니다.

1979년 10월 16일 오전 10시, 부산대학교 도서관 앞에 500여 명의 학생이 모였습니다. 학생이 단상에 올라 "학우 여러분!"이라고 외치기만 해도 경찰이 출동해 잡아가던 시절입니다. 학생들은 "유신정권 물러가라!"라고 외치며 학원 민주화, 언론 자유와 인권 보장을 요구했습니다. 부산대 학생들은 교문을 벗어나 가두시위에 나섭니다. 같은 시간 부산 동아대에서도 시위가 시작되어 시내로 진출한 부산대 학생들과 합류합니다.

학생들이 시내로 나오자 경찰이 진압에 나섰습니다. 거리 여기저기에서 최루탄이 터지고 경찰은 학생들을 구타하고 연행했습니다. 시민들은 도망치는 학생을 숨겨주고 경찰에게는 야유를 보냈습니다. 수백 명이 연행되고, 100여 명의 경찰, 학생이 상처를 입었습니다. 하지만 이때까지는 그저 특별할 것 없는 시위였습니다.

17일이 되자 시위의 양상이 바뀝니다. 일반 시민이 시위에 대거 합세한 것입니다. 17일 오후까지는 분명 학생들이 주도하는 시위였으나, 밤이 되자 사무직 노동자, 직공, 점원, 영세 상인, 날품팔이, 무직자들이 시위의 선봉에 섭니다. 부산시경이 작성한 문건에는 '20세 전후의 불량 성향자들이 대학생을 가장해 합세했다'라고 기록되어 있습니다. 야간 시위대의 규모는 5만 명에 이르렀고, 시위는 점차 시민 항쟁의 성격을 띠게 되었습니다.

밤늦게까지 계속된 시위는 18일 마산으로 번집니다. 경남대학 학생들과 일부 시민이 가담한 시위대는 파출소로 몰려가 벽에 걸린 박정희 사진을 부수기도 했습니다. 19일이 되자 시위는 더욱 격화됩니다. 부마항쟁의 특이점이라면 유신체제뿐 아니라 경제 부조리에 대해서도 목소리를 높였다는 것입니다.

1970년대 말은 2차 오일쇼크로 인해 경제적으로 매우 어려운 상황이었습니다. 박정희의 성장 지상주의와 정부 주도의 과잉투자가 역풍을 맞은 것입니다. 그런데 그 고통은 고스란히 하층 도시 노동자의 몫이었습니다. 부마항쟁 시위대가 부유층에 대해 적대감을 드러내고 세무서를 공격하고 '부가가치세를 없애라'는 등의 구호를 외쳤다는 점에서 충분히 짐작됩니다.

혁명의 한가운데서
김재규는 혁명을 직감했다

사태가 심상치 않다고 느낀 박정희 정권은 18일 새벽 0시를 기해 부산 일원에 비상계엄을 선포합니다. 이틀 뒤인 20일에는 마산과 창원 일대에 위수령을 발동합니다. 계엄령이 선포된 부산에는 공수부대가 투입되어 시위대를 강도 높게 진압했습니다. 그후 산발적 시위가 있기는 했지만, 부산으로 보면 3~4일, 마산으로 보면 2일 만에 부마항쟁은 사그라집니다.

그런데 여기 놀라운 사실이 하나 있습니다. 당시 김재규 중앙정보부장이 부마항쟁의 현장을 직접 찾았다는 것입니다. 그는 자신을 드러내지 않고 군중 속에 섞여 최루탄을 맞아가며 시위대를 관찰했고, 이는 단순한 학생 시위가 아니라 혁명 수준의 항쟁이라는 사실을 목격했습니다. 아마도 그는 박정희 정권의 몰락을 예견했을 것입니다.

그 후 오랜 세월이 흐른 후에야 우리는 부마항쟁의 실체를 똑바로 대면할 수 있

부마항쟁 당시 도심 거리를 장악한 계엄군

게 됩니다. 부마항쟁 20주년이 되는 1999년, 부산대 도서관 자리에 부마항쟁 발원지 표
지석이 세워졌습니다. 표지석엔 '유신 철폐 독재 타도, 민주주의의 신새벽 여기서 시작
하다'라는 글귀가 적혀 있습니다. 2019년 10월 16일, 부마 민주항쟁 제40주년 기념식이
처음으로 정부 행사로 열리고 문재인 대통령이 참석했습니다. 또한 10월 16일이 국가기
념일로 지정됩니다. 40년이 지난 후에야 국가가 부마항쟁을 민주화 항쟁으로 인정하고
제대로 기념할 수 있게 된 것입니다.

부마항쟁은 인간다움의 회복
'부끄러움'이 시대정신

역사학자들은 많은 해석을 내놓았습니다. 대표적으로 전남대 철학과 김상봉 교수는 부마항쟁을 '인간다움의 회복'이라 정리했습니다. 목숨을 위협받는 군부 정권 아래서 '어떻게 시민들이 유신에 이의를 제기할 수 있었을까?'란 의문에 대해 그는 '부끄러움을 느꼈기 때문'이라는 답을 내놓습니다. 정의롭지 못한 정권에 부역하는 정치인, 지식인, 지도층을 보며 청년 학생 시민들은 한없는 부끄러움을 느꼈다는 것입니다. 그는 결국 부끄러움이 인간성을 깨우치게 한다고 말합니다.

부산대학이 유신대학인 점이 부끄러웠고, 부산, 마산, 창원 등 경상도 지역이 독재자의 아성인 점이 또한 부끄러웠습니다. 부끄러움을 아는 한 시민들의 정신은 살아납니다. 살아 있었기에 그들은 모두 일어섰습니다. 사실 당시 김영삼 신민당 총재의 국회의원직 제명사건이 부마항쟁의 촉발제가 되기는 했지만, 근저에는 이 '부끄러움'이라는 시대정신이 자리 잡고 있었습니다.

우리는 현재 사회, 교육, 경제, 문화, 정치, 종교 등 모든 영역에서 '부끄러움'을 망각한 채 살아갑니다. 부끄러움을 잊었다는 것은 양심의 상실, 도덕의 상실, 그리고 무엇보다 인간성의 상실이기도 합니다.

국정감사장에서 우리는 뻔뻔한 정치인들과 공직자들을 봅니다. 이중 잣대의 여야 국회의원들 그리고 왜곡 보도로 일관하는 수구 언론에 슬픔과 분노를 느낍니다. 이러한 불의한 현실에서 우리는 모두 순국선열과 민주 희생자들 앞에서 부끄러움을 고백하고 정화되어 새 힘을 얻어야 합니다.

예수님 또한 사제들과 바리사이, 율법학자들의 위선을 무섭게 꾸짖으셨습니다. 그 꾸짖음으로 우리는 하느님과 이웃, 선조들과 역사 앞에 부끄러움을 고백하며 정직한 삶을 다짐합니다. 부마항쟁은 김재규 중앙정보부장을 각성시키고 목숨을 건 결단으로 이끈 역사적 길잡이이며 스승입니다.

거룩하시고 영원하신 하느님, 부마항쟁, 10·26 혁명, 광주항쟁은 삼위일체와 같이 불가분의 관계에 있는 하나의 사건입니다. 민주주의를 지키기 위해 모든 것을 바친 청년 학생, 시민 등 공동체 구성원들의 헌신과 결단을 깊이 되새깁니다.

정의와 자유, 민주와 평화 공존의 가치로 공동선을 위해 투신한 1979년 부마항쟁, 1980년 광주항쟁의 희생자들과 10·26 의인들을 기리며 기도합니다. 부끄러움을 깨닫고 실천한 양심인들의 이 고귀한 행업을 저희 모두 이어받고 간직해 후손들에게 계승케 해주소서. 이 모든 것을 성령 안에서 우리 주 그리스도를 통하여 비나이다. 아멘!

10 · 26 혁명

김재규 중앙정보부장 박정희 암살

1979년 10월 26일

"국민들이여,
민주주의를 만끽하십시오"

의인들의 영혼은 하느님의 손안에 있어 어떠한 고통도 겪지 않을 것이다.

어리석은 자들의 눈에는 의인들이 죽은 것처럼 보이고

그들의 말로가 고난으로 생각되며 우리에게서 떠나는 것이 파멸로 여겨지지만

그들은 평화를 누리고 있다. 사람들이 보기에 의인들이 벌을 받는 것 같지만,

그들은 불사의 희망으로 가득 차 있다.

지혜서 3,1-4

———

나라를 빼앗기고 쫓기며 이국땅에서 디아스포라로 살았던 유다인들은 그 어떠한 고난과 곤경 속에서도 절대자 하느님을 향한 믿음을 간직하며 정의롭게 살자고 다짐했습니다. 그것이 바로 구원이며, 자아 완성 그리고 불사불멸에 대한 희망입니다. 우리 역사에서도 민족과 공동체를 위해 헌신한 의인들이 많이 계십니다. 인권과 자유, 민주와 평등을 위해 몸 바친 선열들을 기리며 기도합니다.

1979년 가을에 저는 영등포교도소에 있었습니다. 10월 27일 날이 밝자, 교도소의 분위기가 심상치 않았습니다. 군복 차림의 교도관들도 당황한 기색이 역력했습니다. 점호하고 아침 식사를 마치면 정치범들을 제외한 모든 재소자가 일터로 나가는데 그날은 작업도 중지되었습니다.

무슨 일인지 궁금해하던 차에 2방에 수감된 장윤환, 안성열, 박종만 동아투위 기자 세 분으로부터 물 뜨러 나오라는 연락이 왔습니다. 2방이 식수대 옆에 있었기 때문입니다. 저는 물통을 들고 식수대로 갔습니다. 그랬더니 동아투위 기자 한 분이 손가락으로 총 모양을 만들어 겨누며 "신부님, 어젯밤에 김재규 부장이 꽝! 해서 박정희가 갔어요!"라고 속삭였습니다.

박정희 죽음 소식에
갈대 바다가 갈라지는 기적 떠올려

저는 온몸에 전율이 일었습니다. 아무 말도 못 하고 방으로 돌아왔습니다. 눈을 감고 기도를 하는데 자꾸 눈물이 났습니다. 이집트의 노예 해방과 갈대 바다가 갈라지는 모습이 떠올랐습니다. '기적'이라는 말이 머릿속을 맴돌았습니다. 그때까지 제가 알았던 기적은 관념에 불과했습니다. 저는 그 순간 기적의 의미를 깨닫고 구체적으로 체험했습니다. 성경이 말한 기적이 바로 이것이었습니다.

감옥에서 느꼈던 한없는 무력감이 일시에 날아가는 느낌이었습니다. 이런 일이 있을 줄 누가 상상이나 할 수 있었을까요? '우리는 이제 해방되었다, 우리는 자유다'라고 확신하며 성경 말씀에 대해 은총 충만한 내적 체험을 했습니다. 사제가 세속의 일로, 그것도 정치적 참사로 신앙 체험을 한다는 것에 의아해할 사람도 있을 수 있지만, 저는 악의 소멸과 공동체 전체의 선이라는 관점에서 말한 것입니다. 이 세상이 바로 하느님 구원의 역사 현장이기 때문입니다.

감옥에서 저는 하느님과 올바른 관계 설정을 위하여 제 삶을 성찰하고 하느님과 역사 앞에 늘 부족한 죄인임을 고백하며, 정화의 과정이라 생각하며 지냈습니다. 사실 감옥 생활에서 박정희와 권력자들을 탓하거나 원망할 시간은 없었습니다. 저 나름대로 기도하고 또 시간표대로 지내느라 무척 바빴습니다. 이 과정에서 박정희의 뜻밖의 죽음은 성서적 관점과 민족사적 시각에서 제게 새로운 사고의 지평을 열어 주었습니다.

그날 이후로 엄청난 일을 감행한 김재규 중앙정보부장에 대하여 여러 각도로 생각하고 평가하고 있습니다. 옥중선언 등을 근거로, 저는 그가 참군인이자 의인이라 생각합니다. 김재규와 박정희는 나이 차이는 있으나, 육사 동기이자 동향 사람입니다. 김재규는 중앙정보부장으로서 명실상부한 유신정권의 2인자입니다. 불의에 눈감고 자신의 영달을 위해 살 수도 있었지만, 결코 그는 쉬운 길을 택하지 않았습니다.

김재규의 결단을 폄훼하는 사람들은 질투심에 눈이 멀어 돌발 행동을 했다고 합니다. 하지만 사실은 그렇지 않습니다. 그는 독재자 박정희에게 직언을 서슴없이 했던 유일한 사람입니다. 시종일관 박정희의 독재에 이의를 제기했고 유신체제에도 반대했습니다. 심지어 감시 대상인 장준하 선생 가족을 도와주기도 했습니다.

당시 대통령 박정희와 경호실장 차지철이 보여준 부마항쟁에 대한 인식은 입에 담기 어려울 정도로 참담했습니다. 그들은 "그 정도 시위대야 탱크로 밀어버리면 된다"라는 식의 막말을 주고받았습니다. 반면 중앙정보부장 김재규는 자신의 눈으로 부마항쟁의 현장을 지켜보고자 했습니다. 그는 최루탄을 맞아가며 시위대에 섞여 현장을 지켜봤고, 유신체제의 종말을 예감합니다. 저는 그가 '부마항쟁의 세례를 받았다'라고 신학적인 해석을 합니다.

유신정권의 2인자, 김재규
부마항쟁의 세례를 받다

김재규 중앙정보부장의 심경 변화에 결정적 영향을 미친 것이 부마항쟁입니다. 그는 '유신의 핵' 박정희만 제거하면, 바로 뒤이어 부마항쟁과 같이 전 국민이 들고일어나 민주혁명을 펼치리라 확신하고 있었습니다. 하지만 현실은 비굴하고 냉혹했습니다. 오히려 민주화된 지금까지도 우리는 그를 외면하고 있습니다. 김재규 중앙정보부장과 그와 함께한 분들께 더욱 죄송하고 부끄러운 이유입니다.

10월 26일은 우리에게 더 큰 의미로 다가옵니다. 박정희 사망 70년 전인 1909년 10월 26일, 바로 안중근 의사의 의거일이기 때문입니다. 성경에서 70은 완결의 의미를 갖습니다. 우연 속에 하느님의 섭리가 내재해 있습니다. 우리 각자가 자기 일에 충실할 때 하느님은 역사의 걸림돌을 치워 주시고 앞으로 나아가게 해주십니다.

10.26의 주역인 김재규 중앙정보부장 등의 공판 장면

10 · 26으로부터 50일이 지난 12월 8일 저는 영등포교도소에서 나올 수 있었습니다. 그날은 한국천주교의 주보, 원죄 없이 잉태되신 성모님의 축일로 제게는 더욱 뜻 깊은 은총의 날이었습니다. 하지만 세상은 어수선했고, 또 다른 군인이 권력을 잡았다는 이야기가 들려왔습니다. 그리고 김재규의 재판이 진행되고 있었습니다.

이돈명 변호사를 비롯한 인권변호사들은 필사적으로 김재규를 살리고자 했습니다. 그를 살려야 진정한 민주화가 이루어진다고 생각했기 때문입니다. 그러나 재판은 보안사의 입김 아래 이루어지고 있었습니다. 전두환의 합동수사본부는 김재규의 구명운동이나 옹호하는 입장에 대해서는 일체 보도를 통제해 그 어떤 언론도 진상을 언급할 수 없었습니다.

변호사들의 권고에 따라 저도 안타까운 마음에 구명운동에 나섰습니다. '2000년 전 예수님도 이리 억울하게 돌아가셨겠구나' 하는 심정이었습니다. 저는 유신의 핵을

十二六革命

깬 김재규를 살리는 것이 시대적 사명이라 확신했습니다. 동부이촌동 성당에서 구명운동을 위한 서명을 받았습니다. 서명 하나 하면서도 오만 가지 생각과 각오를 해야 했던 시절입니다. 저는 서명을 망설이는 신자들에게 '부담되면 세례명만 쓰세요'라고 했습니다. 그날 600여 명이 함께하고, 그 후 사제와 수도자 등 모두 5000여 명이 서명에 참여했습니다. 윤보선 전 대통령도 서명을 해주었습니다. 그 후 민가협을 비롯해 서울대 학생회 등, 또 해외에서도 동포들이 구명운동을 펼쳤습니다만 역부족이었습니다.

재판이 진행되는 동안 김재규 정보부장은 박정희에게 깍듯이 '각하'라는 호칭을 사용했습니다. 그리고 본인은 죽어도 좋으니 자신이 재벌과 공무원 등 모든 이의 부정을 잘 알고 있으므로 부정과 부패를 청산할 기회를 달라고 호소했습니다. 만일 그의 청이 받아들여졌다면 이후 우리 역사에서 탄핵당하는 대통령은 존재하지 않았을 것입니다. 그는 법정 최후진술로 "국민들이여, 민주주의를 만끽하십시오"라는 말을 남겼습니다.

1980년 5월 24일 서울 서대문에 있었던 서울구치소(서대문형무소)에서 김재규 정보부장의 사형이 집행됩니다. 그리고 그의 의거에 동참한 분도 함께 형장의 이슬로 사라집니다. 그동안 우리가 무관심했던 다섯 분은 박선호 의전과장, 비서실장인 박흥주 대령(1980년 3월 6일 사형 집행), 유성옥 운전기사, 이기주 경비원, 김태원 경비원입니다. 이분들은 30~40대의 젊은이들로 누구도 김재규 정보부장을 원망하지 않았고, 끝까지 흐트러짐 없이 당당했습니다. "부장님이 같은 명령을 내린다면 지금이라도 실행하겠다"라는 것이 그들의 변이었습니다.

김재규 정보부장과 다섯 젊은이의 유언은 소박했습니다. 여섯 명을 함께 묻어달라는 것이었습니다. 하지만 전두환 정권은 마지막 청도 들어주지 않았습니다. 언젠가 여섯 분을 함께 모셔서 추모하는 날이 오기를 기대합니다.

만약 10·26이 없었더라면…
매년 5월 24일, 무덤을 찾는 사람들

우리 사회는 김재규의 평가를 유보하고 있습니다. 아니 외면하고 있다는 것이 정확합니다. 무엇이 두렵고 부담스러운 걸까요? 수구 정권은 말할 것도 없고, 민주와 진보를 표방한 정권에서도 마찬가지였습니다. 아무도 '김재규를 재평가해야 한다'라고 말하지 않습니다. 오늘날 우리가 만끽하고 있는 민주주의는 김재규란 인물에 빚지고 있습니다. 인권을 보장받을 권리, 심지어는 대통령을 욕할 자유까지도 되찾아 준 것이 그분입니다.

만일 10·26이 없었다면 부산과 마산이 피바다가 되었을 것이며, 광주보다 더 큰 희생을 치러야 했을지도 모릅니다. 그의 거사가 죽음과 암흑을 막았습니다. 이에 저는 부마항쟁, 10·26 혁명, 광주항쟁을 떼려야 뗄 수 없는 삼위일체 관계로 확신하고 설명하고 있습니다.

저희는 '민주화운동 관련자 명예회복 및 보상 심의위원회'에 김재규 정보부장을 추천했습니다. 하지만 노무현 대통령 시절, 복잡한 정치적, 사회적 여건과 저희의 미력함 탓에 더는 추진하지 못했습니다. 10·26으로부터 40년이 지난 2020년 5월 김재규 정보부장의 유족이 법원에 재심을 청구했습니다. 총검으로 무장한 보안사 군인들이 변호사와 법관을 협박한 채 결론 내린 '내란 목적 살인죄'는 사실과 법리에 위반되며 사법 살인과 다름없다는 것이 취지입니다. 재심 판결은 아직도 나지 않고 있습니다.

저는 부마항쟁, 광주항쟁 기념식에 가면 반드시 "우리는 김재규에 빚지고 있다"고 힘주어 말합니다. 그런데 괴이하게도 우리 사회는 진영을 가리지 않고 '김재규'를 금기어쯤으로 취급합니다. 우리가 김재규란 이름을 드러내 놓고 논의하고, 역사적 평가를 하고, 기억하고 추모할 때 비로소 한국의 민주주의가 완성될 것입니다. 10·26을 당당히 혁명이라 부를 수 있는 그날을 기다립니다.

김재규 부장과 부하 동료들의 명예회복을 위해 헌신해 온 광주 송죽회 회원들과 이돈명, 유현석, 강신옥 변호사 그리고 곽태영 통일 지사와 김승훈 신부님 등 선배들을 기립니다. 그리고 현재까지 애쓰고 계신 안동일 변호사와 동지 동료들의 노고도 함께 기립니다.

'10·26 재평가와 김재규 장군 명예회복 추진위원회'는 매월 5월 24일 서대문형무소 역사관에서 여섯 분의 영정을 모시고 추모식을 올린 후 김재규 장군 묘소를 참배합니다. 이 땅에 참 민주주의 실현과 남북의 화해와 일치, 평화 공존을 염원하며 기도하고 여섯 분의 의인들을 함께 기리고 있습니다.

인류를 창조하시고 구원하신 하느님, 이 땅에서 홍익인간의 이념을 간직하며 살아온 저희 겨레는 일제의 침략과 억압 등 숱한 역경 속에서도 몸 바쳐 싸우며 나라를 지켰습니다. 그러나 박정희 군사반란은 이승만 독재정권을 물리친 4·19 혁명의 고귀한 뜻을 무참히 짓밟고 유신독재의 영구 집권을 획책했습니다. 이에 민중들이 항거했고, 이 뜻을 확인한 김재규 부장과 다섯 부하 의인들이 공동선을 위해 목숨을 걸고 의거를 감행했습니다. 이에 그 큰 뜻을 높이 평가하며 되새깁니다.

하느님, 이 의인들의 좋은 뜻을 확인해 주시고 말할 수 없는 아픔을 겪은 유족들에게는 위로와 용기와 힘을 주십시오. 이들의 의로운 뜻을 저희가 꼭 확인하고 실천하겠습니다. 저희 겨레를 깨우쳐 주시고 저희 모두 용기 있고 정의로운 삶을 살게 하소서. 성령 안에서 우리 주 그리스도를 통하여 비나이다 아멘!

5월 1일 노동절

'근로자의 날 제정에 관한 법률' 공포
1963년

근로자의 날은
노동자 불명예의 날

자, 이제 부자들이여! 그대들에게 닥쳐온 재난을 생각하며
소리를 높여 우십시오. … 그대들이 밭에서 곡식을 벤 일꾼들에게 주지 않고
가로챈 품삯이 소리를 지르고 있습니다. 곡식을 거두어들인 일꾼들의 아우성이
만군의 주님의 귀에 들어갔습니다.

야고보 5,1-4

———

인류의 역사는 강자들 중심으로 강자의 시각에서 쓴 기록입니다. 우리 역사의 현실도 한가지입니다. 그러나 성경은 끊임없이 약자의 처지에서 약자들을 배려하는 하느님의 큰 가르침을 선포하고, 노동자들의 정당한 품삯을 보장하도록 부자들에게 명하고 있습니다. 그러나 교회는 이 가르침을 제대로 실천하지 못했습니다. 다행히 20세기 후반에 '가난한 이들에 대한 우선적 선택'(The preferential option for Poor)이 교회와 신앙인의 핵심임을 깨닫고 선언하기에 이르렀습니다.

5월 1일은 근로자의 날입니다. 관련 법령은 "노동의 중요성을 인식하고 근로자의 노고를 위로하기 위해 제정된 법정기념일"이라고 규정하고 있습니다. 그런데 이 법령에는 모순과 함정이 있습니다. '노동의 중요성'을 인식한다면서 막상 노동자를 근로자라고 기술한 저의가 있기 때문입니다. 노동의 중요성은 노동자의 품위에 근거하고 있음에도 불구하고 군이 근로자라고 지칭한 그 배경을 알아야 합니다.

저는 어렸을 적에 '메이데이'란 얘기를 자주 들었습니다. 아마 초등학교 시절이었던 것으로 기억합니다. 그때는 그것이 어떤 의미인지 정확히 몰랐지만, 어느샌가 그 말은 세상에서 사라지고 3월 10일은 '근로자의 날'이 되었습니다.

五月一日勞動節

8시간 노동을 위한 긴 투쟁
"만국의 노동자여, 단결하자"

이 모든 이야기는 1880년대로 거슬러 올라갑니다. 1880년대는 서구 자본주의가 급성장하던 시기입니다. 자본주의는 인류에게 경제적 풍요를 선물했지만, 그만큼의 어두운 그림자도 드리웠습니다. 기업가들은 권력을 등에 업고 노동자들을 착취했습니다. 그들에게 노동자는 함께 살아갈 이웃이고 동료가 아니라 이익 창출의 도구였습니다. 열악한 노동환경과 긴 노동시간에 지친 노동자들은 스스로를 지켜야 했습니다.

19세기 후반 세계 노동운동의 중요한 화두는 8시간 노동의 법제화였습니다. 당시 미국의 노동자들은 하루 12~16시간 노동에 시달렸고, 하루 일당은 1달러 정도로 한 달 일해도 20달러 남짓한 노예 같은 생활을 했습니다. 골리앗 같은 기업과 정부권력에 맞서기 위해 노동자들이 선택한 수단은 '연대'였습니다.

1886년 5월 1일, 미국 시카고의 노동자들은 8시간 노동제를 요구하며 총파업에 들어갑니다. 공장의 기계는 멈췄고, 상가는 문을 닫았습니다. 경찰은 5월 3일 파업 농성 중인 사람에게 발포해 1명이 죽고, 여러 명이 상처를 입습니다. 다음날인 4일 저녁 노동자들과 시민 등이 헤이마켓 광장에 모여서 이에 항의하는 평화시위를 벌입니다. 경찰이 강제 해산하려 하자, 누군가 경찰에 폭탄을 던졌습니다. 이에 공황상태에 빠진 경찰이 총을 무차별로 난사하는 바람에 경찰 7명, 노동자 등 민간인 4~8명이 숨졌습니다. 경찰 60명, 민간인 30~40명의 부상자도 발생했습니다.

경찰은 폭탄을 투척한 범인을 잡겠다며 노동운동가 여러 명을 체포했고, 그중 8명을 재판에 회부합니다. 이들을 '시카고의 8인'이라 부릅니다. 하지만 경찰은 그들이 폭탄을 투척했다는 어떤 증거도 찾지 못했습니다. 하지만 8인 전원이 유죄 판결을 받고, 심지어 4인에게는 사형이 집행됩니다. 급진 사상을 가진 위험한 인물이라는 이유였습니다. 노동운동 역사의 아픈 사건입니다.

그로부터 만 3년 후인 1889년 7월 파리에 세계 노동 지도자들이 모여 '세계노동자대회'를 엽니다. 시카고의 노동자를 기리기 위해서인데 이것이 바로 노동절의 효시입니다. 1890년 5월 1일에는 세계 각국에서 "만국의 노동자여, 단결하자!"라는 구호를 외치며 메이데이 대회가 개최됩니다. 이렇듯 메이데이란 전 세계 노동자들의 단결과 연대를 과시하는 날입니다.

메이데이를 3월 10일로 옮긴 이승만
노동절을 근로자의 날로 바꾼 박정희

우리나라에서 노동자 관련 행사가 처음 열린 것은 1923년 5월 1일입니다. 조선노동총연맹의 주도하에 2000여 명의 노동자들이 모여 노동절 행사를 치렀습니다. 일제 강점기에도 노동운동은 계속되었습니다. 그 시기의 노동운동은 단순한 노동시간 단축이나 임금 인상이 아니라 항일투쟁이기도 했습니다.

해방 후에는 조선노동조합 전국평의회(일명 전평)가 조직되었고, 1946년 해방 조국의 첫 번째 메이데이 기념식이 동대문운동장에서 성대히 거행됩니다. 그런데 불행하게도 이런 노동 현장에도 이념이 개입되었습니다. 당시 우익 세력인 대한노동조합총연맹이 주최한 노동자 대회가 별도로 열렸기 때문입니다.

미군정과 대한노총은 폭력적 방법을 동원해 전평을 파괴하고자 했습니다. 정치색을 띤 노동조합을 인정하지 않겠다는 의도였습니다. 이에 1948년부터 10년간 전평을 반대하는 우익 청년들 중심으로 행사가 진행되었습니다. 1958년 이승만 대통령은 대한노총의 창립일인 3월 10일을 노동절로 지정하고, 5월 1일 메이데이는 공산당의 선전도구라며 의미를 격하합니다.

1886년 미국 시카고의 노동자들을 기리는 정신은 잊힌 채 노동절이 정권의 도구가 된 셈입니다. 노동자들의 아름다운 날이 친일, 미군정, 이승만을 중심으로 변질하였습니다. 정권과 자본이 결합해 노동자는 일 잘하고 말 잘 듣는 기계로 변질하였고, 노동운동의 빛나는 전통은 박탈당했습니다.

한술 더 떠서 박정희는 1963년 '근로자의 날 제정에 관한 법률'을 공포해 노동절을 '근로자의 날'로 바꿉니다. 노동자란 말에는 계급의식이 묻어 있어 불편하다는 이유였습니다. 근로자란 단어에는 근면 성실하게 순종적으로 일한다는 의미가 담겨 있습니다. 일제 강점기 일본에 징용과 위안부로 끌려간 사람들에게 붙여진 이름도 '근로 정신대'였습니다.

기업가들과 정부권력이 노동자란 말에 알레르기 반응을 일으키는 이유는 그 말이 주는 주체성과 연대성 때문입니다. 인격과 의식을 가지고 주체적으로 행동하는 인간은 통제하기 어렵다는 생각은 뿌리부터 잘못된 것입니다. 노동은 신성하며, 노동자

1954년 5월 1일 대한민국 노동절 기념대회

는 통제의 대상이 아니라 공존공영의 대상입니다.

　　1989년 민주 노조가 뿌리를 내리면서 근로자의 날을 노동자 불명예의 날로 규정합니다. 그리고 매년 노동절 기념대회를 개최하며 오늘에 이르고 있습니다. 그들의 노력이 빛을 보아 1994년 기존의 3월 10일 기념일을 5월 1일로 옮겨오는 데 성공했습니다. 하지만 근로자의 날을 노동절로 바꾸기 위한 투쟁은 아직도 계속되고 있습니다. 저는 기왕 5월 1일을 기념일로 정했으니 그 명칭도 노동절로 바꿔서 1886년 메이데이의 의의를 살려야 한다고 생각합니다.

전태일 정신으로
노동절의 진정한 의미를 찾을 때

　　그런데 정작 미국의 노동절은 5월 1일이 아니라 9월 첫째 주 월요일입니다. 시카고의 노동운동이 전 세계로 퍼져나갔지만, 미국은 현재 그릇된 자본주의의 본산이 되어 원래의 정신을 잃었습니다. 오히려 중국이나 러시아 등 공산권에서 노동절을 크게 기념하고 있으니 아이러니가 아닐 수 없습니다. 중국은 노동절 하루가 아니라 그 주일 내내 축제처럼 성대히 치른다고 합니다. 저는 미국 동전과 지폐에 새겨진 "우리는 하느님을 믿습니다"In God We Trust라는 신앙고백과 예수님의 가르침에 근거해, 이제는 미국이 금송아지를 숭배하는 자본주의의 우상을 말끔히 척결하고 인간 중심의 참되고 평등한 공동체를 이루기를 기도합니다.

　　가톨릭은 역사 속에서 노동자들과 연대하지 못했습니다. 유럽의 제도 교회들은 늘 가진 자의 편이었지만, 가톨릭에도 변화의 바람이 불었습니다. 1891년 교황 레오 13세는 '노동헌장'Rerum novarum을 발표해 노동자들의 권익옹호를 선언하고 노동자들과 함께하는 교회상을 제시했습니다. 하지만 깊게 뿌리내리지는 못했습니다. 그 후 1955년 교황 비오 12세는 메이데이인 5월 1일을 '성 요셉 노동자의 주보 기념일'로 지정했습니다. 노동자 편에 서지 못한 가톨릭에 대한 일말의 반성이었다고 생각할 수도 있습니다. 하지만 사회 신학자들은 사회주의 국가들에서 벌어지는 메이데이 축제의 역동성을 다소 중화하려는 저의가 담겨 있다고 날카롭게 비판합니다.

우리나라 100년 노동운동 역사에서 대의를 위해 희생한 분들을 마음에 모시고 기도합니다. 노동운동에 몸담은 분들이 초심을 되살려, 노동운동을 통해 기성 정치인과 기업가들을 감동하게 하고, 함께 행복하고 함께 누리는 세상이 오기를 바랍니다.

우리 노동자들과 비정규직 노동자들이 더욱 열악한 환경에 있는 일용직 노동자들까지 포용할 수 있는 더 크고 아름답고 평등한 노동운동을 펼치기를 바랍니다. 무엇보다 이제는 민주노총이 크게 변한 한국노총과 손잡고, 기업인들과 정부와 대화하고 협력해 북유럽과 같은 사회복지를 보장하는 문화를 형성하기를 바랍니다.

저는 이 기회에 노조 간부들이 가슴에 전태일 정신을 품고, 1886년 미국 헤이마켓 노동자들의 희생을 생생히 기억하며 그분들의 삶을 재현하기 바랍니다.

우주 만물과 사람을 창조하신 하느님, 하느님의 구원행업과 축복이 바로 인간 노동의 원형이며 근거입니다. 예수님께서도 세상에 살아 계실 때 몸소 일하시고 인간 노동을 축복의 원천이 되게 하셨고, 노동의 고귀한 품위를 명백히 보여주셨습니다. 사람은 노동을 통해 하느님과 가정, 이웃과 공동체를 위해 자신이 정화되고 하느님의 창조와 구원사업에 동참하고 있습니다.

하느님, 저희의 노동과 노고를 받아 주시고 축복하소서. 또한 노동의 대가로 얻은 모든 이익을 기업가와 사주들이 노동자들과 함께 공평하게 분배해, 정의롭고 평등한 사회공동체를 이룩하게 해 주소서. 인간과 노동이 자본에 우선한다는 성서의 진리를 깨닫고 저희 모두 꼭 실천케 해 주소서. 성령 안에서 우리 주 그리스도를 통하여 비나이다. 아멘!

5 · 18 민중항쟁

광주 · 전남의 민주화 운동

1980년 5월 18일

민족의 십자가,
피로써 세례받은 광주

악령이 어떤 사람 안에 들어 있다가 그 안에서 나오면

물 없는 광야에서 쉴 곳을 찾아 헤맨다. 그러다가 찾지 못하면

'전에 있던 집으로 되돌아가야지' 하면서 다시 돌아간다.

돌아가서 그 집이 비어 있을 뿐만 아니라 말끔히 치워지고 잘 정돈된 것을 보고

그는 다시 나와 자기보다 더 흉악한 악령 일곱을 데리고 들어가 자리 잡고 산다.

그러면 그 사람의 형편은 처음보다 더 비참하게 된다.

이 악한 세대도 그렇게 될 것이다.

마태오 12,42-45

———

박정희가 갑작스러운 죽음을 맞은 후 우리 모두는 그렇게 바라던 민주주의가 곧 이루어질 것이라 믿었습니다. 그러나 착각이었습니다. 거저 얻은 것은 거저 잃게 마련입니다. 김재규 중앙정보부장의 뜻밖의 결단, 그 깊은 뜻을 이해하고 함께 손잡고 유신 잔재를 척결해야 했지만, 우리는 거기에까지 미치지 못했습니다.

잘못된 과거를 청산하려면 두 배 세 배의 노력과 헌신이 필요합니다. 그야말로 분골쇄신해야 합니다. 성경의 표현을 빌리자면 '심장을 찢는 결단'으로 임해야 합니다. 그것이 진정한 회개이며, 정치 사회적 표현으로는 과거 청산입니다. 그러나 우리 역사에서는 제대로 된 과거 청산 작업을 해본 적이 없습니다.

이것이 친일 잔재를 청산하지 못한 원죄, 이승만 독재 잔재를 청산하지 못한 두 번째 죄, 그리고 박정희 군사반란과 유신독재의 잔재를 청산하지 못한 세 번째 죄악입니다. 이 때문에 박정희는 갔지만, 그보다 더 크고 무서운 어둠의 그림자가 다가옵니다. 바로 1979년 12·12 전두환의 군사반란과 보안사, 정치군인들입니다. 이들은 5·16 박정희 군사반란보다 훨씬 더 잔인한 변종 바이러스로 5·18 민중학살의 주범입니다.

1979년 12월 8일 긴급조치 9호가 해제된 날, 저는 석방되었습니다. 그날 저녁 저는 TV 뉴스에 나온 김영삼 신민당 총재의 발언에 크게 실망했습니다. 뭐랄까 그 어떤 배신감을 느꼈습니다. 그는 "미래는 신민당이 중심이 되어 정권을 창출하고 민주주의를 이루겠다"고 했습니다. 불의한 정권 아래에서 온갖 고초를 당한 분들에 대한 일말의 위로나 공감은 없었습니다.

박정희는 역사의 무대에서 사라졌으나
상황은 더 나빠져

3명의 거물 정치인, 이른바 3김은 제주를 제외한 전국에 내려진 비상계엄을 해제하려고 하지 않았습니다. 머릿속엔 오직 '어떻게 정권을 잡을 것인가'뿐이었습니다. 자신들에게 정권을 잡을 기회를 만들어 준 김재규 중앙정보부장을 살려야겠단 생각 역시 없었습니다. 게다가 와이에스(YS, 김영삼)와 디제이(DJ, 김대중)가 갈등을 벌이자 불안감이 고조되었습니다.

사실 박정희 사후 민주화운동 실천가들은 몹시 당황했습니다. 뜻밖의 사태에 준비되어 있지 않았던 것입니다. 11월 24일이나 되어서야 400여 명의 민주인사가 YWCA 대강당에 모여 '통일주체국민회의 대의원에 의한 대통령 선출 저지를 위한 국민선언'을 발표했습니다. 이른바 '위장결혼 사건'입니다. 그들은 거국 중립내각 구성과 조기 총선을 요구했으나 정치권은 응답하지 않았습니다. 민감한 반응을 보인 곳은 신군부가 장악한 보안사였습니다. YWCA 회합의 참가자들은 보안사에 끌려가 박정희 시대보다 더 잔혹한 고초를 겪었습니다. 박정희는 죽었으나 상황은 더 나빴습니다.

해가 바뀌어도 꿈꾸던 민주주의는 요원했습니다. 정치인들의 반목과 사북사태 등으로 세상은 뒤숭숭했고, 시위는 계속되었습니다. 전두환의 신군부는 1980년 2월 윤보선, 김대중 등 687명을 복권하는 등 마치 서울의 봄에 호응하는 듯한 모습을 보였습니다. 하지만, 이는 검은 속내를 감춘 위장술이었을 뿐입니다.

상황이 이상하게 돌아간다는 것을 눈치챈 대학생들의 시위는 갈수록 격렬해졌습니다. 5월 10일엔 23개 대학 총학생회장 명의로 비상계엄의 해제를 요구했고, 14일에는 서울 21개 대학 7만 명의 학생이 서울역 앞에 모여 계엄해제와 조기개헌을 요구합니다. 그런데 5월 17일 밤, 계엄령이 해제되기는커녕 전국으로 확대되고 대학교엔 휴교령이 내려집니다. 이화여대 안에서 농성하던 학생들은 모두 체포되었고, 그날 밤 저도 체포 대상에 포함되었습니다.

중앙정보부 수사관들은 5월 17일 밤 11시 제가 있던 서울 한강성당을 에워싸고 사제관과 수녀원 등을 다 뒤졌으나, 제의방에 있었던 저를 찾지 못했습니다. 그날 밤을 꼬박 새운 저는 새벽 6시 늘 하던 대로 미사를 거행했습니다. 미사가 끝나자마자 중앙정보부 수사관들이 들이닥치는 바람에 9시에 예정되어 있던 어린이 미사는 올리지 못하고, 남산의 중앙정보부로 끌려갔습니다. 당시 한밤 중에 수사관들이 수녀원에 난입하고 다음날 제가 끌려가는 모습을 봤던 김리타, 김세바스찬, 박라데우스 세 분의 수녀님들이 받은 충격을 생각하면 지금도 마음이 몹시 저립니다. 특히 해방 직후 평양에서 주교님과 사제들이 끌려가는 장면을 목격하신 리타 수녀님은 30여 년 뒤에 다시 같은 일을 목격하셔서 한동안 실어증에 걸리기도 했습니다.

성직자 고문도 서슴지 않았던
서빙고 보안사 분실

중앙정보부는 여러 번 가다 보니 조금은 익숙했지만, 그날은 공기가 달랐습니다. 수사관들은 모두 가슴에 권총을 차고 오가는데 여차하면 총을 뺄 기세였습니다. 그날부터 무려 두 달 동안이나 조사를 받았습니다. 제 생애에서 가장 힘든 시기였습니다. 온통 어둠과 암흑, 절망뿐이었습니다. 김대중을 내란음모죄로 몰기 위한 무서운 음모와 공작이었습니다.

두 달 후 김승훈 신부님과 함께 풀려나 본당인 한강성당에 가서야 광주의 실상을 접했습니다. 도저히 믿기지 않았고, 참담했고 아팠습니다. 성당 내에는 대자보가 붙었고, 온갖 소문이 횡행했습니다. 어린이와 여성을 포함한 수많은 시민을 향한 무자비한 폭행과 학살 소식을 접하니 정말이지 정신을 잃을 지경이었습니다. 우리 언론이 제대로 된 보도를 하지 않으니 광주항쟁을 다룬 외국 뉴스를 봐야 했습니다. 독일 뉴스에서는 "히틀러 치하에서도 자국민에겐 총을 쏘지 않았는데 한국에서는 이런 일이 벌어졌다"고 반복해서 보도했습니다.

당시 저의 동료들은 모두 감옥에 있었습니다. 저만 풀려나온 것이 죄송하고 부끄러웠습니다. 광주의 김성용, 조철현 두 사제와 서울의 김택암, 안충석, 양홍, 오태순, 장덕필 신부, 그리고 노동운동가 정마리안나 님 등이 서빙고 보안사 지하실에서 모진 고문을 받고 있었습니다. 저는 이분들의 구명을 위해 이리저리 뛰어다녔습니다.

제가 중앙정보부에 끌려갈 당시는 한강성당 건축 공사를 마무리하고 축성을 준비하던 때였습니다. 그래서 저는 하느님의 집을 짓고 완성한다는 것이 얼마나 어렵고 힘든지 새삼 깨달았습니다. 어디 성당뿐이겠습니까? 모든 일에는 역경이 있게 마련입니다. 풀려났지만 풀려난 게 아니고, 갇혀 계신 분들의 석방을 위해 싸우고 항변해야 하니 이게 바로 그리스도교 신비체의 원리, 공동체 구원을 위한 투신과 해방의 소명임을 확인했습니다.

저는 광주에서 올라온 교우들의 믿기 어려운 목격담을 들으며 광주의 실상을 파악하고 구속된 분들의 석방을 위해 애쓰며 한 해를 보냈습니다.

광주항쟁의 중심. 구 전남도청 별관

광주의 비극은
역사를 청산하지 못한 원죄 때문

저는 광주를 방조, 묵인한 미국에도 책임이 있다고 생각합니다. 1980년 5월 8일 이미 미국 대사는 '유사시 군이 출동한다면 반대하지 않겠다'라는 공문을 본국에 보낸 상태였습니다. 군인 이동은 미국이 동의한 사안이었던 것입니다. 광주를 계기로 저는 미국은 우리의 우방이 아님을 뼈저리게 체험했습니다. 그리고 역사가 청산되지 못했을 때 얼마나 큰 대가를 지불해야 하는지도 깨달았습니다.

우리는 일제강점기, 이승만 독재, 유신체제, 전두환 쿠데타의 잔재를 청산하지

五一八民衆抗爭

못한 업보를 지금도 껴안고 있습니다. YS와 DJ도 일정 부분 책임이 있습니다. 전두환은 내란음모죄로 1심에서 사형을, 항소심에서 무기징역을 선고받아 복역하다가 1997년 사면, 복권됩니다. 저는 전두환의 사면이 합당하지도 정의롭지도 않다고 생각합니다. 용서를 구하지 않는 범죄자를 용서한다는 것 자체가 어불성설이기 때문입니다.

청산하지 못한 잔재는 오늘날 극우와 수구, 보수란 가면을 쓰고 우리 사회가 앞으로 나아가는 데 걸림돌이 되고 있습니다. 부마항쟁과 10·26 혁명 그리고 광주항쟁은 여전히 진행형입니다. 광주가 완결형이 될 그날을 간절히 기다립니다.

일제강점기 학생운동의 본산이었던 광주는 이제 민주화의 성지가 되었습니다. 광주는 수난의 현장이자 피로써 세례받은 곳입니다. 광주의 정신이 광주항쟁으로 불리기까지 많은 분의 증언과 노고가 있었습니다. 수많은 시인이 광주를 노래하고 기렸는데, 저는 그중에서도 "시대의 십자가, 민족의 십자가"란 구절이 가슴에 와 닿았습니다. 저는 광주가 바로 '민족의 십자가'임을 확인하며 새삼 골고타 예수님의 죽음을 더욱 실감나게 체험했습니다.

저는 광주 망월동 구 묘역에서 까따꼼베(초기 그리스도교 로마 지하무덤)의 성스러움을 느꼈습니다. 1983년 5월 교우들과 함께 망월동 구 묘역을 찾아 순례하며 미사를 봉헌한 적이 있습니다. 저는 그날 121번째 묘역에 있는 중학교 1학년 방광범 학생의 무덤 앞에서 무릎 꿇고 기도했습니다. 암 투병하던 대학교 2학년 학생은 종교 생활에 냉담 중이었는데, 어느 날 이 소년의 무덤 앞에서 신앙을 되찾고 민족사 안에서 다시 태어나 하느님께 되돌아왔다는 회심의 체험도 떠올렸습니다. 저는 거룩한 죽음을 묵상했습니다. 광주의 희생자들이 바로 우리나라 민족 공동체를 정화하고 승화시킨 숭고한 제물임을 확인하며 광주의 부활을 기도합니다.

거룩하시고 영원하신 하느님, 민주주의를 위해 기꺼이 자신을 던진 광주의 희생자들을 기리면서 아직도 육체적·정신적 고통에 시달리는 피해자와 가족들을 기억하고,

광주의 진실을 알리고자 고군분투했던 분들의 노력에 감사드리며 기도드립니다.

　　이제는 저희 모두가 그 고귀한 뜻과 희생을 되새겨 더 찬란한 민주주의의 기둥이 되도록 힘을 주시고 광주의 희생이 바로 우리 민족의 십자가, 구원과 평화의 도구임을 깨닫고 민족의 일치와 화해, 평화 공존을 위한 새로운 계기가 되게 하소서. 광주 십자가의 희생으로 남북의 겨레, 민족 공동체의 부활을 이룩하게 해 주소서. 성령 안에서 우리 주 그리스도를 통하여 비나이다. 아멘!

부산 미문화원 방화 항거

미국의 군부정권 비호에 항의
1982년 3월 18일

광주에 침묵하는
미국은 이 땅에서 물러가라

나는 이 세상에 불을 지르러 왔다. 이 불이 이미 타올랐다면 얼마나 좋았겠느냐?

내가 받아야 할 세례가 있다. 이 일을 다 겪어낼 때까지는

내 마음이 얼마나 괴로울지 모른다. 내가 이 세상을 평화롭게 온 줄로 아느냐?

아니다. 사실은 분열을 일으키러 왔다.

루카 12,49-51

———

예수님께서는 세상에 불을 지르러 왔다고 토로하십니다. 이는 하느님의 구원 행업에 대한 신앙고백과 선언으로, 희생의 십자가를 통해서만 부활이 가능하다는 그리스도교의 역설입니다. 또한 예수님께서는 세상에 칼을 주러 왔다고 말씀하십니다. "칼을 쓰는 자는 칼로 망하리라"(마태오 26,52)라며 사도들을 꾸짖었던 것과는 상반된 가르침입니다. 그리스도인들은 이 엇갈린 두 말씀을 깊이 사색하여 분명히 결단하고 실천해야 합니다. 동전의 양면처럼 모든 것에는 양면성이 있습니다. 선한 지향과 목적을 가지고 이웃과 공동체를 위해 전적으로 헌신하라는 것이 성경의 핵심입니다.

해방 이후 미군정을 거쳐 이승만과 박정희 정권을 지나오는 동안 미국은 우리에게 절대선, 신성불가침의 지위를 누렸습니다. 정통성을 갖지 못한 독재자들은 미국의 심기를 거스르지나 않을까 늘 눈치를 보며 머리를 조아립니다. 정권을 유지하고 연장하기 위해서라면 정상적인 국가가 가져야 할 자존심마저 아랑곳하지 않고 내팽개칩니다. 그러한데 어느 날 갑자기 우리 역사에서 반미反美란 구호가 수면 위로 올라오는 일이 벌어집니다.

비록 극단적 방법이었지만
전 세계에 군부 독재와 광주 참상을 고발하다

1982년 3월 18일, 부산시 중구 대청동에 위치한 미국 문화원에 10여 명의 학생들이 들이닥칩니다. 학생들은 문화원 복도에 불을 지르고 거리에서 유인물을 뿌렸습니다. 전두환 군부독재에 대한 항거와 광주 참상의 고발 그리고 우방이라는 미국의 허구성을 국제사회에 폭로하고자 하는 학생들의 불붙는 마음의 표출이었습니다. 이는 침묵과 굴종에 길든 기성세대를 흔들어 깨우는 경종입니다. 불은 2시간 만에 진화되었으나, 안타깝게도 문화원 안에서 공부하던 동아대 학생 장덕술이 사망하고 3명이 중경상을 입습니다.

부산 고신대학교 학생들이 주도한 이 일은 '부산 미문화원 방화 항거'로 전 국민을 충격에 빠뜨렸습니다. 방화라는 방법도 그렇고, 무고한 사망자가 나온 것도 그렇고, 이들이 외친 "미국은 이 땅에서 물러가라"라는 주장도 충격적이었습니다. 그들은 왜 이런 극단적 방법을 쓸 수밖에 없었을까요.

앞서 1980년 12월 9일에 광주 미문화원에 불을 지른 항거가 있었습니다. 그러나 이 사건은 묻혀버린 채, 최규하 대통령을 몰아낸 전두환은 1981년 3월 대통령에 취임했고 불의와 폭압을 정당화했습니다. 광주의 피 흘린 선량한 시민들은 폭도나 빨갱이로 치부되었습니다. 국가폭력의 피해자들은 오히려 숨죽이고 살아야만 했습니다. 누구도 그 고통과 슬픔에 책임지지 않았습니다. 언론 역시 눈과 입을 닫았기에 광주는 처절하게 잊혀졌습니다. 부산 미문화원 사건은 바로 그 망각의 장막을 칼로 찢은 것입니다.

학생들은 유인물을 통해 미국이 신군부의 쿠데타를 용인하였고 5·18 학살을 방조했다고 비판합니다. 광주항쟁 다음 해인 1981년 1월 말, 미국을 방문한 전두환은 "미국의 지지와 공고한 한미동맹을 확인했다"라고 발언한 바 있습니다. 용인과 방조라는 단어는 자칫 가볍게 들릴 수 있습니다. 하지만 그것은 전두환 군부의 위험한 자신감이 되었습니다. 그 결과 무자비한 살상 행위가 벌어졌으니 미국은 5·18의 책임에서 결코 자유롭지 못합니다.

청와대의 약속은 물거품으로
성직자까지 구속되다

사건을 주도한 학생들에겐 바로 현상금이 걸리고 체포 담화문이 발표됩니다. 1982년 3월 30일에 김화석, 이미옥, 최충언, 박원식, 최인순이 검거되고 주동자로 알려진 문부식과 김은숙에 대한 수배령이 떨어집니다. 이 둘은 가톨릭 원주교구 교육원 지하실에 숨어 지냈는데 수배령이 전국으로 확대되자 최기식 신부는 서울 한강성당으로 저를 찾아와 수배자들의 거취를 논의했습니다.

저는 이돈명 변호사 등과 상의하여, 정의구현사제단의 이름으로 자수를 위한 조건들을 청와대 사정수석비서관 허삼수를 통해 전두환 대통령에게 전달했습니다. ①자수자에 대한 법적 관용 보장 ②이들을 절대로 고문하지 않기로 약속 ③이들을 위한 교회의 법적 지원 보장 ④교회와 정부 사이의 약속 이행 등의 조건을 제시하여 청와대로부터 약속을 받았습니다. 그 후 현홍주 안기부 차장을 만나 자수 절차를 구체적으로 논의했고, 4월 1일 문부식과 김은숙은 원주교구 교육원에서 나와 안기부로 옮겼습니다.

그런데 경찰의 총수격인 서정화 내무장관(훗날 한나라당 국회의원)은 안기부가 조사한 내용을 더욱 과장하고 고문을 통해 사건을 조작합니다. 이 사건은 본래 경찰 담당이었으나 학생 검거에 실패했고, 자수의 경로도 경찰이 아닌 청와대와 안기부였기에 경찰은 조직의 사활을 걸고 조작에 혈안이 된 것입니다. 그 결과 천주교 원주교구 교육원에 은신해 있던 김현장을 문부식과 김은숙의 배후로 지목하고, 그를 숨겨준 최기식 신부를 범인은닉죄로 구속하였습니다.

학생들의 분노와 증오를 종교적 믿음으로 승화하고, 비록 불의한 정권이지만 민족공동체의 미래를 위해 화해를 이루려 했던 사제들의 노력은 수포로 돌아갔습니다. 대통령 전두환도 사제단에 감사의 뜻을 표했던 사안이었지만, 당국자들의 내부 갈등과 과잉 충성으로 오히려 사제단은 몰매를 맞는 희생양이 되었습니다.

언론은 연일 원주교구를 좌익의 온상인 듯 보도했습니다. 상황이 이렇게 돌아가자 4월 11일 김수환 추기경은 부활절 강론을 통해 정부에 항의 의사를 전달했고, 천주교정의구현전국사제단도 항의성명을 발표합니다. 구속된 학생들과 원주교구의 여러 관계자들은 말할 수 없이 참혹한 고문을 당했습니다.

김현장과 문부식은 1, 2심을 거쳐 1983년 3월 대법원에서 사형을 선고받습니다. 그러나 다행히도 이후 무기징역으로 감형됩니다. 문부식은 복역 중 1988년 12월 특사로

현재는 부산근대역사관으로 바뀐 미문화원 건물

풀려납니다. 안타까운 점은 김현장의 행보입니다. 그는 10년 넘게 복역하고 사면되었으나 임수경 방북 사건으로 인해 또다시 옥고를 치르고 1993년에야 가석방됩니다. 그런데 1997년 그는 난데없이 신한국당 이회창 후보를 공개 지지하며 전향을 선언합니다. 2010년 이후 재일동포 간첩조작사건 재심에서 사실과 다른 증언을 하기도 합니다. 2022년 현재 그는 국민의힘 광주시당 위원장입니다. 초심을 간직하지 못한 그의 행보가 안타까울 뿐입니다.

"저희는 가진 것이 없습니다
다만 불의에 맞서 싸울 청춘의 삶을 바치옵니다"

부산 미문화원 사건은 1980년대 전두환의 폭압에 맞서 5·18의 진실을 국내뿐 아니라 전 세계에 알리는 계기가 되었습니다. 아울러 정의와 세계 평화를 수호한다는 미국의 허구성을 국제사회에 고발한 것입니다. 폭력적인 방법을 사용했다는 점은 분명 문제가 있으나 학생들의 뜨거운 의지와 열정은 뜻있게 기억되어야 합니다.

1981년 10월 여의도에서 전국적인 가톨릭 행사가 열렸습니다. 천주교 조선교구 설정 150주년 기념 미사로 성당 밖에서 열린 최초의 큰 규모의 행사였습니다. 전국 각지에서 신자들이 모였는데 특히 광주에서 오신 신자들이 많았습니다.

저는 이 순간에도 그날 한 청년이 바친 기도 내용을 오늘 일처럼 생생히 기억하고 있습니다. 그는 "하느님, 저희는 가진 것이 아무것도 없습니다. 이에 동방박사처럼 황금과 유향과 몰약을 바칠 수 없습니다. 그러나 저희는 피 끓는 젊음과 정의감을 지니고 있습니다. 불의에 맞서 싸울 이 청춘의 삶을 바치옵니다. 하느님, 받아주십시오!"라고 기도했습니다. 때마침 하늘에 십자가 모양의 구름이 나타났습니다.

'구름 십자가'는 하느님께서 한국 교회에 보여주신 예시입니다. 물밀듯 들어오는 신자와 외적 화려함만을 추구해서는 안 된다는 교훈이기도 합니다. 2천여 년 전 예수님께서 거짓 증언과 여론에 의해 십자가에 못 박혀 돌아가신 것처럼, 오늘의 교회도 필연적으로 조작된 여론과 정치 권력에 의해 수난 당하고 죽어야 한다는 예언입니다. 가톨릭이 맨 앞에서 탄압받았던 부산 미문화원 사건은 구름 십자가가 아닌 '현실의 십자가'였습니다. 이것이 바로 예수님의 삶이고 교회를 정화시키는 구원의 도구입니다.

오, 하느님! 십자가의 신비, 그 큰 힘을 이제야 분명히 깨닫습니다. 온갖 음해와 뭇매로 찢긴 모습과 상처, 죄인으로 재판받으신 예수님의 모습에서 부활을 꿈꿉니다. 십자가에 못 박혀 돌아가신 주님이 우리에게 큰 희망, 새 생명, 부활임을 확신합니다. 1982년 성주간은 참으로 힘든 고통의 시간이었습니다. 그러나 이를 통해 십자가의 큰 뜻을 확인했습니다. 온갖 수모와 모욕과 모함을 통해 저희는 정화됩니다.

청년 학생들은 우리 시대의 어린 양이며, 십자가의 신비를 역사의 현장에서 깨닫게 하는 귀감입니다. 주님의 십자가와 우리 시대의 고통을 깊이 되새깁니다. 청년 학생들의 결단과 희생을 통해 남북 8천만 겨레와 온 세계인에게 부활과 새 생명을 확인해 주시고 보장해 주소서. 성령 안에서 우리 주 그리스도를 통하여 비나이다. 아멘!

부천서 성고문 폭로

부천경찰서 문귀동 경장 성폭력 사건
1986년 6월

계란으로 바위를 쳐서
끝내 승리한 용감한 여성

이제 내가 너희를 보내는 것은 마치 양을 이리떼 가운데 보내는 것과 같다.
그러므로 너희는 뱀같이 슬기롭고 비둘기같이 양순해야 한다.

마태오 10,16

———

세상은 약육강식의 무서운 현장입니다. 예수님께서는 세상에 제자들을 보내시면서 생존의 비결로 '뱀 같은 슬기와 비둘기 같은 양순함'을 제시하셨습니다. 이는 제가 신학교에서 사제의 가장 큰 덕목으로 배운 '실천적 판단력'의 근거입니다. 지혜와 상식이 바로 법의 핵심이라는 의미입니다.

우리는 누구나 한때 철부지 어린이였습니다. 어린이 사회에서도 나름의 원칙과 원리가 존재합니다. 놀이터에서 이를 어기면 "아니, 그런 법이 어디 있어?"라고 항의합니다. 법이 뭔지를 배운 적도 없는 데 말입니다. 이렇듯 우리는 법을 믿고 의지합니다. 그런데 법을 많이 배우고 잘 아는 사람들이 오히려 법을 악용하는 사례가 많습니다. 이에 예수님께서는 율법학자들을 향해 위선자라고 무섭게 꾸짖으셨습니다. 우리 시대의 법조인들, 바로 법관과 검찰 그리고 수사관, 경찰 등이 이에 해당합니다.

"그게 바로 접니다
고소해주십시오"

살다 보면 현실이 생각보다 더 잔인하다고 느껴지는 때가 많습니다. 설마설마했던 일들이 나중에 사실로 밝혀져 큰 충격에 휩싸이기도 하였습니다. 부천경찰서 성고문 사건도 그랬습니다. 당시 저는 서울교구 홍보국에서 일했는데 전두환 정권의 보도

지침으로 인해 언론이 기사화하지 않는 사건들을 주보에 싣곤 했습니다. 1986년 6월, 처음 이 사건을 접했을 때 반신반의하는 심정이었습니다. 언론은 그때 "여학생들이 성을 혁명의 도구로 삼고 있다"는 안기부의 억지 주장만을 대변하고 있었습니다. 저는 이런 표현 자체가 너무 자극적이고 저열할 뿐만 아니라 비인간적이라고 생각했습니다.

1986년 5월 초, 인천에서는 대규모 민주화 시위가 일어나고 시위의 한 축이었던 인천지역 노동자 단체에는 무시무시한 공안의 탄압이 들어옵니다. 당시는 수많은 대학생이 노동 현장에서 세상의 변혁을 꾀하던 때입니다. 권인숙 학생도 그중 한 명이었습니다. 대대적 체포령이 떨어지자 지도부는 모두 대피하고 신참인 권인숙 학생이 체포됩니다. 권인숙은 서울대 의류학과 4학년 제적 상태였습니다. 5월 21일에 부천시 소재의 한 공장에 첫 취업을 했고 6월 4일에 자취방에서 체포되었으니 그야말로 노동운동을 시작하자마자 고난을 겪은 셈입니다.

당시 노동 현장에 투신한 대학생들은 공장에 취업하려 학력을 속이고 주민등록증을 위조할 수밖에 없었습니다. 그런데 이것 자체가 실정법 위반으로 체포와 조사의 빌미가 되었습니다. 권인숙 학생은 부천서에 끌려가 조사를 받았고 지도부의 소재를 밝히라는 추궁에 응하지 않자 끔찍한 일을 겪게 된 것입니다.

공문서 위조 혐의로 인천 교도소에 수감되었던 권인숙 학생은 변호인과 면담 중에 마치 남의 이야기하듯 "혹시 누군가 수사관으로부터 성폭력을 당했다면 그 피해자는 무엇을 할 수 있습니까?"라고 물었습니다. 그때 조영래 변호사가 고소할 수 있다고 대답하자 권인숙은 비로소 "그게 바로 접니다. 고소해주십시오"라고 청했습니다. 이에 7월 5일 고영구 변호사를 비롯한 9명의 변호사가 부천경찰서 문귀동 형사와 옥봉환 경찰서장 등 경찰 관계자 6명을 '인신 구속 직무에 관한 폭행 및 가혹행위'로 인천지방검찰청에 고발장을 제출합니다.

우발적 충동이나 단독 범행 아닌
경찰 조직의 범죄

이 사건은 이렇게 발생합니다. 6월 4일, 권인숙 학생이 부천경찰서에 연행되어 조사를 받게 됩니다. 그리고 6월 6일 새벽, 문귀동 형사에게 2시간 동안 1차로 성고문을 당합니다. 문귀동 형사는 "나는 5·3 인천 사태 때 여자만 다뤘다. 그때 들어온 년들도 모두 발가벗겨 책상에 올려놓으니까 다 불더라…"라는 입에 담기 힘든 폭언으로 협박하며 다른 형사 한 명을 옆에 서 있게 한 후 옷을 벗겼습니다. 수배자 중에서 아는 사람을 대라는 것이었습니다.

6월 7일 밤 9시 반부터 11시 반경까지 2차 성고문이 이어집니다. 이 사건은 한 개인의 우발적 충동이나 단독 범행이 아니라 경찰 권력 내부의 성고문 계획에 따라 자행된 명백한 조직범죄입니다. "이와 같은 만행이 검찰에까지 상세히 보고되었음에도 그 범인이 버젓이 경찰 신분을 유지하면서 대낮에 활보하고 있었으니 도대체 이 나라가 민주주의 국가인지 의심하지 않을 수 없다"라는 것이 변호인들의 고발장 내용입니다. 권인숙의 아버지는 중견 공무원이었는데 이 일로 큰 충격을 받아 사표를 제출합니다.

당시는 5공 시대로 경찰과 안기부는 '자신들은 절대 그런 일을 하지 않았으며 급진 좌경 학생들의 공작'이라며 반격하였습니다. 한 학생의 고발은 누가 봐도 계란으로 바위치기입니다. 게다가 진실을 밝혀야 할 언론은 앵무새처럼 보도지침만 반복합니다. 하지만 너무 억울하고 분통해서 해보지도 않고 포기할 수가 없었습니다.

7월 21일 김수환 추기경은 명동성당에서 '여성과 가난한 이들의 생존권과 인권 회복을 위한 미사'를 봉헌하며 강론 중에 권인숙의 고소와 변호인단의 고발장 내용이 사실임을 확언합니다. 그리고 정부와 공안당국, 정부 발표를 앵무새처럼 전하는 무책임한 언론을 강하게 질타하며 회개와 반성을 촉구합니다. 이에 청년, 종교단체, 시민단체가 힘을 모아 진상 규명을 요구하고 가해자인 문귀동 경장을 고발합니다.

富川署性拷問暴露

부천서 성고문 규탄 시위

　　수사를 지휘한 인천지검 검사장 김경회는 가톨릭 신자로서 나름대로 최선을 다
해 수사를 하나 사건을 왜곡 발표하라는 안기부장 장세동의 압력에 시달립니다. 그는
사건 조사 결과를 본인이 발표하지 않고 차장검사에게 시켰는데, 그것이 그가 당시에
선택할 수 있는 최선인 듯합니다. 여담이지만, 후일 그를 만나서 "그리스도인으로서 어
떻게 진실을 왜곡할 수 있느냐, 이것은 중범죄다"라고 강하게 항의했더니, 그는 그 자
리에서 자신의 한계와 검찰의 무력함을 솔직하게 시인했습니다.

　　오늘날 검찰이 만끽하고 있는 수사독립권은 우리 청년 학생, 민주시민, 노동자,
농민들의 헌신 덕분입니다. 검찰은 이 점을 깊이 성찰하여 그동안 독재 정권에 굴종했
던 잘못된 과거를 겸허하게 고백하고 무엇보다 청년 학생들과 시민들에게 감사해야 합
니다. 검찰의 진솔한 고백과 성찰을 요구합니다.

부천서 성고문 사건은 권인숙 측의 고소 고발에 맞선 문귀동 측의 명예훼손 혐의 고발과 무고 혐의 맞고소로 진흙탕 싸움이 됩니다. 검찰은 문귀동에게 불기소 결정을 내리고 문귀동 경장 파면과 옥봉환 부천경찰서장 경질 선에서 이 사건을 무마합니다. 한편 권인숙 학생은 공문서 변조죄 등으로 1년 6개월의 징역형이 확정됩니다.

용감한 여성이자 훌륭한 투사, 권인숙
역사의 대반전으로 진실이 밝혀지다

그러나 역사의 대반전이 일어납니다. 1987년 박종철 고문치사 조작사건과 6월 항쟁 이후 경찰 간부들이 대대적으로 물갈이되고 부천서 사건이 재조사된 것입니다. 다행히 수사 기록이 그대로 남아 있어 전두환 군부독재 하에서도 상당 부분 진실이 밝혀질 수 있었습니다. 긴 재판 끝에 결국 문귀동은 1988년 4월 9일 구속되고 7월 23일에 징역 5년, 자격정지 3년을 선고받습니다. 여기서 참 아이러니한 사실이 있습니다. 그가 바로 기독교인이며 여러 차례 표창까지 받은 모범 경찰관이라는 점입니다.

저는 권인숙 학생의 용기와 결단을 높이 평가합니다. 당시 보안사와 중앙정보부에 끌려간 여성들은 상당한 모멸과 성폭력을 당하는 일이 드물지 않았습니다. 그런데도 당시에는 여성들이 이러한 피해 사실을 밖으로 드러내지 못하는 분위기였습니다. 실제로 언론은 피해자에게 그런 일을 당한 것을 부끄러워해야 한다는 식이었습니다. 피해자의 증언은 증거 능력을 인정받기 어려웠고 언론은 외면하거나 백안시합니다. 이렇듯 폐쇄적이고 비인간적인 한국 사회에 자신의 성폭력 피해 사실을 처음으로 공개한 사람이 권인숙입니다. 권인숙은 우리 시대의 용감한 여성이자 훌륭한 투사입니다.

시간이 지나 김수환 추기경을 방문한 자리에서 권인숙을 만나게 되었습니다. 김수환 추기경은 "어떻게 그런 말을 할 수 있었느냐"라고 하면서 용기가 대단하다고 칭찬

했습니다. 그리고 이어서 "당시 경찰들이 입었던 옷의 종류와 색깔에 대해 어떻게 그렇게 정확하게 기억할 수 있었느냐"라고 물었습니다. 권인숙은 자신이 의류학을 전공해서 그 분야에 예민하다고 웃으며 대답했습니다. 군부독재 시절에 불의한 권력 구조의 성범죄 뿌리를 뽑아낸 주역은 한 여대생이었습니다.

권인숙 학생은 명지대 교수를 거쳐 현재 더불어민주당 국회의원으로 활동하고 있습니다. 전두환 시대의 독재를 이겨내고 경찰과 안전기획부, 검찰 등의 폭압을 극복하며 우리 민주주의의 역사에 우뚝 선 것입니다.

지금도 용기 내어 성범죄를 공개적으로 꾸짖고 고발하는 의로운 여성들이 많습니다. 이분들의 선구자가 바로 권인숙 의원입니다. 여성의 이름으로, 8천만 겨레의 이름으로, 아니 온 인류의 이름으로 경의를 표합니다. 그동안 범죄를 저질렀던 검찰과 국가 수사기관 특히 언론인들의 근원적 회개와 문화 개선을 염원하며 기도합니다. 저는 또한 이 기회에 교회 공동체가 저질렀던 범죄도 함께 고백합니다.

인류 역사 속에서 여성들이 겪은 수난은 글로 형언할 수 없을 만큼 많습니다. 그동안 수많은 노력이 있었으나 아직도 평등의 시대는 멀고 험합니다. 더욱이 더 큰 사랑과 하나됨을 지향해야 할 종교에 있어서 문제는 더 심각합니다. 그리스 정교회와 로마 가톨릭은 마지막 남은 봉건적 유산으로 치부됩니다. 사실 그리스도교 세례의 근본은 온갖 유형의 차별을 타파하고 평등을 실현하는 일임에도 불구하고 교회 안에는 여전히 성차별이 엄존합니다. 차별금지법 제정에 동참하지 못하는 교회는 바로 세례의 원리, 평등의 원리에 반하는 모순적 행업입니다.

거룩하시고 영원하신 하느님, 저희가 저지른 모든 죄에 대하여 진심으로 뉘우치며 용서를 빕니다. 특히 가부장적 남성 중심의 권력 문화가 짓밟은 여성과 어린이들, 그리고 무엇보다 불법과 비인간적 범죄로 약자들에게 저지른 온갖 죄와 잘못, 특히 성폭력 등 비인간적 죄를 고발하며 뉘우치오니 저희 모두에게 응당한 벌을 주시고 깨우쳐

주십사 간청합니다.

저희 모두 하느님의 사랑받는 아들과 딸임을 깨닫고 형제자매임을 확신합니다. 하오니 하느님과 부모를 사랑하듯 이웃과 모든 약한 이들 무엇보다도 여성들을 존중하고 평등하게 대하도록 깨우쳐 주소서. 하느님께서 지향하시고 명하신 평등한 제자직 공동체를 이룩하고 실천할 때 비로소 세상은 아름답게 완성되리라 생각합니다. 이 모든 것을 성령 안에서 우리 주 그리스도를 통하여 비나이다. 아멘!

전국 반외세 반독재 애국학생 투쟁연합

애학투련 건국대 점거 농성

1986년 10월 28일

10월의 마지막 날,
건국대에서 1,288명이 구속되다

하느님께 욕된 말을 삼가라 …

거짓을 말하는 입은 영혼의 죽음을 가져온다.

빗나간 생활을 함으로써 죽음을 초래하지 말고

그릇된 행위로 파멸을 초래하지 말라.

지혜서 1,11-12

———

"죽는 날까지 하늘을 우러러/ 한 점 부끄럼이 없기를/ 잎새에 이는 바람에도/ 나는 괴로워했다." 이 시구는 윤동주 시인의 확신과 신념입니다. 하늘을 생각하며 민족 공동체를 위해 자신의 삶을 바친 시인의 결단은 숭고하며 그 자체가 웅변입니다. 우리 민족사의 고비 고비마다 숱한 윤동주가 존재합니다.

역사를 배우면서 우리는 선조들과 동체감을 느낍니다. 임진왜란과 병자호란에서 우리는 선조들이 겪었던 아픔과 죽음을 똑같이 체험합니다. 선조들과의 동체감이 바로 민족애입니다. 함께 기뻐하고 함께 슬퍼하는 공감이 바로 신비체와 공동체의 원리이며 불의와 폭압에 맞서 싸우는 청년의 열정입니다.

1970년대 우리 가톨릭 사제들을 역사의 현장으로 이끌어낸 이들은 박정희 유신 독재에 맞서 싸웠던 청년 학생들입니다. 어느 날, 저는 지인들과의 대화에서 민족통일에 투신한 청년 학생들의 행업에 큰 감동을 받았노라고 말했습니다. 그러자 남재희 선생은 그 감흥을 냉철하게 분석해야 한다고 하시며 다음과 같이 설명해주셨습니다.

"신부님, 그것은 김일성과 박헌영이라는 두 노선에 뿌리를 두고 있습니다. 민족해방·통일을 우선하는 김일성 사상과 노동자·농민의 평등한 삶을 지향하는 이른바 프롤레타리아 운동에 기초한 박헌영의 해방운동입니다. 민족해방과 노동자·

농민 해방운동 중 무엇을 우선하느냐에 따라 둘의 성격이 구분됩니다. 한마디로 민족해방(NL)은 김일성, 노동자 해방(PD)은 박헌영 노선입니다."

NL · PD로 갈라진 학생운동
한국 근현대사의 문제를 푸는 열쇠

저는 그분의 설명을 듣고 새삼 '아! 뿌리를 알아야 하는구나!'를 깨달았습니다. 한국 근현대사의 문제를 푸는 열쇠가 여기에 있습니다. 북한은 공산혁명을 통해 일제 잔재와 부르주아 현상을 깨끗이 제거하고 인민을 중심으로 한 프롤레타리아 혁명과 주체사상, 수령론을 토대로 오늘날과 같은 가부장적 종교체제의 독재국가 제도를 형성했습니다.

반면 남한은 미군정을 거치면서 반공체제에 기초해 친일 관리들을 수렴한 비정상적 국가체제를 이루었고 특히 이승만 · 박정희 · 전두환 독재 정부를 거치면서 외형상으로는 민주주의이지만 실제적으로는 반공 독재라는 일그러진 체제를 형성합니다. 이에 항거한 지성인들이 바로 건강한 민족해방주의자, 민족주의자들입니다. 하지만 반공이 국시인 시대였기에 이들은 오직 인권, 자유 등의 부르주아적 가치만을 주창하며 활동했습니다.

1970년대까지 재야 운동권이 주창한 것은 매판자본론과 종속이론, 반독재 자유주의 등에 기초한 자본주의 비판이었습니다. 반공법과 국가보안법의 통제, 한국전쟁이 유발한 공산주의에 대한 뿌리 깊은 반감 때문이기도 합니다. 물론 1960−70년대 남한에 사회주의와 주체사상을 내건 세력도 있었고, 1960년대 총선에서 사회주의 계열 정당인 사회대중당이 의석을 확보하기도 했습니다. 박정희 정권 초기에는 통일사회당이 합법 정당으로 활동하기도 했습니다.

전국반외세반독재애국학생

투쟁연합

그러던 중 1979년 10·26과 함께 서울의 봄이 도래했습니다. 민주화의 꿈에 부풀어 있던 학생운동 세력은 확실한 노선을 정립하지 못한 채 우왕좌왕하다가 '전두환 군부 계엄령 철폐'를 관철하지 못한 채 결국 1980년 5월 15일 서울역 회군을 결정합니다. 이에 신군부는 5·17 전국 계엄령 확대 조처를 통하여 이화여대에 모여 있던 전국 대학생 대표들과 정치인 등을 모두 체포하고 이에 저항하는 광주 시민들을 유혈 진압하면서 오월 광주의 비극을 연출합니다.

일련의 상황에 재야 민주화운동 세력 전체가 엄청난 충격을 받았습니다. 미국(정확히는 카터 행정부)의 인권 외교를 믿었고 미국을 우방으로 여겼지만 미국의 수수방관으로 엄청난 희생자가 발생했기 때문입니다. 단순한 시민민주주의, 자유주의 민권운동에 국한된 이론으로는 사회의 구조적 개선이 불가능하다는 결론에 도달합니다.

건국대에서 열린 애학투련 결성식
전기와 물이 끊기고 첫눈까지 내려

정권의 물리적·이데올로기적 공세가 강화되는 가운데 학생운동은 조직을 강화하기 위해 노력했습니다. 전국의 주요 대학에서 민족해방(NL) 계열의 학생운동 세력이 주도권을 장악하면서 우선 지역별로 투쟁위원회 연합을 조직합니다. 1986년 10월 초부터 서울의 서부·동부·북부·남부 지역 '반외세 반독재 애국학생 투쟁연합'을 결성하고, 10월 28일에는 건국대에서 '전국 반외세 반독재 애국학생 투쟁연합'(애학투련) 결성식을 개최하기로 했습니다. 애학투련은 전국 8개 지역 26개 대학의 투쟁위원회가 연대한 조직으로 중앙의장단은 지역의장단의 대표들로 구성되고, 지역의장단은 지역 내 각 대학의 투쟁위원회 위원장들로 조직되었습니다.

애학투련은 '미제의 식민지 통치를 분쇄하고 전두환 군부독재를 타도하여, 민족

옥상에 올라가 농성 중인 학생들

자주와 민중민주주의 정권을 수립'하고, '전두환 일당의 독재정치를 타파하고 사회의
민주화를 이룩'하며, '한반도의 분단구조를 철폐하고 한민족의 염원인 조국통일을 실현'
한다는 등의 투쟁 목표를 설정했습니다.(강신철 외,《80년대 학생운동사》1988, 260~261쪽)
애학투련의 결성식이 예고되었던 1986년 10월 28일, 건국대에는 아침부터 많은 학생들
이 모여 들었습니다. 경찰은 이미 정보를 입수했지만 학생들의 진입을 제지하지 않았
습니다.

　　하지만 정오 무렵 경찰은 학교의 모든 출입문을 봉쇄하고 학생들을 건물에 몰
아넣은 뒤 전기와 물을 끊었습니다. 10월 말의 차가운 날씨에 첫눈까지 내렸다고 합니
다. 학생들은 엄청난 경찰 병력에 대한 공포뿐 아니라 추위와 허기, 갈증까지 고스란히

견뎌 내야 했습니다. 일부는 건물 사이에 줄을 연결해 먹을 것을 나누고 옥상 물탱크의 물로 목을 축이기도 했습니다. 대치 상태는 3박 4일 동안 이어졌습니다. 경찰은 관제언론을 동원해 '빨갱이 도시 게릴라, 공산혁명 분자의 점거 난동'으로 매도했습니다.

그리고 10월 31일 아침 9시께, 학생들이 거의 탈진해 있을 때 8500여 명의 경찰 병력과 무장 헬기가 동원되어 사과탄과 소이탄을 터뜨리고 고가 사다리로 최루액을 뿌리면서 도서관부터 진입했습니다. 건국대 쪽은 총장까지 나서서 학생들의 안전한 귀가와 자진 해산을 전제로 경찰 병력의 철수를 요청했지만 경찰은 묵살했습니다. 이날 1525명이 연행되었는데, 이 중 1288명이 구속되고 29명에게는 국가보안법이 적용되었습니다. 그 결과, 단일 사건으로 세계 최다 구속자라는 기록을 세웠고 NL 계열의 학생운동은 극심한 타격을 입었습니다.

단일 사건으로는 세계 기록
무려 1,288명이 구속되다

진압 직후 전두환 정권은 고무되었습니다. 공산분자들이 모조리 뿌리 뽑혔으니 더 이상 캠퍼스에서 시위는 일어나지 않을 것이라고 자신했습니다. 하지만 모든 세상일이 의도대로 되지 않듯이 건국대 항쟁도 전혀 다른 양상으로 전개됩니다.

지하 서클에서 학생운동 대중화로, 우선 대규모 학생 집회가 시작된 계기가 되었습니다. 초유의 경찰력을 동원해 학생운동의 초토화를 기했으나 오히려 건국대 항쟁을 기점으로 학생운동의 저변이 넓어지고 대중화 흐름을 타게 된 것입니다. 건국대 항쟁 전까지는 지하 서클 위주로 학생운동이 이루어졌다면, 이 사건으로 지도부가 전원 구속되자 대학의 총학생회 중심으로 운동권이 재편됩니다.

애학투련 사건은 전두환 정권 말기의 암울했던 분위기를 일신합니다. 학생들은

6 · 10 민주항쟁의 주축이 되었고 이후 전국대학생대표자협의회(전대협)를 결성하였으며 1989년에는 임수경 학생을 평양 세계청년학생축전에 파견합니다. 1993년에는 전대협을 계승한 한국대학총학생회연합(한총련)이 결성되었으나 IMF 사태를 거치면서 청년학생들의 운동은 내리막길로 접어듭니다. 1980~90년대 청년학생들의 헌신을 기리며 미래 청년들의 더 아름다운 창조적 행업을 희망합니다.

우리 시대는 이제 전두환과는 확실한 결별을 눈앞에 두고 있습니다. 그런데 희한한 일은 아직까지도 박정희와는 결별하지 못하고 있다는 사실입니다. 전두환 독재정권의 뿌리는 바로 박정희 유신독재입니다. 그러니 박정희와 제대로 결별해야 전두환과 완벽하게 결별할 수 있습니다. 우리는 아직 마침표를 찍지 못했습니다. 이 사실을 절대 잊으면 안 됩니다.

거룩하고 영원하신 하느님, 2천여 년 전 로마 식민지배 시대에 예수님의 고향 팔레스틴 갈릴레아를 떠올리며 기도합니다. 어부와 세리, 혁명당원들을 뽑으시어 새 하늘 새 땅을 실현하고자 하셨던 그 열정을 되새기며 병자들과 여성들, 가난한 이들과 민중의 해방과 구원을 위해 투신하셨던 청년 예수님을 마음에 모시고 기도합니다.

일제에 맞서 싸웠던 항일 독립투사들, 독재에 항거하며 민족 분단을 타파하고 남북의 평화공존을 위해 몸 바친 청년 학생들의 순교적 결단을 기립니다. 이들의 초심을 간직하여 저희 모두 뜻을 모아 반외세 반독재 애국학생들의 투쟁에 함께해 아름다운 공동체, 새 하늘 새 땅을 이룩하게 하소서. 하느님, 저희 겨레를 이끌어 주시고 도와주소서. 성령 안에서 우리 주 그리스도를 통하여 비나이다. 아멘!

박종철 고문살인
은폐조작

박종철 열사 고문 사망

1987년 1월 14일

진실을 알리기 위해
수많은 비둘기들이 날아올랐다

거짓 예언자들을 조심하여라. 그들은 양의 탈을 쓰고 너희에게 나타나지만
속에는 사나운 이리가 들어 있다. 너희는 행위를 보고 그들을 알게 될 것이다.
가시나무에서 어떻게 포도를 딸 수 있으며
엉겅퀴에서 어떻게 무화과를 딸 수 있겠느냐?

마태오 7,15-16

———

1986년 하반기는 부천경찰서 성고문 사건과 애학투련 사건으로 뒤숭숭하고 암울했습니다. 무엇인지는 모르겠으나 어딘지 모르게 끝을 향해 달려가는 듯한 불길한 느낌이었습니다. 그리고 해가 바뀌자마자 엄청난 사건이 일어나고야 말았습니다. 바로 박종철 군 고문살인 사건입니다.

경찰이 취조하던 학생을 고문하고 급기야 죽음에까지 이르게 했다는 것은 그 자체만으로도 충격적이었지만, 이를 은폐하고 조작하기 위하여 국가 권력이 갖은 방법을 다 동원했다는 사실은 마치 둔기로 머리를 심하게 맞은 듯한 충격이었습니다. 당시는 5공 시절로 정부의 공포 분위기와 언론 말살적 보도지침 하에서 이 사건이 세상에 알려지게 된 것은 자신의 자리에서 책임을 다했던 정의의 수호자들 덕분입니다.

이 사건을 세상에 알린
정의의 수호자들이 있었다

첫 번째 주인공은 당시 중앙대학교 부속 용산병원에 근무하던 의사 오연상입니다. 그가 서울 남영동 대공분실에 왕진을 갔을 때 박종철군은 이미 사망 상태였다고 합

니다. 박종철 군의 시신이나 현장은 누가 봐도 이상했습니다. 오연상은 용산병원으로 박군을 옮기라는 요청을 거부했습니다. 자칫 고문 사망이 병원의 의료 사고로 조작될 것을 우려했기 때문입니다. 결국 박 군은 경찰병원에서 사망 판정을 받았습니다. 오연상은 경찰의 지속적 감시와 협박 속에서도 폐 속에 물이 고여 있었고 현장이 흥건했다는 소견서를 남깁니다.

두 번째 주인공은 당시 국립과학수사연구소 법의학과장이던 부검의 황적준입니다. 경찰과 검찰 간부의 감시 속에서도 그는 경찰이 주장하는 심장 쇼크사가 아니라 경부 압박에 의한 질식사라는 매우 상세한 부검 기록을 남깁니다. 더욱이 그는 부검 전 박군의 명복을 빈다는 기도를 올렸다고 합니다.

다음으로는 당시 영등포교도소 보안계장 안유, 교도소에 수감 중이었던 동아투위 기자 이부영, 교도관 한재동과 전병용, 재야인사 김정남 등입니다. 그들은 스스로 진실이라는 퍼즐의 한 부분이 되어 각자의 역할을 해냅니다. 영등포교도소 보안계장 안유는 이부영에게 박종철 군 고문치사 사건의 진실과 은폐조작에 대해 알려주었고, 이부영은 이를 기자 정신으로 기록합니다. 교도관 한재동, 전병용 등은 소위 비둘기가 되어 재야인사인 김정남을 통해 3월 중순에 저에게 전달합니다.

그해 상반기는 호헌 대 개헌으로 온 나라가 혼란스러웠습니다. 들끓는 직선제 개헌 요구를 묵살하고 호헌을 고집하는 4 · 13 조치가 발표되자 전국에서 호헌 철폐 시위가 들불처럼 일어났습니다. 4월 말에 광주교구 사제들이 항의 단식을 시작하였고 이는 모든 교구 사제들의 릴레이 단식으로 이어졌습니다. 5월 초에는 고려대를 시작으로 전국 대학교수들이 연이어 성명을 발표합니다.

당시 저는 2년 전부터 서울교구 홍보국에서 일하면서 매주 발행하는 주보를 4면에서 8면으로 증면하였습니다. 성서적 관점에서 시대의 징표를 읽고 진단하여 5공 시절 언론이 외면하고 있는 것들을 주보의 주제로 삼고 세상의 변혁을 꾀하고자 한 것입니다. 저는 김수환 추기경께 박종철 군 사건에 대해 알렸습니다. 그분께서는 "인혁당

박종철 열사가 고문을 당한 남영동 대공분실

사건을 보지 않았는가? 이를 공개하면 전두환 정권이 가만두겠느냐?"고 하시며 매우 걱정하셨습니다.

두려움과 양심의 명령 사이에서,
결국 바다에 몸을 던진 요나처럼

저도 피하고 싶은 본능과 또 다른 한편으로는 꼭 해야만 한다는 양심의 명령 사이에서 잠시 머뭇거렸습니다. 그럼에도 불구하고 저는 법정에 갈 것을 대비해 유현석,

황인철 두 변호사께 말씀드렸습니다. 유 변호사는 이부영의 편지에 기초하여 김정남이 종합한 문건을 토씨 하나하나까지 세세히 검토하고 교정하여 성명서를 완벽하게 준비했습니다. 그러던 중, 김영삼 통일민주당 총재 쪽에서 1987년 4월 국회에서 면책특권이 있는 국회의원의 입으로 발표할 것을 검토하고 있다는 소식이 들려왔습니다. 천만다행이라고 생각했습니다. 하지만 발표는 차일피일 미뤄졌고 결국 무산됩니다.

저는 당시 주일 아침 어머님을 모시고 구파발 성당에서 어린이 미사를 봉헌하곤 했습니다. 5월 17일 주일 미사가 끝나자 고영구 인권 변호사의 부인과 딸이 제게 김정남의 편지를 가지고 왔습니다. 편지의 핵심은 '고문 조작 사건을 사제단이 발표하면 전두환 정권은 꼭 무너집니다. 대한민국의 운명이 신부님들께 달려 있습니다'라는 것이었습니다.

그때 저의 머릿속에 예언자 요나가 떠올랐습니다. 요나는 하느님의 말씀대로 "회개하라"고 아무리 외쳐봐야 소용없음을 예단하고 배를 타고 도망칩니다. 그런데 바다의 신이 노하기라도 한 듯이 배는 풍랑에 휩싸입니다. 이를 모면하려 바다에 제물을 바치기 위해 제비뽑기를 하고 요나가 뽑힙니다. 그 순간 요나는 깨닫습니다. 하느님의 소명을 거역하고 도망가려고 한 자신이 너무나 부끄럽다는 것을.

요나는 기꺼이 자신을 바다에 던집니다. 큰 고래가 요나를 통째로 삼킨 후 바다는 잠잠해졌습니다. 그리고 요나의 기도와 회개는 고래 뱃속에서도 계속됩니다. 사흘 만에 고래는 요나를 뱉어냅니다.

이것이 요나의 기적이자 예수님의 부활이라는 성서의 상징입니다. 이에 저는 하느님의 섭리를 피할 수 없으며, 이것이 사제단이 짊어져야 할 십자가임을 깨달았습니다. 저는 편지를 품고 사제단 대표인 김승훈 신부님을 찾아갔습니다.

저는 김승훈 신부님에게 "내일(5월 18일 광주 민주화운동 7주기) 추모미사에서, 박종철 고문치사 진상 조작에 대해 꼭 발표해야 합니다"라고 말했습니다. 이어서 "이번엔 신부님이 책임지고 감옥 가세요, 저는 밖에서 일하겠습니다"라는 말도 덧붙였습니다.

그 후 저는 서울교구 홍보국에서 성명서 1000여 장을 복사해 준비해 두었습니다. 그날 밤 김수환 추기경님을 찾아가 이 모든 과정을 말씀드렸습니다.

5·18 7주기 미사 후에 김승훈 신부님은 고문치사 조작 사건을 발표합니다. 그리고 전년도에 계획한 일정대로 안양 성 라자로 마을 아론의 집으로 피정을 가셔서 외부와의 접촉이 모두 단절됩니다. 사제로서 이 일을 맡아서 하는 저는 당시 상황 변화에 촉각을 곤두세울 수밖에 없었습니다.

5·18 7주기 추모미사 뒤 세상이 뒤집혔다
결국 6월항쟁의 도화선으로

다음날 〈동아일보〉 7면에 1단짜리로 기사가 실렸습니다. 1단 기사의 폭발력은 대단했습니다. 기자들이 명동성당으로 몰려들었고 그 후 국무총리, 안기부장, 부총리, 내무·법무·재무부 장관, 검찰총장 등등이 물갈이되는 대대적 개각이 이뤄졌습니다. 치안본부장 강민창, 대공수사처장 박처원 등 조직적 범죄를 일삼았던 경찰 간부들은 이후 모두 구속되었습니다.

어느 날, 새로 임명된 한영석 대검 중수부장이 저를 찾아왔습니다. 우리 변호사들은 있을 수 없는 일이라며 깜짝 놀랐습니다. 그리고 변호사들은 저에게 이번 기회에 중수부장이 그동안 보도된 신문들을 모두 모아서 구속된 경찰들에게 꼭 보여줄 것을 강력하게 요청하라고 부탁했습니다. 천지가 개벽했다는 것을 백 마디 말이 아니라 신문이 웅변하고 있었기 때문입니다. 그들의 심경을 변화시키기 위해서는 그만한 것이 없다는 생각에서 비롯한 것입니다.

며칠 뒤, 고문살인 주범으로 몰려 구속된 조한경 경위의 형이 저를 찾아왔습니다. 그분은 모 전자회사의 사장으로 조 경위에게는 아버지와 같은 존재였습니다. 그는 동생 문제로 대공분실 경찰 간부들을 만났는데 이건 나라를 지키는 경찰이 아니라 조직 폭력배와 다름없었다고 큰 실망과 환멸을 제게 토로했습니다. 그 상황에서도 안기부와 경찰은 오직 조작과 매수로 대응했다는 것입니다. 저는 조 경위가 진실을 밝히도록 형님으로서 잘 설득하도록 권했습니다.

박종철 고문살인의 주범은 분명히 경찰입니다. 그러나 검찰도 그에 못지않은 방조범입니다. 안상수 검사를 비롯한 검찰 간부들은 조한경 경위 등의 진술을 통해 고문살인의 실체를 확실히 알았음에도 불구하고 은폐했습니다. 이것은 직무 유기일 뿐 아니라 은폐조작에 가담한 엄청난 범죄입니다. 그런 검찰이 이 사건을 조사하고 기소했으니 제대로 마무리될 수 있었겠습니까? 어쨌든 이 사건을 계기로 그동안에 남영동 대공분실과 안기부에 종속되었다고 자조했던 검찰이 비로소 자율권을 회복하는 계기가 되었습니다.

그런데 경찰의 방조범이었던 그 검찰이 이제는 온 나라를 쥐락펴락하니 참으로 격세지감입니다. 검찰은 무엇보다도 먼저 박종철 열사를 비롯한 모든 고문 피해자들께 속죄하고 온 겨레와 역사 앞에 무릎 꿇고 용서를 빌어야 합니다. 검찰 출신 윤석열 대통령은 과거 검찰의 잘못을 청산하고 정의와 역사 앞에 진솔한 법조인, 초심의 시민, 언행일치의 겸허한 실천가가 되길 바랍니다.

박종철 고문 살인 은폐조작은 당시 우리 사회에 엄청난 파장을 불러일으켰습니다. 1987년 5월 27일, '민주헌법쟁취국민운동본부'가 만들어졌고 헌법 개정을 위한 본격적인 투쟁이 시작되었습니다. 박종철 군 사건은 6월항쟁의 도화선이 되었고, 직선제 개헌과 다원주의 문화 형성의 디딤돌이 되었습니다. 박종철 군의 안타까운 죽음은 1987년 민주항쟁으로 부활했습니다.

안타까움은 오늘도 여전히 그대로 남아 있습니다. 그의 죽음은 장엄했지만 우리는 아직도 그에게 빚을 다 갚지 못했습니다. 그가 꿈꾸었던 민주주의를 우리는 아직도 완성하지 못했습니다. 목숨을 바쳐 민주주의의 불씨가 되었던 수많은 청년 학생, 활동가들과 희생자들을 마음에 품고 기도합니다.

사람의 마음까지도 꿰뚫어 보시는 전지전능하신 하느님, 하느님 앞에서는 저희 모두 벌거숭이가 되어 부끄러운 마음으로 부복하기 마련입니다. 이것이 바로 양심 고백과 정화 과정입니다. 그런데 역사 과정에서 수많은 권력자는 불의와 불법을 저지르고 선량한 사람들을 살해하고 은폐하고 있습니다. 희생자들의 피가 하늘을 향해 솟구치며 울부짖고 있습니다. 아벨을 비롯한 순교자들 그리고 십자가 예수님의 피가 하늘을 향해 치솟고 있습니다.

정의로우신 하느님, 이 불의한 역사 현장에 개입하시어 정의를 세워주십시오. 1987년 박종철 학생의 피가 독재자 전두환을 무릎 꿇게 했습니다. 이 고귀한 피의 증언에 함께한 부모 · 형제자매, 의로운 증언자들과 동료 · 동지들 그리고 사랑하는 사제들과 교우들의 노고를 확인해 주십시오. 그리고 아름다운 민주공화국과 평화공존 나아가 일치와 화합의 남북 공동체를 이룩하게 해주소서. 성령 안에서 우리 주 그리스도를 통하여 비나이다. 아멘!

영원히 살리라

이한열 열사 최루탄 피격, 사망

1987년 6월 9일

1987 민주화 운동의
도화선이자 당위성이 된 이름

구리 뱀이 광야에서 모세의 손에 높이 들렸던 것처럼

사람의 아들도 높이 들려야 한다. 그것은 그를 믿는 사람은 누구나

영원한 생명을 누리게 하려는 것이다. 하느님은 이 세상을 극진히 사랑하셔서

외아들을 보내주시어 그를 믿는 사람은 누구든지 멸망하지 않고

영원한 생명을 얻게 하여 주셨다.

요한 3,13-16

———

영생복락은 인간의 보편적 꿈이자 모든 종교가 확신하고 선포하는 내세의 가치입니다. 유교문화권에서는 죽음을 인간이 신의 반열에 진입하는 과정이라 이해합니다. 이 때문에 앞서간 분들을 신위神位로 받들어 모시고 장례의식을 경건하게 지냅니다. 이는 영원한 세계로 비약하는 체험의 순간이기 때문입니다.

부처님도 마호메트님도 예수님도 모두 죽음의 과정을 거치셨습니다. 예수님은 30대 초반에 타살을 당하셨습니다. "타살당한 청년 예수님!", 바로 여기에 그리스도교의 정체성이 있습니다. 예수님께서는 생전에 제자들에게 구리 뱀의 비유를 통하여 자신이 십자가에 못 박혀 죽으리라 예시하셨고 더욱이 이 죽음을 통하여 부활과 영원한 삶이 실현된다고 선언하셨습니다. '영원한 삶'이 바로 그리스도교의 존재 이유와 기본 명제입니다. 의인들의 희생과 헌신, 그리고 그들의 영원한 삶을 기리는 이유도 여기에 있습니다.

박종철 고문살인 사건을 시작으로 1987년은 "호헌철폐 독재타도"라는 구호로 점철되었습니다. 민주헌법쟁취국민운동본부가 범국민대회를 열기로 한 6월 10일을 하루 앞둔 6월 9일, 연세대학교에서 애국연세인총궐기대회가 열렸습니다. 그리고 그날 또 한 명의 젊은이가 죽음으로 내몰렸습니다. 연세대학교 경영학과 86학번 이한열. 그의

이름은 1987년 민주화 운동의 도화선이고 구심점이며 당위성이 되었습니다.

6월 9일 오후 5시에 교내 행사를 마치고 교문 밖 5미터까지 진출한 시위대를 향하여 경찰은 최루탄을 발포합니다. 시위대를 향한 직사 사격으로, '허공을 향해 45도 발사'란 원칙을 명백히 어긴 것입니다. 교문 안으로 달아나려던 시위대 중 한 학생이 쓰러졌습니다. 이한열 군입니다. 최루탄의 금속 파편에 맞아 피 흘리는 이한열 군을 친구가 부축하는 사진은 전두환 정권의 폭압과 비민주성을 드러내는 상징적 장면입니다.

"전태일 열사여… 박종철 열사여… 이한열 열사여"
가슴을 흔든 문익환 목사의 호칭기도

박종철 군과 이한열 군의 연이은 죽음 앞에 국민들은 크게 분노했습니다. "한열이를 살려내라"라는 절규가 전국을 뒤흔들었습니다. 시간이 갈수록 커지는 분노는 그동안 정치에 무관심했던 화이트칼라들을 시위 현장으로 끌어냈습니다. 이른바 넥타이 부대입니다. 이한열 군의 죽음이 촉발한 6·10 항쟁의 뜨거운 불길에 놀란 군부 쿠데타 정권은 사실상 항복을 선언합니다. 이것이 피로 얻어낸 6·29 선언입니다. 두 청년의 죽음은 1987년을 성스럽게 만들었습니다.

이한열 군은 의식 불명 상태로 세브란스병원 중환자실에서 사경을 헤매다가 7월 5일 새벽 세상을 떠났습니다. 장례식은 7월 9일 민주국민장으로 거행되었습니다. 이날 문익환 목사님은 연단에서 침묵기도와 함께 26명의 열사 한 분 한 분의 이름을 아주 정성껏, 아주 크게, 하늘 끝까지 메아리가 닿도록 있는 힘을 다해 부르셨습니다. "전태일 열사여! 김상진 열사여! 장준하 열사여! … 박종철 열사여! 오동근 열사여! 김용권 열사여! 이한열 열사여!" 하늘을 향한 절규와 호소는 불의한 자들을 무섭게 내리치는 몽둥이였습니다. 이날 문 목사님의 호칭기도는 비장한 장례식의 정점이었습니다.

하느님의 사랑과 자비, 순교자들과 성인 성녀들의 이름을 부르며 바치는 기도를 우리는 호칭기도라고 합니다. 이날 문 목사님의 호칭기도는 열사들이 신神의 반열에 올랐다는 선언으로 '이제는 열사들이 하늘에서 우리 민족과 겨레를 돌보아주십사' 호소한 전구입니다. '그분들의 영혼이 영원히 살아 우리의 용기를 북돋고 정의와 평화를 세워주십사' 하는 간구입니다. 오늘 저는 그날의 마음으로 하늘을 향해 열사들의 이름과 함께 "문익환 목사님!"을 정성껏 목청껏 부르며 열사들과 목사님을 기립니다.

장례 행렬이 연세대학교 본관에서 신촌 로터리를 지나 아현동과 서소문을 거쳐 중앙일보사 앞에 다다른 순간, 성난 군중들은 그 건물로 쳐들어가 불태울 기세였습니다. 그런데 그 순간 중앙일보사 전광판은 '이한열 추모 인파 100만 명 운집'이라는 큰 자막을 반복해 점멸시키고 있었습니다. 당시 신문방송은 늘 독재정권의 나팔수였습니다. 그런데 중앙일보가 보인 이 재빠른 변신에 순간 대중들은 넋을 잃고 홀렸습니다. 종교가 아편이란 말이 있으나 지금은 언론이 바로 아편입니다.

시청광장, 광화문을 가득 채우고
전국 18개 도시로 퍼져나간 추모 행렬

그때 대중들은 '100만 명'이란 숫자에 놀라서 박수 치며 '아!' 하고 함성을 질렀습니다. 역사학자 안병욱 교수는 언론의 묘한 속임수에 대중은 늘 속고 있다고 지적합니다. 그는 전문가의 지적에 따라 100만이라는 숫자가 허구임을 밝힙니다. 서울 시청광장 인근 골목까지 발 디딜 틈 없이 인파가 꽉 찬다 해도 절대로 20만 명을 넘을 수 없다는 것입니다. 따라서 10만 또는 15만 인파가 모였다고 해야 합리적입니다. 역사에서 과장은 매우 위험합니다. 따라서 우리는 이한열 장례에 모인 인파는 15만 정도라고 정직하게 말해야 합니다.

이한열 열사 추모 군중

　　당시 시청광장과 광화문을 가득 채운 군중들의 도도한 물결은 독재자와 독재자를 꿈꾸는 자들의 간담을 서늘케 했을 것입니다. 이 과정에서 경찰은 최루탄을 무차별 발사해 수많은 시민과 학생들이 인근 성공회 성당 구내로 피신했습니다. 전투경찰 2개 중대가 사과탄 등을 난사해 주교관 입구와 창문이 부서졌고, 쇠파이프를 휘두르며 난입해 수많은 시민이 다쳤습니다. 20여 명이 연행되어 성공회 사제단 48명이 무기한 단식농성으로 항의하기도 했습니다. 이날 이한열 군의 명복을 비는 추모행사가 서울을 비롯해 부산, 광주, 인천, 제주 등 전국 18개 시군에서 크게 열렸습니다.

422일간 국회 앞에서 천막 농성한
배은심 어머니

이한열 군은 광주 출신으로 2남 3녀 중 장남(넷째)입니다. 비보를 듣고 광주에서 상경한 이한열 군의 부모님은 병원 중환자실에서 뜬눈으로 지새우다 사랑하는 아들을 먼저 떠나보냈습니다. 평범한 가정주부였던 어머니는 그대로 주저앉을 수가 없었습니다. 아들이 하려고 했던 일, 아들이 꿈꾸었던 세상을 외면할 수 없었기 때문입니다. 이한열 군의 어머니, 배은심 여사는 그 후 전국의 집회와 시위 현장에 빠짐없이 등장했고, 전국민족민주유가족협회(유가협)의 회장도 맡아 활발한 활동을 이어갔습니다.

세상을 변화시키는 주역은 청년 학생이었지만 그 뒤를 받쳐준 것은 위대한 어머니입니다. 배은심 여사 역시 아들을 위해 전력을 다하여 전국의 어머니들을 규합했습니다. 이렇듯 아들이 어머니를 움직이는 모습에서 저는 예수님과 성모 마리아를 떠올렸습니다.

1998년 배은심 여사는 국회 앞 천막 농성을 무려 422일 동안 이어 간 끝에 '민주화운동보상법과 의문사 진상규명에 관한 특별법' 제정 등을 이끌어냅니다. 2009년에는 용산참사 범대책위원회의 공동대표를 맡기도 했습니다. 2020년 6월에 문재인 대통령으로부터 그간의 민주화와 인권 활동의 공로를 인정받아 국민훈장 모란장을 받습니다. 국민훈장이 가슴에 자식을 묻은 어머니의 슬픔을 달래줄 수는 없겠지만, 그래도 당신으로 인해 위로받은 사람이 있었다는 사실을 알아주기를 바랍니다.

2022년 1월 9일, 배은심 여사는 여든두 살의 나이로 선종합니다. 세상을 뜨기 몇 달 전까지도 민주화유공법 제정을 위해 국회의사당 앞에서 1인 시위를 하던 열사의 어머니, 아니 스스로 열사가 되었던 어머니는 고단한 삶을 내려놓고 이제 아들 곁으로 갔습니다. 이제는 하늘나라에서 아드님과 함께 영생을 누리시길 바라며 기도합니다.

이한열 군이 세상을 떠난 후, 다양한 추모사업이 진행되어 그에 대한 기억을 되살리고 있습니다. 1987년에 이한열 추모사업회가 발족하였고 연대 학생회관 옆 동산에 추모비가 건립되었습니다. 2008년에는 뜻있는 분들이 모여서 이한열 장학회를 만들었습니다. 2010년엔 사단법인 이한열 기념사업회가 만들어져 매년 6월 9일 이한열 문화제를 열고 망월동 묘지에서 추모 예배를 거행합니다.

극적이었던 1987년으로부터 어느새 35년이란 시간이 흘렀습니다. 1980년대의 민주화 주역들은 이제 정치 무대에서 낡은 세대라고 공격받고 심지어 퇴진의 대상이 되었습니다. 그들의 공과를 논할 자리도 아니고 그럴 필요도 느끼지 못합니다만, 저는 그 시절 그들의 꿈과 열정, 선의를 믿습니다. 목숨 걸고 독재와 폭압에 맞섰던 민주화 운동을 희화화하거나 부정하는 것은 옳지 않습니다. 오히려 민주화 운동의 극점이었던 1980년대의 정신을 잃어버리지 않았나 뒤돌아봐야 할 때입니다.

우리는 1987년에서 몇 발자국이나 앞으로 나아갔을까요? 저는 권인숙, 박종철, 이한열의 용기와 혼이 정치인들 안에서 갱생해야 한다고 생각합니다. 당시 그들의 삶이 오늘에 구현되어야 진정한 민주주의를 이룰 수 있다고 믿습니다.

거룩하시고 영원하신 하느님, 저희는 신망애信望愛 삼덕三德과 함께 창조주 하느님, 구세주 예수님, 사랑의 성령님을 고백하며 영원한 삶을 확신합니다. 1987년 민주항쟁의 주역 박종철과 이한열을 기리며 기도합니다. 문익환 목사의 장엄한 호칭기도를 떠올리며 단군 성조와 함께 고조선, 고구려, 신라, 백제 삼국의 위인들, 고려와 조선, 그리고 일제에 맞서 싸우며 조국의 독립을 위해 몸 바친 항일 투사들, 민주주의와 인권, 민족의 일치와 화해를 위해 헌신한 모든 열사와 희생자들을 기립니다.

특히 1987년 민주항쟁의 불꽃이 된 주님의 충실한 아들 이한열과 그의 모친 배은심 성도를 기리며 정성껏 기도드립니다. 이 모자의 헌신과 염원을 굽어살피시어 우리나라에 평화와 안녕을 주시며 민족의 일치와 화해를 이룩해 주시고 천상영광의 영원한 삶을 보장해 주소서. 성령 안에서 우리 주 그리스도를 통하여 비나이다. 아멘!

6월항쟁

명동성당 5박 6일 농성

1987년 6월 10일

그해 6월
명동성당은 해방구였다

구하라, 받을 것이다. 찾으라, 얻을 것이다. 문을 두드려라, 열릴 것이다.

누구든지 구하면 받고, 찾으면 얻고, 문을 두드리면 열릴 것이다.

마태오 7,7-8

———

초지일관이라는 교훈이 있습니다. 한결같이 신념을 지켜야 하며 끝까지 항구해야 한다는 가르침입니다. "끝까지 참는 자는 구원을 얻으리라"(마태오10,22)라는 말씀과 상통합니다. 성경은 개인의 완성과 구원뿐만 아니라 공동체의 선익과 해방을 위한 길잡이입니다. 나라를 지키기 위해 헌신한 선열들의 고귀한 삶이 그 예범이며, 불의한 정권과 독재자들에 맞서 싸운 열사들과 익명의 청년·학생·시민이 바로 선구적 실천자입니다.

1987년은 불의한 국가 권력의 탄압 속에 매일같이 이어진 구속 사태로 인하여 모두가 숨죽인 채 시작되었습니다. 하지만 모든 일에는 임계치가 있기 마련입니다. 포악한 군사정권, 무자비한 고문 정권에게도 마찬가지였습니다.

국가 권력은 물론 군사집단과 공공행정도 정의에 기초하지 않으면 결국 강도 집단에 불과하다는 아우구스티노의《신국론, Ⅳ, 4》말씀을 되새깁니다. 불변의 진리는 빛이 닿으면 어둠은 사라진다는 것입니다. 군사독재 정권의 속성은 거짓이고, 거짓을 퇴치하는 것은 오직 밝음뿐입니다.

"호헌철폐" 외친 시민들과 함께한
명동성당 5박 6일

6월 10일, 잠실체육관에서는 민정당 제4차 전당대회와 대통령 후보 지명대회가 열렸습니다. 축제 분위기 속에서 노태우가 제13대 대통령 후보로 추대됩니다. 전두환 군부 독재의 후계자를 위한 또 한 번의 체육관 선거가 시동을 건 것입니다. 당시는 박종철 고문 살인 은폐조작으로 온 나라가 분노와 울분으로 들끓었던 때입니다.

전두환 군부정권은 4·13 호헌 조치로 일체의 개헌 논의를 봉쇄했습니다. 하지만 민주주의를 열망하는 시민과 청년 학생들의 목소리를 잠재울 수는 없었습니다. 6월 10일에 맞춰 민주헌법쟁취 국민운동본부가 주도한 호헌철폐 국민대회에 수많은 시민이 참여합니다. 22개 도시에서 24만 명이 동시다발로 시위에 나선 것입니다. 아무리 무소불위의 경찰력이라 해도 이런 역동적 시위를 막기는 역부족이었습니다.

이날의 행사가 단발성으로 끝나지 않고 항쟁의 불씨로 타오른 것은 명동성당 농성 때문입니다. 6월 10일 을지로와 퇴계로 등지에서 시위를 벌이던 학생들은 경찰의 무차별 최루탄 난사에 쫓겨 명동성당으로 몸을 피합니다. 사전에 2차 집결지로 명동성당을 정해 놓았다는 이야기는 나중에야 들을 수 있었습니다. 그날 저녁 6시부터 1만 명이 넘는 학생들이 물밀듯 몰려왔습니다. 성당 안은 말 그대로 발 디딜 틈이 없었습니다. 저는 그때 처음으로 학생들로부터 '해방구'란 말을 들었습니다. 성당은 본디 해방구이니 절묘한 은유법이라 생각했습니다.

경찰들은 시위대를 독 안의 쥐라고 여기고 명동성당을 완전포위했습니다. 학생들은 농성을 계속할 것인지 해산할 것인지에 대해 격렬히 토론한 다음 이를 찬반 투표에 붙였습니다. 그들은 비록 계획하지 않은 농성이지만 6·10 이후 새로운 투쟁의 구심점이 되어야 한다는 의미에서 농성을 이어가겠다고 결정합니다. 5박 6일에 걸친 피 말리는 명동성당에서의 농성은 그렇게 시작되었습니다.

명동성당에서 농성하는 6월항쟁 시위 군중

10일 저녁 명동성당의 모습은 마치 전쟁터와 난민 수용소를 방불케 했습니다. 민주화의 열기로 그득했으나 한편으로는 흥분, 분노, 증오가 뒤섞인 인간의 동물적 본능이 드러나 보였습니다. 입마개, 복면, 각목, 화염병 등으로 전열을 갖춘 시민, 학생들의 모습은 성당의 종교문화와는 너무도 거리가 먼 생소한 풍경이었습니다.

11일 아침이 되자 시위대는 성당 입구에서 도로로 진출해 시위를 벌였고, 성당에서 가져간 앰프와 스피커를 통해 "독재 타도"를 외쳤습니다. 경찰은 명동성당에 진입해 전원 연행하겠다는 방침을 밝혔으나 성당 측은 이를 강경하게 거부했습니다. "강제 진압은 예수님께 총부리를 들이대는 것과 같다. 가톨릭교회에 선전포고를 하는 것으로 간주하겠다"라고 천명한 것입니다. 예상 밖의 강경한 반응에 경찰은 한발 물러섰습니다.

서울교구의 젊은 사제들은 5박 6일 동안 학생들과 함께하면서 만일의 경우 경찰이 성당에 진입해 시민, 학생들을 체포하면 함께 끌려가 증언자가 되겠다고 다짐했습니다. 연일 계속되는 최루탄 세례 속에서도 많은 수녀님과 교우들이 명동성당을 찾아왔습니다. 그들은 인간 방패가 되어 묵주신공을 바치며 시위대를 격려했고, 한편으로는 대치 중이던 경찰들도 위로했습니다. 그들의 모습에서 예수님의 십자가 밑에 서 계셨던 성모님과 경건한 여인들이 연상되었습니다.

"학생들을 잡아가려면 나를 밟고 넘어가시오"
김수환 추기경의 경고

당시 경찰 총수였던 권복경 치안본부장의 후일 증언에 따르면, 전두환 당시 대통령은 명동성당에 들어가 진압할 것을 지시했다고 합니다. 권 본부장이 성당에는 절대 들어갈 수 없다고 버티자 "왜 못 들어가느냐"고 불만을 토로했다는 것입니다. 더욱이 전국적으로 시위가 격화되자 군 병력 투입 직전 상황까지도 갔다고 합니다.

명동성당이 지닌 종교적, 도덕적 상징성이 군사정권의 폭주를 막았던 것입니다. 전두환 군부 독재정권이 가장 걱정한 것은 바로 국제 여론이었습니다. 특히 1988년 올림픽이 예정되어 있었으므로 성당 진입은 상당한 부담이 되었습니다. 올림픽 유치가 시민·학생을 지켜 준 것이니 참으로 묘한 하느님의 섭리입니다.

이때의 명동성당은 전무후무한 보호소이자 하느님께서 보장하신 성소였습니다. 청년, 학생, 시민, 상인, 초중고교생 등 남녀노소가 한마음 한뜻이 되어 이곳에서 목청껏 "독재 타도"를 외쳤습니다.

농성 기간 중 전두환 정권과 명동성당 측의 협상은 계속 진행되었습니다. 6월 12일 저녁, 가톨릭 신자이자 안기부 차장인 이상연이 김수환 추기경을 만나기 위해 찾아왔습니다. 그는 "시위대를 내보내 주십시오. 협조가 되지 않으면 공권력을 투입할 수밖에 없습니다"라고 점잖게 경고합니다. 이때 김수환 추기경님은 지금도 회자가 되는 그 말씀을 하십니다.

"당신을 보낸 사람에게 가서 내 말을 한 자도 빼지 말고 그대로 전해주시오. 공권력이 투입되면 내가 맨 앞에 누울 테니 나를 밟고 넘어가시오. 그다음 사제들이 있을 것이고 그다음엔 수녀님들이 있을 것이오. 그들을 모두 밟고 넘어가야 학생들을 만날 수 있을 겁니다."

추기경님의 한마디는 총칼과 권력이면 무엇이든 가능하다고 생각한 권력자에게는 뜨끔한 경고였으며, 명동성당 안팎에서 시위를 이어가던 시민과 청년, 학생들에게는 든든한 울타리였습니다. 곧이어 제가 협상 대표로 나서게 되었습니다. 안기부 차장은 "함세웅은 안 된다"고 했지만, 추기경은 그가 나서야 학생과 중재가 가능하다고 밀어붙였습니다.

그 후 저는 조종석 서울시 경찰국장과 하루에도 몇 차례씩 만나 서로 의견을 교환했습니다. 마침 조 국장의 조카 한 분이 수도자여서 비교적 신뢰하는 분위기에서 깊은 대화를 나눌 수 있었습니다. 비록 그가 안기부의 지시를 받고는 있었지만 우리는 그것을 지혜롭게 녹여 외형적으로는 서로 대치했으나 내면적으로는 상대의 입장을 고려하며 일을 진행했습니다. 일촉즉발의 긴장 속에서도 물리적 마찰을 피하려 최선을 다했고, 이 과정에서 많은 학생이 안전하게 귀가했습니다.

하루는 고려대학교 85학번 법대 3학년 여학생 대표 이승홍이 군중을 이끄는 모습을 지켜보면서 잔 다르크 성녀와 유관순 열사를 떠올리며 묵상했습니다. 그런데 그날 여학생의 아버지가 찾아와 많은 사람 앞에서 딸을 무섭게 야단치며 끌고 가려 했습니다. 저는 부녀를 사제관으로 모셔서 아버지에게 다음과 같이 말했습니다. "이 학생이

선생님의 따님이지만 여기서는 시민과 학생의 공적 대표이니 그렇게 하시면 절대 안 됩니다. 제가 내일 안에 따님을 꼭 집에 가도록 설득할 테니 염려 말고 돌아가십시오. 따님의 명예를 지켜 주셔야 합니다." 그 학생은 그날 늦은 밤 성당 후문을 통해 안전하게 귀가하였습니다.

시간이 갈수록 시위대의 숫자는 줄어 마지막에는 200~300여 명이 남았습니다. 그들은 말 그대로 결사대였습니다. 성당 관계자는 물론 당시 시위의 구심적 역할을 했던 민주헌법쟁취 국민운동본부의 말조차도 통하지 않았습니다. 학생들은 바리케이드를 치고 하루하루 힘겹게 버텼습니다.

상계동 철거민, 계성여고 학생들…
모두의 '연대'를 확인하다

이 기간에도 명동성당에서 혼인미사를 봉헌한 신랑 신부와 축하객들이 있었습니다. 그들도 경찰의 통제와 최루탄 때문에 큰 곤욕을 치루었지만, 시대적 아픔을 껴안고 이 모든 것을 기쁘게 녹여냈습니다. 6월 14일은 주일이라 명동성당에서 미사가 여러 차례 봉헌되었는데, 미사 전에 거의 모든 신자가 봉헌금을 시위대 학생들을 위한 격려금으로 모두 내놓았습니다. 6월 15일에는 명동성당에서 인권회복 미사가 예정되어 있었습니다.

저는 "성당 안에 이렇게 갇혀 있지 말고 이 열기와 열망을 전국으로 확산해야 한다"라고 학생들을 끈질기게 설득했습니다. 6월 15일 아침, 결국 시위대는 자진 해산합니다. 만일의 경우를 대비해, 12대의 버스에 학생들과 신부님들이 나눠 탔습니다. 학생들은 "전두환 타도"를 외치며 성당을 떠나 시내로 나갔습니다. 5박 6일에 걸친 명동성당 농성은 한 명의 사상자나 구속자도 나오지 않고 무사히 마무리되었습니다.

명동을 사수하고 더 강하게 밀고 나갔어야 했다는 일각의 비판도 받았지만, 사제로서는 그것이 한계이자 최선이었습니다. 전쟁터와도 같았던 처절한 이 순간들은 명동성당이 공생과 공유를 실현하며 민족사 안에서 새롭게 태어나게 해준 가장 귀중한 체험이었습니다.

명동성당에서의 농성은 뜻하지 않았던 큰 의미도 남겼습니다. 바로 연대의 힘입니다. 1987년 4월부터 명동성당 입구에서는 상계동 철거민들이 농성을 이어가고 있었습니다. 6월 10일 시위대가 성당에 들어오자 그들이 소매를 걷어붙였습니다. 가지고 있던 냄비와 솥을 모두 내걸고 밥을 하고 라면을 끓였습니다. 학생들의 빨래도 해주었습니다. 성당 주변의 직장인과 상인들은 경찰의 포위망을 뚫고 성당 안으로 먹거리와 생활용품을 보내주었습니다. 특히 명동성당과 담을 맞대고 있는 계성여고 학생들은 등교하면서 담벼락 너머로 자신들의 도시락을 넘겨주었습니다.

대학생들은 각자의 캠퍼스에서 연대하는 시위를 벌였고, 서울교구의 젊은 사제들은 단식투쟁과 철야농성을 이어갔습니다. 시위대의 안전한 해산을 위해 날마다 미사를 올린 것은 물론입니다. 농성 기간에 명동성당 앞에서 뜬눈으로 밤을 지새우던 사람들이 있었습니다. 시위대도 아니고 경찰도 아닌 외신 기자들이었습니다.

1987년 5월부터 홍콩과 도쿄의 외신 특파원들이 한국에 들어와 있었습니다. 마치 암묵적 약속이라도 있었던 듯이 말입니다. 그들은 성당 앞 상황을 실시간으로 중계하면서 "한국의 민주주의는 필연적"이라고 보도했습니다. 국제적 언론의 힘을 확인한 계기였습니다. 이렇듯 민주주의를 향한 우리 모두의 공감과 연대가 6·29 선언을 끌어내는 원동력이 되었던 것입니다.

명동성당 농성은 전두환 군부 독재의 폭압에 스러졌을 수도 있는 6·10 항쟁의 불씨를 살려낸 풀무질이었습니다. 농성을 변곡점으로 6·10 항쟁은 지속력을 가지고 확장됩니다. 6월 18일 열린 최루탄 추방대회에 150만 민중이 참여했고, 6월 26일 국민평화대행진 때에 6월항쟁은 절정으로 치닫습니다. 특히 6월 28일 부산 중앙성당의 미사와 그 후 사제들과 수녀님들의 거리평화대행진은 감동을 자아내는 장엄한 기도였습니다. 결국 6·29 선언을 통해 제5공화국은 종언을 고했고, 우리는 직선제 개헌을 쟁취할 수 있었습니다. 6월 항쟁을 통해, 시민들은 스스로의 힘으로 민주주의를 쟁취할 수 있음을 확인했습니다. 저는 이 경험이 광장을 밝히는 촛불로 면면히 이어지고 있다고 확신합니다.

거룩하시고 영원하신 하느님, 만민의 해방과 온 백성의 구원을 위한 예수님의 큰 사랑과 십자가 죽음을 깊이 묵상합니다. 박종철, 이한열, 두 청년의 희생을 계기로 온 국민이 떨쳐 일어나 염원했던 민주주의와 공화의 가치를 되새깁니다. 저희는 끊임없이 구하고, 찾고, 끊임없이 두드리면 분명히 받고, 얻고, 또 문이 열릴 것이라는 확신으로 살고 있습니다. 하지만 그러함에도 불구하고 6월 민주항쟁으로부터 35년이 지난 오늘, 여전히 실의에 빠져 있습니다.

하느님, 저희를 일으켜 세워주십시오. 순국선열들의 열정, 6월 항쟁 시민, 학생 주역들의 그 희생과 헌신의 불길로 저희를 더 뜨겁게 불태워 주시고 투신케 해주소서. 이 모든 것을 성령 안에서 우리 주 그리스도를 통하여 비나이다. 아멘!

호헌철폐 독재타도

———

6.29 선언을 이끈 민주화 운동 구호
1987년

목 터지게 민주주의를 외쳤건만
또다시 군인이

그러므로 너희는 남이 너희에게 해 주기를 바라는 그대로 너희도 남에게 해주어라.
이것이 율법과 예언서의 정신이다.

마태오 7, 12

———

양심적이고 정직한 사람을 우리는 '법 없이도 살 분'이라고 예찬합니다. 하늘나라를 지향하는 사람은 그런 사람입니다. 이에 예수님께서도 율법학자들보다 더 의로우며 법을 능가하는 삶을 살아야 한다고 강조하셨습니다. 모든 면에서 솔선수범하는 사람이 되고, 무엇보다도 먼저 이웃에게 사랑을 실천하라고 명하셨습니다. 여기서 법이란 인간의 가치와 품위를 유지하고 윤리와 도덕, 사랑을 실천하기 위한 최하위 기준입니다. 공동선common good을 지향해야 할 이유도 바로 여기에 있습니다.

헌법은 공동체 구성원의 합의와 약속으로, 대통령을 비롯한 공동체 구성원 누구나 준수해야 할 규범입니다. 대한민국 헌법은 1948년 7월 17일 공포(제정은 7월 12일)한 이래로 그동안 아홉 차례나 개정되었습니다. 아홉 차례에 걸친 개정 가운데 4·19 혁명 이후의 3차, 4차 개헌과 대통령 직선제로 복귀한 현행 9차 개정을 제외한 여섯 차례의 개정이 모두 독재자의 사익을 위한 불법적 개정입니다. 이를 간략하게 정리하면 다음과 같습니다.

제헌헌법 제정(1948.7.17)
- 1차 개정(1952.7.7) 이승만 재선을 위한 직선제 개헌과 양원제 설정
- 2차 개정(1954.11.29) 이승만의 삼선 연임을 위한 개헌, 국민투표제
- 3차 개정(1960.6.15) 4.19 혁명 후 의원내각제, 기본권 보장 확대
- 4차 개정(1960.11.29) 반민주행위 처벌

- 5차 개정(1962.12.26) 5.16 군사반란 이후 박정희의 대통령 권한 강화, 헌법재판소 폐지
- 6차 개정(1969.10.21) 박정희의 3선 연임을 위한 헌법 개정
- 7차 개정(1972.12.27) 유신헌법, 기본권 침해, 긴급조치 조항, 국회의원 1/3 임명(유정회), 대통령 체육관 선거
- 8차 개정(1980.10.27) 전두환 독재자를 위한 대통령 간접선거(7년 단임제, 대통령 체육관 간접선거)
- 9차 개정(1987.10.29) 대통령 직선제, 현행 헌법

제헌헌법이 말을 할 수 있다면 다음과 같은 역사적 꾸짖음을 하지 않을까 짐작해봅니다.

"헌법을 준수하겠다고 오른손을 들고 온 국민 앞에 선서한 대통령들아. 내 말을 들어라. 그리고 헌법을 제정한 국회의원들과 법대로 판결한다는 법관들, 법을 집행한다는 검찰들아. 내 말을 들어보아라! 너희는 법의 기초인 정의를 짓밟고 불의한 짓을 수없이 많이 저지른 역사의 배신자들이다. 이승만의 사사오입 개헌, 박정희의 삼선개헌과 유신헌법, 전두환의 7년 단임제 체육관 선거, 이 모두가 법을 잘 알고 법을 바르게 집행한다는 너희들이 한 짓이 아니냐? 이 범죄에 가담한 모든 정치인, 교수, 법관, 검찰, 공직자, 법조인은 모두 가슴을 찢고 뉘우쳐야 한다. 부디 철들고 바르게 살기를 바란다. 이제는 제발 말장난하지 않기를 바란다. 선조들이 꿈꾸었던 법 없이도 살 수 있는 그 대동 세상을 이루어다오. 항일 독립 선조들과 선인들이 만든 이 헌법을 부디 진심으로 잘 지켜 공동선을 실현해다오!"

시청 앞 보행로에 적힌 독재타도 문구

"호헌철폐 독재타도"는
1987년의 도도한 시대정신

1987년 4월 13일, 전두환은 헌법을 지키겠다며 호헌조치를 발표합니다. 이는 헌법을 존중해서가 아니라, 단지 1인 독재와 1당 독재 체제를 위한 꼭두각시 선거 체제가 필요했기 때문입니다. 그동안 이승만, 박정희, 전두환 등 독재자들은 하나같이 헌법을 짓밟고 누더기로 만들었습니다. 1인 독재 체제를 위한 들러리로 만든 것입니다. 사정이 이러하니 헌법을 원래대로 돌리자는 주장은 너무도 당연한 일입니다. 헌법 정신에 어긋난 헌법을 폐지해야 한다는 "호헌철폐 독재타도"는 바로 1987년의 시대정신이었습니다.

체육관 선거로 당선된 전두환은 똑같은 방식으로 자신의 후계자인 노태우를 대통령으로 만들고자 했습니다. 태생부터 불의한 쿠데타 정권이 호헌을 선언하다니 참으로 기막힌 일입니다. 1985년 12대 국회의원 선거에서 김영삼이 이끄는 신한민주당이 제1 야당이 되면서 본격적인 개헌 서명운동이 시작됩니다. 그 후 미 문화원 점거 농성, 부천서 성고문 사건, 박종철 고문치사 은폐조작, 이한열 열사의 죽음까지 당시를 관통했던 구호는 한결같이 호헌철폐와 독재타도입니다.

1987년 5월 27일, 야당과 재야 세력이 연대해 설립한 '민주헌법쟁취 국민운동본부'는 그 이름부터 개헌의 의지를 드러내고 있습니다. 끈질기고도 치열하게 타올랐던 6월 항쟁의 불길은 결국 전두환과 쿠데타 세력이 높이 쌓아 올린 독재의 탑을 무너뜨렸습니다. 민주정의당 전당대회에서 대통령 후보로 추대된 노태우가 직선제 개헌을 수용하겠다는 6.29 특별선언을 한 것입니다. 특별선언에는 대통령 직선제 외에도 김대중 사면복권, 시국사범 석방 등이 포함되었습니다. 6.29 선언은 군부세력의 항복선언이자 도박이었습니다. 그리고 슬프게도 그들의 도박은 결국 성공합니다.

야당과 민주 세력이 한마음 한뜻으로 개헌을 열망했지만, 정작 노태우 쪽에서 개헌을 받아들이겠다고 하자 일대 혼란에 빠집니다. 민주주의를 훼손하고 수많은 민주시민과 청년 학생들을 탄압했던 장본인이 과거사에 대한 반성 한마디 없이 민주주의의 수호자인 양 내뱉은 말들을 곧이곧대로 믿을 수 없었기 때문입니다. 따라서 6.29 선언 후 열흘간 '6.29 선언을 받아들일 것인가, 말 것인가'로 논쟁이 벌어집니다. 6.29 선언이 전두환이 아닌 여당의 대통령 후보인 노태우의 입에서 나왔다는 점이 불길했습니다. "대통령 직접 선거를 수용하고 민주주의와 자유를 보장하겠다"라는 말은 앞으로 승냥이가 풀만 먹겠다는 다짐처럼 공허했습니다.

6·29 선언으로 사그러든
6월항쟁의 불길

논쟁은 쉽사리 결론이 나지 않았습니다. 7월 초에는 한남동에 있는 수도원에 모여 갑론을박을 이어갔습니다. 기나긴 토론 끝에 결국 수용 쪽으로 결론이 납니다. 최선은 아니지만, 받아야 한다는 것입니다. 사실 받지 않을 방도도 없었습니다. 그때 우리는 절박했지만, 절박한 만큼 성숙하지는 못했습니다. 따라서 당시 그들에게 철저한 반성과 진정한 민주주의를 요구하지 못했던 것입니다. 그들은 그 허점을 노렸습니다. 6월항쟁의 불길은 6.29라는 맞불로 인해 사그라들었습니다.

6.29 선언을 민주주의의 승리라고 평가하기도 하지만, 그때 전두환의 완전한 항복을 받아냈어야 합니다. 저는 당시 한국방송(KBS)과의 인터뷰에서 "6.29 선언의 진정성을 인정할 수 없다. 진정성이 있다면 왜 전두환 대통령이 직접 나서지 않느냐? 뒤에 노림수가 있다는 것이 강력히 의심된다"라고 말했습니다. 하지만 저의 인터뷰는 방송에 나가지 못했습니다.

6.29 선언 이후, 민주화 바람을 타고 전국적으로 노동자들의 파업 투쟁이 벌어집니다. 이른바 1987년 노동자 대투쟁입니다. 부산 지역 노동자들을 중심으로 경제 민주화를 요구하는 목소리가 높아졌습니다. 1980년대 후반은 여전히 박정희 시대의 성장주의가 지배하고 있었던 시대입니다. 경제성장의 과실은 기업주의 몫이고 노동자들은 저임금에도 장시간 노동에 시달렸던 것이 현실이었습니다.

당시 노동자들의 요구는 8시간 노동, 노동 3권 보장, 노동 악법 개정, 노조 결성 보장이라는 지극히 당연한 것들입니다. 이에 기업들은 휴업과 폐업으로 대응했고, 전두환과 노태우 정권은 노동자를 철저히 고립시킴으로써 노동운동의 싹을 자르고자 했습니다. 하지만 1987년의 노동자 투쟁이 민주화 운동으로 승화하지 못하고 '임금 투쟁'에만 국한되었던 것은 뼈아픈 실수입니다.

1987년 10월 27일, 국민투표에 붙여진 헌법 개정안이 확정돼 10월 29일 공포됩니다. 12월 16일에는 그토록 바라던 대통령 직접 선거가 이루어졌습니다. 16년 만에 직선제가 부활한 것입니다. 국민적 열망과 기대는 89.2%란 투표율만 봐도 알 수 있습니다. 그런데 결과는 어이없게도 36.6%를 득표한 노태우의 당선이었습니다. '이런 꼴을 보려고 그렇게 많은 젊은이가 목숨 바쳐 싸우고 6월의 거리에서 목 터지게 구호를 외쳤던가' 하는 비통함과 절망감이 몰려왔습니다.

비록 미완의 혁명이지만
시민들의 용기는 그 자체로 완성형

선거 다음 날인 12월 17일 아침, 전국은 죽음의 도시였습니다. 지하철과 거리, 회사와 학교는 온통 침묵뿐이었습니다. 그날 아침 미사를 봉헌하면서도 무척이나 가슴이 아렸던 기억이 저는 지금도 생생합니다. 선거 패배의 직접적 원인은 두 정치인입니다. 김영삼과 김대중이 단일화에 실패했을 때 불행은 이미 예견됐습니다. 물론 그 밖에도 복잡한 요인들이 얽혀져 있었습니다. 그렇다 할지라도 그들이 민족에 큰 죄를 지었다는 사실이 변하진 않습니다.

민주주의를 위해 감옥에 가고 고문을 이겨내야 했던, 기꺼이 자신을 희생해야 했던 수많은 청년 학생들 앞에 김영삼과 김대중은 죄인입니다. 더욱이 놀랍게도 그들은 선거 과정에서 자신이 대통령이 되고자 지역감정을 유발하고 부추겼습니다. 세월이 흘러 그들이 차례대로 대한민국의 대통령이 되었으니 참으로 역사의 아이러니가 아닐 수 없습니다.

6월항쟁은 미완의 혁명으로 끝났지만, 전두환 신군부 독재에 항거했던 청년 학생 시민들의 용기와 열정은 그 자체로 완성형입니다. 1987년, 시민들은 자신들의 힘으로 제5공화국을 끝냈고 민주주의에 한발 다가가는 소중한 체험을 했습니다. 그리고 그 체험은 온전히 우리의 의식 속에 각인되었습니다. 2016~2017년의 광화문 촛불 혁명이 바로 그 정점입니다.

어느새 우리의 열정은 정점을 지나 하향길로 접어들었습니다. 역사가 증명하듯, 역사는 반복됩니다. 1987년 군부독재 바이러스가 변형을 거듭하여 언제 어떻게 우리에게 다시 독재의 어두운 그림자를 드리울지 모릅니다. 따라서 '호헌철폐 독재타도'의 정신으로 우리 시대의 불의한 정치인, 공직자, 법조인 등을 꼭 붙잡아 제헌헌법의 초심 앞에, 역사와 겨레 앞에 무릎 꿇도록 해야 합니다.

거룩하시고 영원하신 하느님, 공동체와 공동선을 위해 양심에 따라 법과 질서를 지키고 살겠습니다. 그런데 예수님께서 사셨던 2000여 년 전, 율법학자들은 교묘하게 법을 불의와 증오의 도구로 악용했습니다. 더구나 율법학자들과 거짓 무리들은 법의 원천인 예수님을 하느님의 이름으로 십자가에 못박았습니다. 하느님을 믿는 자들이 하느님의 이름으로 하느님의 아들을 살해했으니 이 얼마나 어이없는 일입니까? 오늘날에도 여전히 대통령과 권력자, 정치인, 법조인들이 국가와 국민을 위한다면서 오히려 법을 악용해 죄 없는 국민들에게 엄청난 고통을 주고 있습니다.

의로우신 하느님, 십자가 예수님의 사랑과 정의로 불의한 자들을 내리쳐 주시고 회개시켜 주십시오. 정의를 세워주십시오. 백성들을 돌보아 주시고 지켜주소서. 이 모든 것을 성령 안에서 우리 주 그리스도를 통하여 비나이다. 아멘!

척박한 땅 한반도에서 태어난 청년, 팔레스틴 목수의 아들을 기리며

조성만 열사 투신 사망
1988년 5월 15일

88올림픽을 앞두고
명동성당에서 전해진 비보

예수께서는 그들에게 '어디서나 존경을 받는 예언자도
제 고향과 제 집에서만은 존경을 받지 못한다' 하고 말씀하셨다.
그리고 그들이 믿지 않음으로 그곳에서는 별로 기적을 베풀지 않으셨다.

마태오 13,57-58

———

예언자가 자신의 고향에서 존경받지 못한다는 격언에는 많은 뜻이 담겨 있습니다. 사람의 인품과 가치는 이후의 역사가 평가한다는 의미와 함께 진정한 평가에는 긴 시간이 필요하다는 함의입니다. 당대에 누리는 잠시의 인기와 평가가 아닌, 후대에 이루어지는 평가야말로 참된 것입니다. 전통적으로 가톨릭교회가 성인품에 올리는 분들은 적어도 사후 50년이 되어서 그 행업을 공식적으로 평가한 결과입니다. 물론 시대가 급변함에 따라 20세기 후반에는 사후 20년, 10년에도 성인품에 올리곤 합니다. 사실 선종한 이에 대한 교회의 평가는 매우 엄격합니다. 정확을 기하기 위해서입니다.

그런데 프랑스의 잔다르크(1412~1431) 같은 분은 대중들이 성녀로 추앙했음에도 불구하고 국내외 정치적 상황 때문에 단죄받고 25년이 지나서야 명예 회복이 되었습니다. 그리고 무려 500여 년이 지난 1920년에야 성녀로 시성되었습니다. 당시 프랑스 사회의 한계와 제도 교회의 부끄러운 양면성입니다.

"조국통일 염원합니다"라고 유서 남긴
조성만 청년

오늘 우리가 기리는 조성만(요셉) 청년도 잔다르크와 연계해 생각할 수 있습니다. 한국 가톨릭교회는 조성만 형제의 결단을 제대로 이해하지 못하는 맹아기에 있습니다. 그는 인생의 가장 아름다운 시절에 유서를 품고 자신의 몸을 던졌습니다. 유서는 죽음을 앞둔 생의 마지막 글입니다. 또한 자기 삶의 종합이며 거울입니다. 그러니 그의 마지막 글을 통해 한 청년의 심정이 얼마나 비장했을지 깊이 되새겨야 합니다.

1987년의 어이없는 선거 결과에 따른 절망적 분위기는 다음 해의 올림픽 열기로 덧칠되었습니다. 언론들은 단군 이래 최대의 국가적 이벤트라며 분위기를 띄웠고 거리마다 축제 전야의 흥청거림이 가득했습니다. 미완의 혁명, 완수되지 못한 민주화는 모두의 머릿속에서 지워진 듯 보였습니다.

1988년 5월 15일 오후 3시 40분께, 조성만 열사가 명동성당 교육관 옥상에서 투신했습니다. 그날은 예수승천 축일인 주일로, 명동성당 청년들의 5월 축제 행사인 마라톤 발대식이 있었고 유가협과 민가협 회원들의 연좌농성 집회가 열려 성당 전체가 떠들썩했습니다. 따라서 많은 사람들이 현장을 지켜보았고 실신하는 사람이 나올 정도로 충격을 받았습니다. 그날은 한겨레신문과 평화신문의 창간일이기도 했습니다.

조성만 열사는 전주 해성고등학교 출신으로 서울대 화학과에 재학 중인 독실한 신자였습니다. 교목이었던 문정현 신부에게 영향을 받아 그도 사제의 꿈을 키웠지만, 부모님의 반대로 우선 서울대에 진학했습니다.

그는 명동성당 청년연합회 회원으로 활동했는데 혼자 조용히 유서를 준비하고 5월 15일에 투신을 감행한 것입니다. 그는 옥상에 올라가 "군사정권 반대, 남북 올림픽 공동 개최"라는 구호를 외친 후 몸을 던졌습니다.

조성만 열사의 투신 소식은 재빨리 퍼져나갔습니다. 국내 언론뿐 아니라 외신들도 앞다퉈 젊은 청년의 죽음을 전 세계에 타전했습니다. 그리고 그의 유서가 공개되자 파장은 더 커졌습니다. 그것이 장엄한 신앙 고백문이었기 때문입니다. 다음은 유서의 일부입니다.

천하한 땅한 반도에 떼어 난청년

팔회스턴 목수의 아들을 기르며

"척박한 땅 한반도에서 태어나 인간을 사랑하고자 했던 한 인간이 조국 통일을 염원하며 이 글을 드립니다. (…) 지금 이 순간에도 떠오르는 아버님, 어머님 얼굴. 차마 떠날 수 없는 길을 떠나고자 하는 순간에 척박한 팔레스틴에서 목수의 아들로 태어난 한 인간이 고행 전 느낀 마음을 알 것도 같습니다."

조성만 열사는 한반도의 현실을 예수님께서 태어나신 팔레스틴에 비유했습니다. 그의 세례명은 요셉으로, 평생 노동자로 사셨던 요셉 성인은 예수님의 양부입니다. 예수님께서 성장하시고 활동하셨던 나자렛 지역은 소외된 땅으로 한반도를 상징합니다. 그를 통일 열사라고 부르는 이유가 여기에 있습니다. 군사정권의 재집권과 올림픽 단독 개최에 깊은 절망을 느낀 그는 "민족의 평화로 나아가는 길이 그리스도의 요청이므로 신앙인으로서 자신을 던진다"고 했습니다.

20대 청년 그리스도인의 죽음이 문익환 목사의 방북을 이끌어내다

조성만 열사의 투신은 1980년대 후반 통일 이슈에 결정적 계기를 만들었습니다. 1989년 한 해에만 문익환 목사, 임수경, 문규현 신부가 방북했다는 사실이 그 방증입니다. 유서에 엄청난 충격을 받은 문익환 목사는 1989년 4월 2일 김일성 주석을 만나 남북 평화를 위한 공동성명을 발표합니다. 20대 청년 그리스도인의 죽음이 목사님을 감동시켜, 김일성을 찾아가 포옹하고 새로운 통일의 길을 열게 했습니다. 전국대학생대표자협의회 대표인 임수경은 세계청년학생축전에 참가하기 위해 독일을 통해 북한에 갔으며, 문정현 신부의 동생인 문규현 신부는 임수경을 보호하기 위해 방북했습니다. 그 일로 문규현 신부는 3년여간 옥고를 치러야 했습니다.

조성만 열사 서울대 추모비

사실 문익환 목사의 방북 얼마 전에 정치인의 방북도 이루어졌습니다. 국회의원 서경원이 1988년 8월 동유럽을 통해 북한에 들어가 김일성 주석을 만난 것입니다. 하지만 그의 참뜻은 빛을 발하지 못하고 묻혀 버렸습니다. 서경원 의원은 국가보안법 위반으로 구속되어 호된 조사를 받은 후 8년의 옥고를 치뤘습니다.

조성만 열사의 투신은 기성 종교계에도 경종을 울렸습니다. 그가 하필 명동성당에서 투신한 것은 경직된 수구의 길을 걷고 있는 가톨릭에 반성을 촉구하기 위함이었습니다. 1988년 조성만 열사의 장례식은 명동성당에서 열리지 못했습니다. 가톨릭은 스스로 목숨을 끊은 이들에 대해 공식적인 추모 미사를 하지 않는다는 것이 이유였습니다. 지극히 봉건적이고 과거 회귀적인 생각입니다. 사실 이 기준은 1960년대에 이미 폐지되었습니다. 죽음은 하느님의 영역이므로 사람이 단정할 수 없다는 것이 제2차 바티칸 공의회 이후 교회의 공식적인 의견입니다.

　　제가 성당과 명청(명동성당 청년연합회) 회원 간의 중재에 나섰지만 결국 장례미사는 할 수 없었습니다. 명동성당의 주임신부였던 정의채 신부님은 이런 부분에 대해 그리 개방적이지 않으셨습니다. 결국 절충안으로 장례미사는 생략한 채 사도예절(고별기도)만 하고 장례를 치렀습니다. 그 후 조성만 형제의 유해를 모신 청년, 학생, 시민들은 서울역사박물관 광장에서 장엄하게 장례식을 거행하고 시청 앞 광장과 그의 모교인 서울대학교에서 노제를 지냈습니다. 그리고 앞서간 희생자들을 기리며 수많은 군중이 운집한 가운데 광주 망월동 구 묘역에 모셨습니다. 장례식 자체가 민족의 일치와 화해를 위한 장엄한 기도였고 통일을 위한 선언과 다짐이었습니다.

　　통일운동의 씨앗이 되었던 조성만 열사가 세상을 떠난 지도 30년이 훌쩍 지났습니다. 2001년이 되어서야 조성만 열사는 민주화운동 관련자로 인정되었고 2021년 6월에는 국민훈장 모란장이 추서되었습니다. 그리고 2021년 11월엔 그토록 염원하던 '조성만 기념사업회'가 전주에서 발족했습니다. 조성만 군과 함께 활동했던 이들은 그가 명동에서 선종했으니 서울교구가 중심이 되었으면 좋겠다고 청했으나 정진석, 염수정 두 전임 교구장은 이를 외면했습니다. 선종한 자리에 표지석이라도 세웠으면 하는 작은 바람도 이루어지지 않았습니다. 가톨릭 사제로서 참으로 부끄럽고 안타까운 일입니다.

타인과 공동체를 위한 결단,
폄훼 말아야

　　솔직하게 고백하건대 1988년 당시에 저도 조성만 열사의 헌신이 어떤 의미인지 잘 알지 못했습니다. 그때는 온통 당혹감뿐이었습니다. 하지만 시간이 흐를수록 민족공동체를 향한 대단한 결단이라는 생각이 듭니다. 비록 가톨릭이 오랫동안 죄악시해온 자결의 형태였지만 저는 그분들에게서 고귀성을 엿보았습니다.

죽음에는 자연사와 병사, 타살, 자살 등 여러 유형이 있습니다. 자연사와 병사는 자연 섭리이므로 누구나 수락할 수밖에 없습니다. 타살의 경우는 12월 28일 무죄한 어린이 순교자 축일과 같이 제3자가 무력으로 목숨을 빼앗은 경우입니다. 바로 예수님이 대표적인 예범입니다. 1987년 남영동 대공분실에서 숨진 박종철 열사를 비롯해 숱한 분들이 역사의 굴레에서 억울하게 타살당했습니다. 예수님을 떠올리며, 그분들에 대한 관심과 사랑을 갖고 그 시대적 배경과 이유를 늘 고민해야 하는 것이 그리스도인의 시대적 사명입니다.

죽음의 세 번째 유형이 자살인데 여기에는 두 가지가 있습니다. 첫째는 죽음의 동기가 사적 또는 개인적인 경우입니다. 극단의 억울함에 항거해, 또는 개인적 한계로 선택한 죽음입니다. 두 번째는 이웃과 공동체, 역사적 소명에 기초한 이타적 죽음입니다. 타인과 공동체를 위한 소명의 선택과 결단입니다.

일제가 나라를 강탈했을 때 스스로 목숨을 끊은 책임 있는 공직자들이 있습니다. 두 명의 대신, 즉 민영환과 조병세의 순절, 양산군수 향산 이만도 지사, 금산군수 일완 홍범식 지사, 시인이며 역사학자인 매천 황현 지사, 이분들은 모두 민족사에서 귀감이 되는 스승들입니다. 또한 박정희 유신독재에 맞서 "노동자도 인간"이라고 외치며 산화한 전태일 열사, 인권과 민주화 실현을 위해 결단한 서울대생 김상진 열사 등도 계십니다.

오늘 우리는 조성만(요셉) 형제를 기립니다. 민족의 일치와 화해, 통일을 위해 몸 바친 결단의 청년 그리스도인입니다. 미국 등 강대국의 간섭을 넘어서야 한다는 호소에 우리 모두 귀 기울여야 합니다. 공동체를 위해 투신한 분들을 기리는 행업이 바로 진지한 기도이자 경건한 종교의식과 장엄한 전례입니다. 8천만 겨레가 이분들의 뜻에서 교훈을 얻어 평화와 공존의 길을 열기를 간절히 바라며 기도합니다.

거룩하시고 영원하신 하느님, 조성만(요셉) 청년을 기리며 기도합니다. 1980년 고등학교 1학년 시절, 광주의 참상을 전해 듣고 "진상을 규명하라"고 외치며 친구들과 거리를 누볐던 조성만은 사제가 되겠다는 열망을 간직했습니다. 대학 입학 후 국방의 의무를 마치고 명동성당 청년회에서 활동했습니다. 가민연(가톨릭민속연구원) 회장으로 봉사하면서 교회가 바로 우리 민족의 삶 한가운데에서 새로 태어나야 한다는 제2의 강생, 토착화의 의미를 깊이 깨닫고 동료들과 함께 실천을 다짐했습니다.

명청 선배들의 영향을 받은 그는 예수님의 십자가 헌신의 의미를 깨닫고 투신했습니다. 바로 예수님께서 하늘에 오르신 승천 축일이며, 복음을 온 세상에 널리 선포하는 홍보주일입니다. 하늘에 오른 조성만(요셉)은 온 세상에 주님의 복음을 새로 선포했습니다. 밀알 하나가 땅에 묻혀 죽어야 많은 열매를 맺는다는 성서 말씀을 몸소 실천하며 결단했습니다. 이 청년의 고귀한 선택과 삶을 존경하며 저희 모두 예수님처럼, 순교자들과 순국선열처럼 결단의 삶을 살겠습니다.

하느님, 조성만 형제를 통해 저희 모두 새로이 태어나 새롭게 깨닫고 새롭게 살겠습니다. 저희 모두를 깨우쳐 주시고 민족의 일치와 화합을 앞당겨 실현해주소서. 이 모든 것을 성령 안에서 우리 주 예수 그리스도를 통하여 비나이다. 아멘!

함세웅의 붓으로 쓰는 역사기도 41

국가보안법 폐지

13,000여 명을 구속시킨 악법 폐지 운동

2000년 폐지안 발의

동족과 가족을 원수 삼고
민족을 분열시키는 법

너희 뱀들아, 독사의 자식들아, 너희가 지옥형 판결을 어떻게 피하려느냐?

그러므로 이제 내가 예언자들과 현인들과 율법학자들을 너희에게 보낸다.

그러면 너희는 그들은 더러는 죽이거나 십자가에 못 박고 더러는

너희 회당에서 채찍질하고 또 이 고을 저 고을 쫓아다니며 박해할 것이다.

마태 23,33-34

———

'법이란 과연 무엇인가'를 우리는 언제나 진지하게 되물어야 합니다. 저는 윤리신학 입문 과정에서 프랑스인 사제 교수가 서투른 한국어로 힘주어 말한 내용을 생생하게 기억하고 있습니다. "법, 법은 필요 없어요! 양심, 양심이 최고예요!" 로마 유학 시절 동방신학 교수 한 분이 교회 법전을 탁상에 내리치며 "이놈의 교회법이 그리스도교 공동체를 망하게 한 주범입니다!"라고 외치셨던 일도 늘 머릿속에 기억하고 있습니다.

그렇습니다. 법은 양심과 상식에 기초한 사회적 합의로 무엇보다 약자의 보호막이어야 합니다. 성경을 중심으로 살았던 히브리인들은 십계명에 기초해 동태복수법을 공인하고 613조나 되는 율법을 제정했으며, 이를 기초로 종교사회 지도자들은 백성을 지배했습니다. 그러나 예수님은 법의 근본정신을 강조하시며 "모든 법은 하느님 사랑, 이웃 사랑(경천애인 · 敬天愛人)이며 법의 준수도 중요하지만 핵심은 내면적 지향"이라고 하셨습니다.

예를 들어 '살인하지 말라'는 금령을 넘어 살의도 품어서는 안 된다는 완전한 가르침입니다. 물론 이는 법을 넘어선 종교의 영역이지만, 사람은 모름지기 외적 행동과 함께 내적 자세가 중요하다는 말씀입니다.

법은 외치外治, 양심은 내치內治라고 구분하지만 성숙한 도덕인은 이 둘을 종합해 성실하게 살아야 합니다. 만일, 법만을 강조한다면 법 운영은 많은 경우에 지극히 잔인

한 폭력이 됩니다. 국가보안법이 바로 그 예범입니다.

국가보안법의 모태는
독립운동가 잡던 일제의 치안유지법

우리나라 헌법이 1948년 제정되었다는 것은 누구나 다 알지만, 국가보안법 역시 같은 해에 제정되었다는 사실을 아는 사람은 드뭅니다. 1948년 12월 1일, 이승만 정권은 순수하지 못한 의도로 국가보안법을 제정합니다. 직접적인 계기는 1948년 10월 19일 발발한 이른바 여순 사건입니다. 이 사건의 주동자가 군인이라는 점에서 이승만 정권은 큰 위협을 느꼈던 것으로 보입니다.

문제는 국가보안법의 뿌리가 일제강점기 '치안유지법'이라는 데 있습니다. 주요 조항과 조문을 그대로 베꼈습니다. 일제가 독립운동가들을 탄압하기 위해 만든 법이 자국민을 억압하는 데 쓰였다니 참으로 가슴 아픈 일입니다. 게다가 일제의 부역자들이 자신의 과오를 덮기 위해 국가보안법을 이용한 측면도 있습니다.

1949년 여름 '국회 프락치 사건'이 그 예범입니다. 일제에 맞서 독립 항쟁에 투신했던 분들과 같은 뜻을 지닌 소장파 의원들은 일제 시대 헌병으로 부역했던 자들에게 체포돼 고문을 받는 수모를 겪은 뒤 재판까지 받았습니다. 바로 국가보안법 위반으로 말입니다. 국보법 악용의 첫 사례입니다.

우리 모두는 나라를 사랑하고 나라를 안전하게 지키기 위해 책무를 다합니다. 이 책무를 어긴다면 마땅히 공동체와 공동선의 이름으로 그들을 엄하게 꾸짖고 처벌해야 합니다. 이를 위해 형법 등이 거의 완벽하게 갖추어져 있습니다. 그런데 옥상옥과 같은 국가보안법을 새로 제정한 것은 그 의도가 매우 불순하다고 할 수 있습니다. 사실 1948년 11월 14일 〈조선일보〉는 사설을 통해 "이러한 법의 제정은 악법이 될 수 있으

國家保安法廢止

므로 국회에 경고한다"라고 했을 정도입니다. 오늘의 〈조선일보〉가 그때의 건강한 시각을 되찾아 바른 언론으로 다시 태어나기를 바랍니다.

박정희가 만든 또 하나의 법
'막걸리 반공법'

그런데 이승만을 이은 독재자 박정희는 국가보안법으로도 성에 차지 않았는지 해괴한 법을 하나 더 만들어냅니다. 바로 반공법입니다. 박정희 정권은 반공을 국시로 삼았습니다. "방귀 뀐 놈이 성낸다"라는 속담이 있습니다. 여수 · 순천 사건 관련자로 처벌받았던 박정희는 자신의 과거를 은폐하기 위해 엉뚱하게 더 큰소리를 낸 것입니다. 그리고 본의든 아니든 그의 형 박상희와 가장 친했고 박정희 자신도 어린 시절 흠모했던 황태성을 처형합니다. 미국의 눈치를 볼 수밖에 없었던 박정희 개인의 비극이며 동시에 우리 민족의 아픔입니다.

무엇에 반대하는 것을 국가의 정체성으로 삼는다는 것 자체가 어이없고 서글픈 일인데, 한술 더 떠서 공산주의에 반대하기 위해 법을 제정한 것입니다. 이는 법 이론상이나 사회 통념상 결코 바람직하지 않습니다. 반공법은 1961년 7월 제정되어 1980년 국가보안법에 통합되며 폐지되었습니다. 국가보안법에서 가장 문제시되고 있는 제7조 찬양 · 고무죄가 바로 반공법의 조항을 물려받은 것입니다.

[국가보안법 제7조 1항] 국가의 존립 · 안전이나 자유민주적 기본질서를 위태롭게 한다는 점을 알면서 반국가단체나 그 구성원 또는 그 지령을 받은 자의 활동을 찬양 · 고무 · 선전 또는 이에 동조하거나 국가 변란을 선전 · 선동한 자는 7년 이하의 징역에 처한다.

법률 전문가가 아니더라도 이 조항의 문제를 금세 눈치챌 수 있습니다. 찬양, 고무, 선전, 선동이라는 단어는 법적 용어로서 부적절합니다. 그야말로 코에 걸면 코걸이, 귀에 걸면 귀걸이입니다. 실제로 우리 역사의 독재자들은 자신의 권력을 유지하고 정적을 제거하는 데 이 법을 이용했습니다. 또한 국민의 기본권인 사상의 자유, 표현의 자유, 정치적 자유를 억압하는 도구로 삼았습니다.

1960~1970년대에는 반공법을 '막걸리 반공법'이라 불렀습니다. 막걸리 한잔하다가 말 한마디 잘못하면 걸려든다는 의미에서였습니다. 어선이 풍랑을 만나 북한에 갔다 왔다는 이유만으로 반공법에 걸리기도 했습니다. 1969년 한 해에만 국가보안법과 반공법 위반으로 입건된 사람은 881명에 달합니다. 1965년 이만희 영화감독, 1972년 김지하 시인, 1974년 민청학련 사건, 1975년 한승헌 변호사, 김대중, 문인간첩단 사건 등 반공법으로 처벌된 사례는 분야를 가리지 않습니다. 그 후 매 사건마다 한 명에서부터 수십여 명이 국가보안법과 반공법으로 구속되었습니다.

지난 70여 년간 기소된 분들의 수는 이승만 정권을 제외하고도 박정희 6944명, 전두환 1759명, 노태우 1529명, 김영삼 2075명, 김대중 2158명, 노무현 412명, 이명박 202명, 박근혜 181명, 문재인 20명으로 모두 1만 3천여 명에 달합니다.(노동사회과학연구소) 참고로 인권의학연구소와 김근태기념치유센터 '숨'이 연구·공표한 '국가기관에

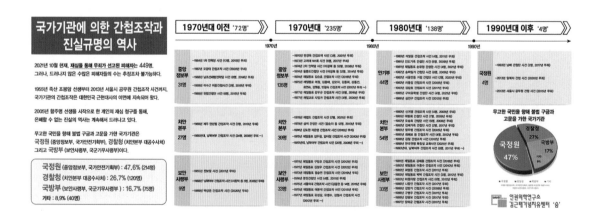

의한 간첩조작과 진실규명의 역사' 자료를 소개합니다.

　　자료에 따르면, 2021년 10월 현재, 재심을 통해 무죄가 선고된 피해자만 449명입니다. 그러나 드러나지 않은 수많은 피해자의 규모는 추정조차 불가능합니다. 1959년 죽산 조봉암 선생부터 2013년 서울시 공무원 간첩조작 사건까지 국가기관의 간첩조작은 대한민국의 근현대사에서 끊임없이 자행되어 왔습니다. 다행히 2005년 함주명 선생을 시작으로, 개인의 재심 청구를 통해 진실의 역사가 속속 밝혀지고 있습니다. 무고한 국민에게 불법 구금과 고문을 가한 국가기관은 다음과 같습니다.

• 국정원(중앙정보부, 국가안전기획부) ─ 47.6%(214명)

• 경찰청(치안본부 대공수사처) ─ 26.7%(120명)

• 국방부(보안사령부, 국군기무사령부) ─ 16.7%(75명)

• 기타(확인하지 못한 기관) ─ 8.9%(40명)

2000년 처음 발의된 국가보안법 폐지안
20년째 제자리걸음

　　지금도 재일동포 등 많은 분들이 간첩 조작 사건에 대해 재심을 청구하고 있습니다. 국민을 안전하게 지켜주고 보호해야 할 국가가 공권력을 동원하고 고문과 조작을 통해 죄 없는 사람들을 간첩으로 만들었습니다. 이 악법을 창안한 이승만, 박정희, 전두환 등 역대 대통령들과 이 법을 악용한 중앙정보부, 경찰, 보안사, 검찰, 판사 등의 실명을 모조리 밝혀 역사 앞에 고발하고, 당사자들과 후예들의 진실한 속죄를 받아 내야 합니다. 이것이 바로 역사 정화, 참된 회개, 그리고 인간성과 국격의 회복입니다.

　　국가보안법은 동족과 가족을 원수로 삼고 민족을 분열시키는 법입니다. 심지어

국가보안법 폐지를 위한 국회 앞 대규모 단식 농성

우리를 침략했던 일본과도 국교를 맺었고, 최근에는 위안부나 독도 문제 등 여러 이슈에도 불구하고 관계를 정상화해야 한다는 목소리가 높습니다. 그러니 같은 겨레인 남과 북이 적대할 이유가 없습니다. 동족을 적을 넘어 악으로 규정하는 법은 반인륜적이고 비인간적입니다. 다른 정치 이데올로기를 갖고 있다는 것이 누가 누구를 굴복시켜야 한다는 의미는 절대 아닙니다. 서로를 인정하는 것이 공존과 공생, 그리고 상생의 원리입니다.

국가보안법을 폐지하자는 주장과 노력은 오래전부터 이어져 왔습니다. 하지만 국가보안법의 생명력이 더 길었는지, 그 법에 의지해 이득을 보는 사람들이 더 많았는지 아직까지 염원은 이루어지지 않았습니다. 스스로 국가보안법의 피해자인 김대중 대통령에 의해 2000년 처음으로 폐지안이 발의된 이래 여러 차례의 시도가 있었지만 번번이 좌절되었습니다. 노무현 대통령 시절에는 당시 박근혜 대통령이 대표로 있었던 한나라당의 극렬한 반대 때문에, 문재인 대통령 시절에는 헌재의 합헌 결정으로 동력을 잃었습니다. 시대의 한계, 정치적 무력감 앞에서 깊은 슬픔을 느낍니다.

저는 민족을 분열시키고 국민의 기본권을 침해하는 국가보안법을 시대의 이름으로 마땅히 폐지해야 한다고 주장합니다. 신학적으로도, 동족에 대한 배척과 거부는 하느님 앞에 큰 죄입니다. 국보법은 신앙의 이름으로도 마땅히 폐지해야 합니다. 겨레의 합의에 의해 이 법이 폐기되는 날이 하루 빨리 오기를 바라며, 그동안 국가보안법에 희생된 분들과 국가보안법 폐지에 몸 바치셨고 지금도 노력하고 계신 분들을 기억하며 희생자들과 가족 모두의 건강한 치유를 위해 기도하며 하느님의 은총을 청합니다.

거룩하시고 영원하신 하느님, 흩어진 사람들을 모으시고 모인 사람들은 지켜주시니, 남북으로 갈라진 우리 민족을 자비로이 굽어보시어 화해와 일치를 이루어 평화 공존의 삶을 살고 흩어진 가족들이 함께 모여 기쁘게 선조들과 선열들을 공경하고 하느님께 영광을 드리게 해주소서.

하느님, 남북으로 분단된 저희가 잘못된 과거를 뉘우치고 회개해 서로 화해하도록 도와주십시오. 2014년 8월에 한국을 방문한 프란치스코 교황은 저희에게 권고했습니다. 저희가 비록 남북으로 갈라져 있지만 저희는 같은 말을 사용하고 있는, 어머니가 같은 한 가정의 형제자매들임을 깨우쳐 주었고 여러 면에서 더 여유롭게 살고 있는 남쪽의 형제자매들이 북의 형제자매들을 도와주고 껴안아야 함이 의무임을 강조했습니다.

거룩하신 하느님 저희는 참으로 한 민족 한 형제, 자매들입니다. 하오니 한 가족과 형제자매들을 적과 원수로 규정한 국가보안법과 같은 악법을 폐지하고 남과 북이 하나 되어 하느님 안에서 한 형제자매임을 깨닫고 실천하게 해주소서. 국가보안법을 악용한 이들과 고문 등 비인간적 범죄를 저지른 이들이 속죄하고 진심으로 뉘우치도록 하느님, 그들의 양심을 깨우쳐 주소서. 저희 모두 정의와 평화, 형제자매 속에 살게 하시고 남북의 겨레와 민족 공동체를 축복하소서. 이 모든 것을 성령 안에서 우리 주 그리스도를 통하여 비나이다. 아멘!

천

함세웅의 붓으로 쓰는 역사기도 42

감옥의 영성

26개월간의 옥중 생활이 가르쳐준
십자가 고난의 의미

요셉의 주인은 그를 잡아 감옥에 쳐넣었다.

그곳은 임금의 죄수들이 갇혀 있는 곳이었다. 이렇게 해서 요셉은 감옥에 살게 되었다.

창세기 40, 20-21

———

요셉이란 이름은 의인을 뜻합니다. 성조聖祖 요셉은 억울한 누명을 쓰고 감옥에 갇혔지만 하느님의 섭리와 은총으로 왕의 특사를 통해 극적으로 풀려납니다. 그 후 이 국땅 이집트의 총리가 되고 친족과 일행을 구했다는 것이 창세기의 증언입니다. 이는 고생 끝에 낙이 온다는 고진감래의 좋은 예이기도 합니다. 지독한 고통 속에서 모든 것을 내려놓는 순간 우리는 영적으로 좀 더 성숙하게 됩니다. 욥기는 바로 빈손으로 왔다가 빈손으로 간다는 공수래공수거의 교훈을 담고 있습니다.

구약성경의 사건들은 모두 예수님의 십자가 죽음과 고통 그리고 부활의 관점에서 해석되고 종합됩니다. 이것이 그리스도교 신학의 핵심입니다. 이 원리를 우리는 영성靈性이라고 합니다. 영靈과 성性의 합성어인 영성은 '영에도 성품性品이 있으니 품위 있게 살아야 한다'라는 교훈입니다.

이제까지 영성은 종교, 특히 그리스도교의 전유물이었습니다. 그러나 시대가 진전하고 종교의 구원관이 넓어지고 보편화되면서, 영성도 세상과 역사 속에서 그리고 일상의 삶 가운데에서 태동하고 성장하는 그 자체라고 해석합니다. 이것이 바로 하느님의 말씀과 역사 현실에 기초한 창조적 영성, 연민과 자비, 일치와 연대, 공존과 공생, 공감의 영성입니다.

영성Spirituality의 라틴어 어원은 영spirit과 질quality의 합성어입니다. 영어 단어 말미에 quality의 약어인 –ity를 붙이면 영성spirituality, 인간성humanity, 육체성coporality, 동물성animality, 평등성equality, 남성성masculinity, 여성성femininity, 보편성universality 등의 합

성어가 됩니다.

그런데 우리나라와 중국, 일본 등 동양어권에서는 'Spirituality'를 '영성'으로 번역했습니다. 질質을 성性으로 번역한 것입니다. 동양어권에서 성性은 사물의 본질, 우주 만물의 본성을 의미합니다. 마땅히 그러해야 하며 그리로 회귀해야 한다는 의미를 담고 있으니 비슷한 개념으로 볼 수 있습니다.

모든 것을 빼앗기는 감옥에서
진정한 가난과 비움을 배우다

영성이란 하느님 앞에 벌거벗은 몸으로 서 있는 자세입니다. 공수래공수거가 바로 그 선언입니다. 사실 모든 사람은 죽음 이후에 하느님의 심판대 앞에 섭니다. 바로 벌거벗은 모습으로 말입니다. 하느님 앞에 벌거벗고 서 있자니 얼마나 부끄럽겠습니까? 부끄러운 인간은 하느님 앞에 부복하여 전전긍긍하며 하느님께 용서를 빌고 자비를 청하게 마련입니다. 이것이 정화와 단련의 첫 과정입니다.

가톨릭에서는 이를 연옥煉獄이라 번역했는데 정화소라는 것이 보다 정확한 표현입니다. "하느님께서 죄악을 살피신다면 주님, 누가 감당할 수 있겠습니까?"(시편 130, 3)라는 시편 작가의 고백도 바로 정화 과정을 말합니다. 하느님께 다가가는 것이 영성의 첫걸음입니다. 인간의 모든 수치와 고통, 아픔에는 나름대로 정화적 요소가 담겨 있습니다. 결정적으로 죽음이 그 정화소로 들어가는 관문이며, 감옥은 바로 죽음의 문턱입니다. 제가 감옥의 삶을 '감옥의 영성'이라고 부르는 이유입니다.

감옥에서 우리는 모든 것을 빼앗깁니다. 우선 벌거벗고 신체검사를 합니다. 온몸을 확인하고 몸의 특징과 표시, 상처 등 모든 것을 신분장에 자세히 기록합니다. 벌거벗은 몸은 바로 죽음의 간접 체험입니다. 입고 있던 모든 것을 벗고, 가지고 있는 모든 것을 내놓아야 합니다. 목욕탕에서 자유의지로 벗는 것과 감옥에서 강제로 벗김을 당하는 것은 크게 다릅니다. 남성의 경우, 군에 입대했을 때 이러한 경험을 합니다. 다만 그때에는 죄인이 아닌 공인의 신분이고 같은 또래의 젊은이들과 함께이니 수치심은 없습니다. 하지만 감옥에서 당하는 벗김은 그 자체가 형언할 수 없는 수모이고 일종의 고문입니다.

그런데 그 고통이 바로 정화의 과정입니다. 벌거벗어야 비로소 자신의 온몸을 확인하고 비로소 제대로 씻을 수 있습니다. 죄수복으로 갈아입은 후에는 수번을 받습니다. 국가보안법 해당자는 빨간표, 긴급조치 해당자는 노란표 등을 가슴에 부착합니다. 당시 감옥에서 거치는 필수 과정이었습니다.

어느 날 묵상 중 문득 떠오른 글귀
'감옥의 영성'

벌거벗긴 자의 자유, 감옥에 갇힌 자의 자유, 그것이 바로 빼앗김의 과정을 통한 가난과 비움, 낮춤과 하강下降의 영성입니다. 러시아의 작가 알렉산드르 솔제니친이 이를 증언했습니다. 그는 스탈린 치하의 수용소에서 보낸 자신의 경험을 바탕으로 몇 편의 소설을 썼습니다. 그중 하나가 단테의 지옥에서 제목을 따온 '제1원'(In The First Circle)입니다. 소설 속 주인공 글렙 네르진은 수학 교수인데 자가 검열을 하면서 조심조심 강의를 했지만, 결국 감옥에 갇히고 맙니다.

주인공은 자신이 가진 소중한 것들을 다 빼앗겼다고 절망합니다. 그러나 그 순간 그는 자유로움과 해방을 체험합니다. 이제 다 빼앗기고 이 몸 하나만 남았는데 이 몸을 바칠 각오를 하니 그렇게 자유로울 수가 없었습니다. 그렇습니다. 목숨을 건 결단의 자유, 그게 바로 비움의 영성, 순교의 영성, 초월의 영성 그리고 감옥의 영성입니다.

1

서대문 형무소 옥사 내부

2

서대문 형무소 전경

3

골고타 언덕

3

그는 마침내 자유를 찾고 감옥이 제일 거룩한 곳임을 체험합니다. 저는 감옥에서 이 소설을 읽으며 크게 공감하고 깊이 감동하였습니다.

제가 감옥을 처음 체험한 것은 군대에서입니다. 1962년 대학교에서 철학 과정을 마치고 군에 입대했는데 공교롭게도 제가 근무한 곳이 남한산성 육군교도소였습니다. 그곳에서 난생처음 사회의 모순과 어둠을 체험했습니다. 그 후, 사제의 길에서 저는 의로운 청년 학생들 그리고 고통받는 형제자매들과 손을 잡은 결과 죄수가 되어 감옥에 가게 되었습니다. 긴급조치를 위반했다는 죄목으로 진짜 감옥, 서대문 형무소에 갇힌 것입니다. 그곳은 육군교도소와는 전혀 다른 살벌한 곳이었습니다.

저는 추위를 많이 타는 체질이라, 천정에 성에가 잔뜩 끼고 마룻바닥은 늘 눅눅한 서대문 형무소의 겨울은 특히 힘들었습니다. 하지만 이것이 2천 년 전 예수님의 길을 따르는 것이란 믿음과 기도로 모든 고통을 의지로 극복했습니다. 게다가 서대문 형무소는 유관순 열사를 비롯한 수많은 항일 투사들이 고난 받으신 현장이라 그분들을 마음에 모시고 영적 일치를 확신하며 굳은 다짐을 했습니다. 순국선열과 순교자의 숨결을 느낄 수 있는 곳이어서 더 힘이 났습니다.

저는 신학교의 생활과 비슷하게 시간표를 정해 생활했습니다. 하루를 기도, 묵상, 요가, 독서 등으로 시간을 배분했습니다. '백수가 더 바쁘다'라는 우스갯소리처럼 감옥에서도 나름 바쁜 나날을 보낼 수 있었습니다. 그리고 어느 날 묵상 중에 '감옥의 영성'이란 글귀가 떠올랐습니다.

인간을 정화하고 초심을 회복하기에 감옥만큼 훌륭한 장소는 없습니다. 감옥은 십자가상 예수님과 순교자들을 새롭게 만나는 생생한 고난의 현장입니다. 제게는 신학교가 제1의 수련 과정이었다면 감옥은 제2의 수련 과정이었습니다. 제가 감옥을 정화의 수련소라고 부르는 이유입니다. 솔제니친의 소설 속 주인공처럼 모든 것을 다 빼앗겼을 때 오히려 정화되고 지극한 순수에 닿는 체험을 할 수 있었던 것입니다.

감옥에서 성경을 읽고 묵상하니 그 체험이 새로웠습니다. 특히 감옥이란 두 글자가 아주 크게 제 눈에 그리고 가슴에 와 닿았습니다. 그 순간 저는 눈을 감고 한참 동안 깊이 묵상했습니다. 성조 요셉의 감옥, 숱한 예언자들이 거쳐 가셨던 곳, 세례자 요한, 베드로, 바오로, 요한, 실라 등 수많은 사도가 갇혔던 감옥…. 밖에서는 그저 스쳐 지나갔던 성경의 감옥 이야기를 감옥 안에서 읽고 있자니, 쇠뭉치로 머리를 얻어맞은 듯 정신이 번쩍 들고 바로 이곳이 신앙의 정련소임을 깨닫게 되었습니다. 성경에 나오는 '갇힌 사람, 빼앗김, 노예' 등의 단어가 살아 있는 구체적 현실로 제게 다가왔습니다. 피정기도와 고행 등 모든 희생과 선행이 바로 감옥의 영성과 연결되었습니다.

저는 감옥 속에서 십자가 고난의 의미를 새삼 다시 깨달았습니다. 십자가의 길은 세상 어디에나 있습니다. 십자가의 길을 따라 한 걸음씩 걸을 때마다 우리는 정화되며 끝내는 완덕의 정상에 오를 수 있습니다.

예수님의 사형 터를
장엄하게 재현하는 곳이 감옥

저는 처음에 서대문 구치소에서 13개월, 광주교도소에서 3주, 공주교도소에서 9개월 등 총 1년 10개월을 살았고, 두 번째는 영등포 교도소에서 꼭 100일간 수형 생활을 했습니다. 감옥은 힘든 곳이지만 한편으로는 자아 발견의 수련소, 하느님과 역사 앞에 진심으로 죄인임을 고백하며 전적으로 하느님과 일치하는 골고타 언덕 십자가 제사의 재현이었습니다.

서대문 형무소에 끌려간 첫날 밤, 수감 절차를 마치고 새벽 3시경 3사상 어느 방에 갇혔습니다. 중앙정보부에서 며칠간 밤새 시달렸던 터라 정신없이 쓰러져 잤습니다. 두서너 시간 지나 기상 시간이 되었습니다. 깨어나 방을 둘러보니 완전히 쓰레기통이었습니다. 화장실 문 비닐은 다 찢겨 있었고 변기통에는 변이 꽉 차 있었습니다. '이게 진짜 감옥이구나!' 싶었습니다.

'하느님, 도와주십시오! 모든 고난을 이겨내게 해주십시오!'라며 끝없이 화살기도를 바치던 순간, 문이 열리더니 교도관이 물 한 통을 넣어주었습니다. "이제부터 당신이 살 방이니 깨끗이 청소하시오!"라는 퉁명스러운 말과 함께. 저는 그 물로 바닥을 깨끗이 청소했습니다. 교도관에게 물을 더 달라고 청해, 그 추운 3월에 땀을 뻘뻘 흘리며 청소를 했습니다. 또 막대기를 얻어 화장실에 쌓인 변까지 깨끗하게 치웠습니다.

그리고 눈을 감고 '하느님, 참 힘듭니다. 신학교에 입학했던 첫 마음으로 예수님께서 당하셨던 십자가 고난을 묵상하며 이 기간을 잘 이겨내겠습니다' 하고 기도했습니다. 그때 교도관이 덜그럭 문을 따더니 "이리 나오시오! 방을 옮겨야 합니다"라고 말하는 것이었습니다. 저는 깜짝 놀라 "방을 옮긴다고요? 저는 여기 있겠습니다"라고 대답했습니다. 교도관이 "어서 나와요! 감옥에 자기 방이 어디 있어요?"라고 말해 할 수 없이 끌려나갔습니다. 땀을 뻘뻘 흘리며 두어 시간 동안 청소했던 수고가 너무나도 허탈했습니다.

그런데 새로 옮겨 간 곳은 재소자들이 사용하던 방으로 마루도 반짝반짝 빛났고 그야말로 새집 같았습니다. 그 순간 저는 두어 시간 청소했다고 감옥에서 방을 안 빼앗기려는 이 마음이 바로 탐욕에 기초한 소유욕임을 깨달으며 저 자신을 돌아보았습니다. 다 빼앗긴 감옥에서도 뭔가 움켜쥐려는 탐욕이 살아 있으니 이것이 인간의 본성인가 봅니다. 그러니 매 순간 극기와 내적인 영적 투쟁을 놓쳐서는 안 된다는 귀중한 교훈을 새삼 깨달았습니다. 감옥에서 나온 후 저는 이 체험을 교우들과 나누며 절제와 극기를 다짐했습니다.

사제로 살다 보니 저에게 고통을 호소하는 사람들을 자주 만나는데, 제 감옥 체험이 결정적으로 도움과 길잡이가 됩니다. 제가 판단하기에 조금 사치스럽거나 인위적인 고통을 호소한다 싶으면 이분들에게는 충격 요법을 씁니다. "당신! 중앙정보부에 끌려가 봤어요? 매 맞거나 고문당해 봤어요? 굶주려 봤어요?"라고 강하게 묻습니다. 그리고 십자가에 달리신 예수님께서 이렇게 물으신다고 생각하며 모든 고통을 이겨내자고 호소합니다.

몸은 갇혀 있지만 가장 큰 자유를 누릴 수 있는 곳이 감옥이란 역설은 우리에게 큰 깨달음을 줍니다. 사실 저는 감옥에서 영적으로 새로 태어났습니다. 성경 묵상과 함께 신학교에서 배운 이론 신학 전체를 실천적 관점에서 종합할 수 있었습니다. 성소聖所는 웅장하고 멋진 교회와 성당 건물만은 아닙니다. 허울과 가식을 벗고 하느님과 예수님 그리고 성령님을 마음에 모실 수 있는 곳, 온 세상 모든 곳이 바로 성소입니다. 기도와 전례 그리고 사회적 투신과 영성의 근원은 십자가 예수님의 사형 터, 곧 골고타 언덕입니다. 그 사형 터를 장엄하게 재현하는 곳이 바로 감옥입니다.

거룩하시고 영원하신 하느님, 성자 예수님께서는 십자가 죽음으로 온 세상 만민을 구원하셨습니다. 이에 저희는 주님이신 예수님을 흠숭하며 경배합니다. 십자가 아래 계셨던 성모님과 경건한 여인들도 기억하며 칭송합니다. 모든 천사와 성인 성녀, 예언자들과 순교자들 그리고 의인들을 부르며 노래합니다. 인생의 과정에서 만났던 사랑하는 모든 이들, 스승, 사제, 수도자, 형제자매, 은인 교우들과 동료들을 기억합니다.

무엇보다도 고난의 역사 현장에서 만났던 형제자매들과 동지들, 중앙정보부, 검찰, 경찰, 보안사 등 조사실에서 모욕을 당한 모든 이들을 기억합니다. 순국선열들, 민주주의와 인권, 민족의 일치와 평화를 위해 헌신한 이들 그리고 소시민 형제자매들, '무전유죄, 유전무죄'를 절감하며 옥고를 치른 모든 형제자매도 기억하며 만민을 위한 보편 지향 기도를 올립니다.

하느님, 지금도 감옥에서 고통받고 있는 모든 이들과 그들의 부모, 형제자매, 친척, 은인, 가족들을 생각하며 기도합니다. 감옥에 갇혀 있는 형제자매에게 베푼 사랑이 바로 주님께 베푼 사랑임을 확신하며 실천을 다짐하고 바치는 저희의 기도를 들어 허락하소서. 성령 안에서 우리 주 그리스도를 통하며 비나이다. 아멘!

말씀이
몽치가 되어

2017년 3월 10일 오전 11시 21분
말씀의 몽치가 내리쳤다

그는 (…) 가난한 이들의 재판을 정당하게 해주고

흙에 묻혀 사는 천민의 시비를 바로 가려주리라. 그의 말은 몽치가 되어

잔인한 자를 치고 그의 입김은 무도한 자를 죽이리라.

공동번역 이사야 11,4

———

성경은 하느님께서 인간을 창조하신 것을 후회하셨다고 묘사합니다. "주님께서는 사람들의 악이 세상에 많아지고, 그들 마음의 모든 생각과 뜻이 언제나 악하기만 한 것을 보시고, 세상에 사람을 만드신 것을 후회하시며 마음 아파하셨다."(창세 6,5-6)

이 구절은 신학적으로 논란이 많지만 심리적 관점에서 묘사한 것으로 봐야 합니다. '노아의 방주'도 그렇습니다. 하느님께서는 세상을 정화하려 40일간 홍수의 벌을 내리십니다. 이때 오직 의인인 노아와 그의 가족만이 벌을 피할 수 있었습니다. 이에 크게 놀란 인간은 "어떠한 경우에도 흩어지지 말자"라며 하늘 높이 바벨탑을 쌓기 시작합니다. 하느님 또한 사람들이 하고자 하면 못 할 일이 없다고 생각하셨기에 사람들의 언어를 뒤섞어 놓아 서로 알아듣지 못하게 하셨습니다. 결국 바벨탑 건설은 중단됩니다. 창세기 6~11장에 나오는 이야기입니다.

성경에 나오는 선사시대의 서술은 역사적 사실로 보기보다는 신화적 어법이라 생각합니다. 인간의 언어가 서로 다르고 종족들이 갈라져 사는 현실에 대한 신학적 반성이자 숙고일 뿐만 아니라, 신앙적 관점에서 우리의 삶을 바라보고 하느님 앞에서 뉘우치는 고백입니다. 물론 신화적 기술은 상징적 해설을 통해 진의를 찾아야 합니다.

그리스도교는 말씀의 종교
하느님 앞에 자신의 언행에 책임져야

그리스도교는 말씀의 종교입니다. 하느님의 말씀이 인간이 되시어 우리 가운데로 오셨음을 뜻하는 'Incarnation'을 가톨릭은 강생降生, 개신교는 육화肉化라고 번역해 설명합니다. 여기서 'Incarnation'이라는 사건과 단어가 서로 다른 뉘앙스를 풍기고 있음을 확인합니다. 번역의 묘미, 해석학의 다양성입니다. 같은 장소에서 같은 말을 들었어도 자기 방식대로 해석합니다. 그러니 끊임없이 대화하며 그 참뜻을 찾아가야 합니다. 이렇게 서로의 뜻을 확인하고 종합하는 과정이 바로 친교이자 일치이며 사랑입니다.

기원전 2세기 그리스의 왕 안티오쿠스의 박해를 받아 일곱 형제가 목숨을 빼앗기고 차례로 죽어 갈 때입니다. 형제의 어머니는 막내아들에게 순교를 권하는 순간에 이르러 자신의 창조주 하느님에 대한 신앙고백을 이렇게 합니다.

"아들아, 나를 불쌍히 여겨다오. 나는 아홉 달 동안 너를 뱃속에 품고 다녔고, 너에게 세 해 동안 젖을 먹였으며 네가 이 나이에 이르도록 기르고 보살펴 왔다. 얘야, 너에게 당부한다. 하늘과 땅을 바라보고 그 안에 있는 모든 것을 살펴보아라. 그리고 하느님께서 이미 있는 것에서 그것들을 만들지 않으셨음을 깨달아라. 사람들이 생겨난 것도 마찬가지다. 박해자를 두려워하지 말고 형들에게 부끄럽지 않게 죽음을 맞아들여라."(2마카 7,27-29)

한 어머니 뱃속에서 나온 자식들도 생각이 제각기 다를 수 있습니다. 그러므로 우리는 서로 다름을 인정하며 같은 뿌리에서 나왔음을 고백해야 합니다. 아무리 애정을 쏟아부어도 때로는 말과 호소가 닿지 않을 때가 있습니다. 간절한 호소에도 자녀들이 거부할 때 부모님은 매를 듭니다. 그 매는 본래 자리로 되돌아오라는 초대입니다. 사랑의 매, 사랑의 교육입니다. 창조주 하느님께서는 우리 인간에게 자유를 주셨습니다. 우리에게는 하느님의 말씀에 순종할 자유도 거부할 자유도 있습니다. 따라서 우리는 하느님 앞에서 자신의 언행에 대한 책임을 져야 합니다. 이것이 상선벌악賞善罰惡의 기본 원리입니다.

칭찬은 축복, 꾸중과 질타는 저주
인간의 말에서 하느님 말씀을 확인한다

말은 인격의 반영, 인격 자체입니다. 같은 원리로 성경은 하느님의 말씀, 나아가 하느님 자체입니다. 하느님께서는 말씀을 통하여 우주만물을 창조하셨기 때문입니다. 그 말씀이 바로 예수님이고 그 말씀을 통해 우리는 구원을 받습니다. 이를 가능케 하는 것이 하느님의 힘, 곧 성령의 작용입니다. 우리는 이 모든 과정을 하느님의 구원행업이라 고백합니다.

하늘과 땅을 창조하신 하느님 행업을 기록한 창세기 역시 말씀의 작용으로 시작합니다. 말씀의 행업이 곧 창조입니다. 말씀은 엄청난 파괴력을 지닙니다. 한 분이신 하느님을 '창조주 하느님'(성부), '구세주 예수님'(성자), 그리고 '성화와 성장의 원동력'(성령)이란 세 이름으로 부르며 삼위일체 하느님을 고백하는 이유이기도 합니다. 삼위일체 하느님은 하느님이 인간과 맺는 역동적 관계를 역사적 관점에서 고백하는 전적 봉헌의 집약과 사랑의 총화입니다.

성경은 하느님과의 그 역동적 관계를 기술한 책입니다. 따라서 성경의 주 저자는 하느님이시고, 사람은 성령의 영감을 받은 필경사라고 고백합니다. 그러므로 성경은 하느님과 사람의 합작품인 것입니다. 성경뿐 아니라 과학과 문명, 인류의 모든 역사 과정은 다 하느님 안에서, 하느님과 함께, 하느님 뜻에 따라 이루어지는 것임을 신앙인은 겸허하게 받아들여야 합니다.

민심이 곧 천심인 것은 인간의 말에서 하느님의 말씀을 확인하기 때문입니다.

이에 대한 설명이 곧 신학입니다. 독일의 신학자 몰트만이 '희망의 신학'에서 피력했듯이 신학은 동시에 인간학입니다. 하느님을 깊이 논하다 보면 결국 사람 이야기로 귀결되기 때문입니다. 하느님 사랑과 이웃 사랑은 하나입니다. 동학의 인내천人乃天 사상도 마찬가지입니다.

말의 힘은 참으로 신기합니다. 누구나 칭찬을 들으면 기쁘고 생기가 돋아납니다. 반대로 야단맞으면 풀이 죽고 우울해집니다. 말 한마디로 천 냥 빚을 갚을 수도 있지만, 반대로 원수가 되고 완전히 파멸할 수도 있습니다. 말을 경건하게 주고받아야 할 이유입니다. 칭찬하면 고래도 춤춘다는 말이 널리 회자되었던 적이 있습니다. 칭찬이 바로 축복입니다. 하느님께서 인간을 기억해 주시고 칭찬해 주시면 그것이 축복과 은혜입니다. 꾸중과 질타, 지적이 바로 저주입니다.

"대통령 박근혜를 탄핵한다"
말씀의 몽치로 새 세상을 열다

"말씀이 몽치가 되어"는 이사야 예언서에 나오는 구절입니다. 이 구절을 처음 접한 순간 저는 가슴이 뛰고, 마치 몽치로 한 대 맞은 듯한 강렬함을 느꼈습니다. 말씀이 사람이 되시어 우리와 함께 사신 예수님의 구원 행업을 기억합니다. 가톨릭의 새 번역은 서두에서 소개한 이사야서 공동번역과 약간 달리 "입에서 나오는 막대로 무뢰배를 내리치고 입술에서 나오는 바람으로 악인을 죽이리라"라고 직역했습니다. 의역과 직역을 번갈아 읽고 묵상합니다.

1980년대 전두환 독재정권 시절에 저는 이 성서 말씀을 깊이 묵상하면서 '하느님, 주님의 말씀이 몽치가 되어 세상의 불의한 자를 내리쳐 주십시오' 하고 간절하게 기도를 올렸습니다. 서울교구 주보에도 '말씀의 몽치로 독재자를 내려쳐 주십시오'라고

이정미 헌법재판소장 대행의 박근혜 탄핵 인용 속보

썼습니다. 주보에 실렸던 그해의 강론을 모아서 책으로 출판할 때도 제목으로 '말씀이 몽치가 되어'를 뽑았습니다.

어느 날, 말씀의 힘을 가장 극적으로 체험하게 되었습니다. 바로 2017년 3월 10일 오전 11시 21분, 헌법재판소장 대행 이정미 재판관의 결정문을 듣는 순간이었습니다. 모두 숨죽이고 귀를 기울였습니다. 그 마지막 선언은 "대통령 박근혜를 탄핵한다"였습니다. 새로운 세상이 열리는 순간이었습니다. 그것은 바로 하느님의 말씀, 그 말씀의 몽치입니다. 몽치가 된 말씀은 불의를 타파하고 정의를 세우는 행업으로, 창조와 구원입니다.

여기서 잠깐이나마 20세기를 대표하는 신학자이자 개혁교회 목사인 칼 바르트(Karl Barth, 1886–1968)를 기억하고자 합니다. 그는 히틀러 정권에 무릎을 꿇지 않은 사람입니다. 나치에 부역하지 않는다는 이유로 독일에서 스위스로 쫓겨났지만, 끊임없이

나치 저항운동에 참여했습니다.

어느 날, 그는 질문 하나를 받습니다. "목사님, 설교의 비법을 알려주십시오." 그러자 그는 이렇게 답합니다. "저는 한쪽에 성경, 한쪽에 신문을 놓고 설교를 합니다." 현실을 직시하고 그 현실을 성경으로 진단한다는 말이었습니다. 성경은 현실과 괴리될 수 없고 괴리되어서도 안 됩니다. 하느님의 말씀이 강생하여 사람이 되셨고, 이 사실을 기록한 성경은 공동선을 실현해 아름답고 정의롭고 평등한 공동체를 이룩하도록 명하고 있습니다.

하늘과 땅의 온 우주 만물을 말씀으로 창조하신 전능하신 하느님, 말씀이 사람이 되시어 온 인류를 구원하셨음을 신앙으로 고백하는 저희를 굽어보시고 정의와 평화의 나라로 이끌어 주소서. 또한 성령의 사랑과 불길로 열정의 삶을 살아 모두 함께 큰 기쁨과 충만한 은총을 누리게 해주소서. 생각과 말과 행위로 저지른 저희의 죄와 의무를 소홀히 한 모든 잘못도 용서해 주소서.

정의로우신 하느님, 권력을 남용하는 불의한 자들을 '말씀의 몽치'로 내리쳐 주소서. 그리고 바른길로 이끌어 주소서. 남북의 일치와 평화를 이룩해 주시고 저희 모두를 구원해 주소서. 이 모든 것을 성령 안에서 우리 주 그리스도를 통하여 비나이다. 아멘!

불의한 결박을 풀어주고
解除不義的鎖鏈

억울한 이들을 끌어안고
결박을 풀어 주는 것이 해방

내가 좋아하는 단식은 이런 것이 아니겠느냐?

불의한 결박을 풀어주고 멍에줄을 끌러 주는 것,

억압받는 이들을 자유롭게 내보내고 모든 멍에를 부수어 버리는 것이다.

네 양식을 굶주린 이와 함께 나누고 가련하게 떠도는 이들을 네 집에 맞아들이는 것,

헐벗은 사람을 보면 덮어주고 네 혈육을 피하여 숨지 않는 것이 아니겠느냐?

이사야 58,6-7

———

붓글씨를 쓰면서 저는 역사기도를 바치고 있습니다. 뼈대가 있고 피가 흐르는 살아 있는 글씨를 써야 한다는 선생님의 말씀이 늘 귓전을 때리는데 제 글씨는 늘 반 정도만 살아 있으니, 쓰고 또 씀으로써 살아 있는 글씨를 만들고자 애씁니다.

붓글씨뿐만이 아닙니다. 모든 일에는 기본과 기초가 있습니다. 일찍이 히딩크 축구 감독이 알려준 실천적 교훈입니다. 기술보다 우선하고 중요한 것이 기본 체력입니다. 우리는 흔히 스포츠에서만 기본 체력이 중요한 줄 알지만 사실 정치와 경제, 문화예술, 그리고 종교에 이르기까지 모든 분야에 해당하는 철칙입니다. 종교와 신앙에도 기본과 핵심이 있습니다. 지금이 바로 그 본질을 찾을 때입니다.

4복음 중 마태오 복음사가는 그리스도인의 실천적 덕목을 세 가지 제시했습니다. 바로 자선, 기도, 재계(단식과 금육)입니다. 자선은 '실천이 없는 믿음은 죽은 것'(야고 2,26)이라는 가르침과 상통합니다. 빵 다섯 개와 물고기 두 마리로 5천 명을 먹이셨다는 오병이어의 기적은 하느님의 아들이신 전능하신 주님이기에 모든 것을 하실 수 있다는 신학적 선언입니다. 또한 성체성사를 통한 하느님의 무한한 은혜를 상징합니다. 그리고 무엇보다 사회실천적 측면에서 빵을 나누는 행위 자체가 기적임을 일깨워 주는 교훈입니다.

사랑하라, 기도하라, 절제하라
세 가지 덕목

1967년 3월 26일 바오로 6세 교황은 '민족들의 발전'Populorum Progressio이라는 회칙을 발표하고 미국과 유럽 등 부유한 국가 지도자들에게 호소했습니다. 우주 개발도 중요하지만, 첨단기술을 이용해 가난한 지역 주민들을 위한 식량 증식 방안을 모색하는 것이 더욱 합당하다는 것입니다. 특히 미국과 같은 큰 나라는 개방적 이민 정책으로 빈곤 지역의 주민들을 과감하게 받아들이라고 호소했습니다. 이에 대해 미국과 유럽의 많은 정치 지도자들은 그 회칙이 공산주의식 주장이라고 신랄하게 비판하기도 했습니다.

오늘날 우리는 우크라이나의 비참한 전쟁을 목격하고 있습니다. 이 모든 것이 다 사람이 시작한 일이니 우리가 멈추게 해야 합니다. 러시아의 주교와 사제는 러시아의 승리를 위해 기도하고, 우크라이나의 사제와 유럽 각국의 성직자들은 우크라이나의 승리를 위해 기도합니다. 그러니 하느님께서는 도대체 어느 나라 사람의 기도를 들어주셔야 합니까? 기도보다 먼저 총을 거두고 손을 내밀어 화해해야 합니다. 전쟁을 멈추는 것이 넓은 의미의 자선입니다.

두 번째 덕목은 기도입니다. 당연히 기도가 첫째일 듯한데, 마태오 복음사가는 자선 다음에 기도를 제시했습니다. 눈여겨보아야 할 대목입니다. 기도는 하느님을 생각하고 하느님을 찬미하며 감사드리는 기본 행업입니다. 우리는 각자 개인의 안녕을 위해 기도를 바칩니다. 하지만 여기에 머물지 말고 다음 단계로 가야 합니다. 이웃과 공동체, 공동선의 실현을 위해 기도를 바쳐야 합니다. 예수님께서는 자신과 자신이 사랑하는 이들만 위한다면 그게 무슨 기도냐고 꾸짖으시며, 원수까지도 품어야 한다고 가르치셨습니다. 따라서 그리스도인이 된다는 것은 엄청난 결단입니다. 기도는 모름지기 이웃과 약자, 공동체 전체를 지향해야 합니다. 더 나아가 지구 환경과 생태계, 우주를 위한 더 큰 기도를 바쳐야 할 때입니다.

세 번째 덕목이 바로 재계齋戒, 곧 단식 등을 통한 금욕적 삶입니다. 단식은 자신의 욕심, 식욕과 소유욕, 본능 등 일체의 원욕에 대한 절제입니다. 사람은 누구나 먹어야 삽니다. 그러니 먹는 것을 절제한다는 것은 무척 힘든 일입니다. 단식은 그 자체가 목적이 아니라 단식과 절제한 만큼을 이웃에게 돌려주는 데 의미가 있습니다.

독일에는 두 개의 유명한 자선단체가 있습니다. 미제레오르Misereor과 아드베니아트Adveniat입니다. 미제레오르는 "주님, 자비를 베푸소서"라는 사순절 시편기도의 첫 단어이고, 아드베니아트는 주님의 기도에 나온 말마디로 "주님 나라가 임하소서"라는 대림절의 특징적 기도입니다. 1960-70년대 한국은 미제레오르로부터 큰 도움을 받았습니다. 1989년 세계 성체대회 이후 천주교 서울교구는 사랑과 나눔을 실천하기 위해 '한마음 한몸 운동본부'를 설립하여 운영하고 있습니다. 현재 불교, 개신교 그리고 사회복지공동모금 등 시민사회단체가 사랑과 자선을 실천하고 있습니다.

여기서 우리는 자선과 기도와 단식이 하느님께로 향한다는 공통의 목적을 위한 서로 다른 과정임을 확인합니다. 단식에서 파생된 행업이 바로 불의한 결박을 풀어주는 해방운동입니다.

불의한 결박을 풀어 주는 것이
진정한 해방운동

이 기회에 이재명 국회의원의 성남시장 재직 시의 행업을 기억하고 싶습니다. 저는 사실 억 단위가 넘어가면 돈의 개념을 잘 파악하지 못했습니다. 제 말을 들은 이재명 전 시장은 "신부님 같은 분은 꼭 경제를 열심히 공부하셔서 국가 예산을 잘 감시해야 합니다"라고 강조했습니다. 공무원들이 부정만 저지르지 아니하면 국가 예산이

解除不義的鎖鏈

남아돌아 사회복지에 충분히 쓸 수 있다는 것입니다. 그의 말은 제 뇌리에 깊이 새겨져 있습니다.

그 반대의 사례가 외환은행을 헐값에 팔아넘긴 론스타 사건입니다. 모피아라 불리는 기획재정부 관리들은 물론이고 공정거래위원회와 검찰도 모두 공범자입니다. 검찰이 불법과 부정을 저지르지 아니하고 그야말로 법대로만 집행한다면 우리나라가 훨씬 더 맑고 밝아지리라 확신합니다.

예수님께서는 율법학자들과 함께 종교인들의 위선을 꾸짖으시며 가슴 깊이 뉘우치고 정화해야 한다고 강조하셨습니다. 이 가르침을 되새기며 2500~2700년 전 이사야 예언자 시대로 올라갑니다. 이사야 예언자는 "단식을 하면 뭐하는가? 진정한 종교의 사명은 억울한 이들을 껴안고 그들의 결박을 풀어주는 것"이라고 일갈했습니다. 이사야 예언서 58장은 이스라엘 사람들이 바빌론 유배에서 돌아와 성전을 짓던 시절의 이야기입니다. 성전을 짓고 단식을 하는 요식 행위보다 배고픈 이, 억울한 이들과 함께하는 것이 훨씬 중요하다는 핵심을 선포하고 있습니다.

그리스도교의 단식일은 예수님이 돌아가신 날입니다. 폭넓게 보자면 단식은 보편적 가치, 평등이란 개념과 관련되어 있습니다. 한 끼만 굶어도 배가 고픕니다. 왕도 부자도 권력자도 똑같습니다. 단식은 이렇게 평등과 보편성의 체험과 연결됩니다. 배고픔을 잊어버리면 주변에 고통받는 이웃이 있다는 사실까지 잊기 쉽습니다.

마태오복음 25장에서 예수님은 "네가 만난 배고픈 이, 감옥에 갇힌 이, 병든 이에게 해준 것이 나한테 해준 것이다"라고 말씀하십니다. 나의 이웃을 향한 행업이 예수님과 하느님를 향한 행업입니다. 이러한 측면에서 묵상하면 구원이 무엇인지 이해할 수 있습니다. 바로 내 주변의 고통받는 사람의 처지를 알고 그들에게 도움을 주는 것이 구원입니다.

1960년대 이후 가톨릭은 큰 변혁을 맞이합니다. 그 변화의 핵심은 민중의 삶과 유리된 관념적 게토적 종교에서 벗어나 과감히 현장 속으로 뛰어드는 봉사와 투신입니다. 가톨릭의 사제들과 수도자들은 1년에 1주일 또는 10일 정도 피정을 합니다. 때로 열심인 이들은 단식도 합니다. 배고픔을 겪으면서 예수님의 고난을 극히 일부라도 체험한다는 의미입니다. 단식은 극기와 절제의 표상입니다. 이는 죽음의 체험이자 그를 통한 정화의 과정이기도 합니다. 그래서 모든 종교가 단식을 수행 방법으로 삼습니다.

옥중 단식한 보비 샌즈, 경술국치에 찬 죽 먹은 선비처럼
불의에 항거해 단식 택한 이들

이런 종교적 의미 외에도 단식은 정치적 항거를 표현하는 수단으로 쓰입니다. 1981년 당시 27세였던 보비 샌즈는 북아일랜드의 독립을 위해 66일간의 옥중 단식 투쟁 끝에 사망합니다. 단식을 우리 역사와 연계해 보자면, 1910년 경술국치를 당했을 때 우리 선조들은 모두 찬 죽을 먹었다고 합니다. 나라를 잃고 어찌 밥을 넘길 수 있느냐는 의미에서였습니다.

이사야 예언자는 위선과 가식을 꾸짖습니다. 단식이란 종교적 행업은 아름답지만 이는 공정과 정의를 지향해야 한다는 것입니다. 단식의 참뜻과 핵심을 깨닫고 실천해야 한다는 의미입니다. 형식적인 겉치레 단식, 남의 눈을 의식한 과시하기 위한 단식은 참뜻에서 벗어납니다. 단식은 자신의 양심과 자기 완성을 지향할 때만이 가치를 가집니다.

참된 단식은 불의한 자를 단죄하고 억울한 자에게 자유를 주는 사회적 해방투쟁입니다. 성당 안에서의 경건한 행위가 세상 속에서 민중 해방으로 이어질 때 하느님의 더 큰 뜻이 확인됩니다. 그것이 세상 한복판에서 세상을 정화하고 구원하는 교회의 봉사와 해방 과업입니다. '역사기도'를 집필하면서 참된 단식이 바로 불의한 결박을 풀어주는 행업임을 새삼 깨닫고 확인합니다. 정치적 해방이 바로 종교적 구원입니다.

1

1

러시아의 폭격에 폐허가 된
우크라이나 마리우폴

2

북아일랜드 벨파스트에 위치한
보비 샌즈 기념 벽화

2

성당에서 공동 참회전례를 거행할 때 저는 늘 공동체의 죄에 대해 함께 뉘우치는 시간을 가집니다. '나는 관여하지 않았다'라는 것은 핑계가 되지 않습니다. 방기했든 무지했든 우리 모두의 죄입니다. 사회 구성원 모두가 공동선을 지향해야 하듯이, 사회적 구조악 곧, 공동체의 죄에 대해 모두가 참회해야 합니다.

종교와 사회는 한 실체의 양면일 뿐입니다. 성전 밖에 굶주리고 결박당한 사람들이 즐비한데 그것을 외면한다면 그 종교는 자신의 책무를 망각한 맛을 잃은 소금, 핵심을 잃은 껍데기일 뿐입니다. 진정한 종교적 가치는 인간이 인간답게 살 수 있는 환경을 만드는 데 있습니다. 그것은 정치인이나 사회 지도자의 몫만이 아니라 우리 모두의 의무이고 사명입니다.

불의를 목격하면 소리를 내야 하고, 이웃의 고통을 접하면 양심에 근거해 행동해야 합니다. 장애인 노조, 연세대 청소 노동자, 대우조선 하청 노동자 등 우리가 관심을 가져야 할 현장과 이웃은 매우 많습니다. 눈살을 찌푸리기 전에 한 번쯤 그들을 나의 가족 그리고 예수님의 현현이라고 묵상하기를 바랍니다.

대우조선 하청 노동자 파업과 화물연대의 파업이 우리 사회에 큰 파장을 일으켰습니다. 성당과 예배당과 불당에는 크게 봉헌하면서 회사의 종사자들과 일꾼들의 임금은 삭감하고 박하게 지급하는 기업가들도 많습니다. 이것은 위선입니다. 하느님 뜻에 어긋나는 불의한 일입니다. 종교에 봉헌하는 정성만큼 노동자들에게도 후한 마음으로 임금을 주는 것, 이것이 바로 아름다운 기도이며 나눔과 실천입니다.

또한 국가가 저지른 불의와 불법, 이에 조력한 경찰, 보안사, 국정원 직원과 검사, 법관, 공무원들은 하늘을 향해 속죄하고 가족과 자녀들 앞에 양심을 고백하며 진심으로 뉘우쳐야 합니다. 불법과 불의를 저지르고 종교 예식에 참여하는 것은 그 자체가 하느님을 속이는 또 다른 큰 죄입니다. 예언자는 지금도 크게 외칩니다. 모든 불의를 멈추고 불의한 결박을 풀어주라고.

거룩하시고 정의로우신 하느님! 저희는 주님을 찬미하고 노래합니다. 그리고 받은 은혜에 대해 늘 감사드립니다. 그러나 무엇보다도 저희가 저지른 모든 죄와 허물에 대해 진심으로 뉘우치고 용서를 빕니다. 생각과 말과 행동으로 지은 모든 죄 그리고 궐함으로 지은 잘못도 고백합니다. 저의 무심한 언행으로 이웃이 받은 상처와 아픔에 대해서도 반성합니다.

저희는 국가 폭력, 불법과 비리에 대해 눈감고 외면한 적이 많습니다. 저희는 이제 불의를 저지른 이들에 대해 예언자들처럼 당당하게 나서서 맞서고 하느님과 정의의 이름으로 이들을 단호하게 꾸짖습니다. 불의한 국가 권력과 폭력 앞에 억울하게 갇히고 고문당하고 짓밟힌 모든 형제자매들과 가족들의 아픔과 예수님의 고통, 성모님의 아픔, 순교자들의 고난, 순국선열들의 수난을 연계해 묵상합니다. 그리고 이들의 자유와 해방, 석방과 온전한 치유를 위해 이웃과 함께 손잡고 노력하겠습니다. 저희는 형제자매애를 지니고 연대와 일치 속에서 힘을 모아 불의한 자들을 퇴치하는 데 앞장서겠습니다.

하느님, 저희를 이끌어 주십시오. 모든 불의한 자들을 내리쳐 주시고 불의한 결박을 풀어 주시고 억울한 형제자매들에게 자유와 해방을 보장해 주시고 기쁨과 은총을 내려 주소서. 그리고 민족의 일치와 화해를 이룩해 주소서. 이 모든 것을 성령 안에서 우리 주 그리스도를 통하여 비나이다. 아멘!

함세웅의 붓으로 쓰는 역사기도 45

금송아지를
부수어야

오늘, 금송아지를
섬기는 이들에게 묻는다

모세는 진영에 가까이 와 사람들이 춤추는 모습과 수송아지를 보자

화가 나서 손에 들었던 돌판들을 산 밑에 내던져 깨버렸다.

그는 그들이 만든 수송아지를 가져다 불에 태우고 가루가 될 때까지 빻아

물에 뿌리고서는 이스라엘 자손들에게 마시게 하였다.

탈출기 32, 19-20

———

2011년 12월, 제가 청구 성당에서 은퇴하기 직전에 손석춘 교수와 두 차례의 대담을 가졌고, 은퇴를 기념해 이를 정리해 책으로 엮기로 했습니다. 며칠 뒤 정리된 내용을 이메일로 받았는데 상당히 원색적이고 거친 표현이 많았습니다. 저는 이틀 밤을 꼬박 새워 많은 부분을 교정하고 종합했습니다. 그리고 책 제목은 '금송아지를 부수어야'로 하자고 제안했습니다. 손 교수도 좋다고 동의했습니다.

그런데 한 달여 뒤에 출판사 대표 등이 찾아왔습니다. 그들은 청년 100여 명에게 의견을 물었더니 '금송아지를 부순다'라는 것에 부정적인 의견이 많았다고 했습니다. 그러면서 신동엽 시인의 '껍데기는 가라'를 대안으로 제시했습니다. 핵심이 같은지라 저도 기쁘게 동의했습니다. 그런데 마음 한구석에는 늘 '금송아지를 부수어야'를 끝까지 주장했더라면 하는 아쉬움이 있었습니다. 역사기도를 붓글씨로 쓰면서 이 글귀를 선택한 이유입니다.

되돌아보면 오히려 그때 이 글귀를 사용하지 않은 것이 잘했다는 생각이 듭니다. 10여 년 전보다 지금이 훨씬 더 적절한 시기라는 생각 때문입니다. 앞으로 새 책을 낸다면 이것을 제목으로 쓸까 하는 마음도 있습니다. 구약학을 전공한 선배 사제에게 의견을 구했더니 "오늘날 그 제목은 좀 진부하지 않은가? 요즘 금송아지를 부수자면 누가 수긍하겠는가?"라고 말씀해 주셨습니다. 충분히 이해가 되었습니다. 이 구절의 핵

심 메시지는 '금송아지를 부수는 것이 목적'이 아니라 '금송아지에 종속되지 않고 넘어서야 한다'라는 것이지만, 한마디 말로 전하기는 어렵습니다.

출애굽기의 금송아지 사건은
일종의 예언

금송아지 사건은 탈출기(출애굽기) 32장에 나오는 얘기입니다. 이집트에서 해방된 백성들은 시나이 산에 이르렀습니다. 모세는 시나이 산에 올라가 40일 동안 하느님과 상봉합니다. 백성들은 그 기간이 너무 길고 답답해 아론에게 몰려갔습니다. "일어나 앞장서서 우리를 이끄실 신을 만들어 주십시오. 우리를 이집트에서 데리고 온 저 모세라는 사람은 어떻게 되었는지 모르겠습니다."(탈출기12, 1)

이에 아론이 여인들의 귀걸이를 모아 수송아지 상을 만들고 그 신상 앞에 번제물과 친교제물을 바쳤다는 것입니다. 이에 하느님께서 분노하셨고 모세가 급히 산에서 내려와 그 금송아지 상을 부수고 그 가루를 물에 타서 백성들이 마시게 했다는 일화입니다. 일종의 보속과 속죄의 과정입니다. 그런데 우리는 이를 역사적 사실처럼 생각하고 얘기합니다.

저는 여기서 '히브리인들이 그렇게 우매할 수 있었을까' 하는 의문과 아쉬움을 늘 가지고 있었습니다. 하느님께 그 큰 은혜를 받고서 하느님을 배반한다는 것이 이해가 되지 않았습니다. 사실, 아론은 모세의 형으로 사제 중의 사제, 대 사제입니다. 아론이 어찌 그리 미련할 수 있겠습니까? 이에 저는 이 이야기를 현실과 연계해 묵상하며 이 말씀을 일종의 예언으로 해석합니다.

"자, 보십시오, 여러분이 지금은 하느님을 공경하고 십계명을 잘 지키겠다고 성대하게 다짐하지만 언젠가는 하느님 대신 금송아지 앞에서 전전긍긍하며 금송아지를

1
___
뉴욕증권거래소의 황소 조형물

2
___
17세기 고전화가 니콜라 푸생의
황금 송아지 숭배

2
___

하느님처럼 생각하고 섬길 때가 반드시 올 것입니다. 그때를 예견해서 성서 작가가 이 이야기를 집필한 것이니 여러분은 그 핵심을 잘 파악해 하느님을 망각하고 돈과 재물의 노예가 되어서는 안 됩니다"라는 것이 저의 설명입니다.

금송아지를 하느님처럼 섬기는 시대, '나는 누구인가'를 물어야

자본주의가 바로 현대판 금송아지입니다. 우리는 모두 금송아지 얘기를 듣고서 비웃습니다. 그런데 사실은 자본에 머리 숙이고 자본에 예속되어 있는 우리 자신, 우리 시대의 이야기입니다.

저는 사제로서 교우들과 은인들로부터 많은 도움을 받습니다. 때로는 좋은 선물과 예물도 받습니다. 수도자들도 한가지입니다. 이때에 터득한 것이 통로 역할입니다. 교우와 은인들이 사제에게 정성껏 선물을 바치면 기쁜 마음으로 받아, 그것을 더 필요한 이웃에게 전달하는 나눔과 매개의 소명을 실천하는 것입니다. 사제와 수도자들은 하나의 통로입니다. 만일 선물이 한 곳에 머물러 있다면 그것은 썩게 마련입니다.

한 정치인이 "이 세상에서 제일 고약한 냄새가 무엇인지 아십니까?"라고 질문했습니다. 모두 궁금해하니 그는 '돈 썩는 냄새'라고 답했습니다. 그때 농담 잘하는 한 형제가 "고약해도 좋으니 돈 썩는 방석에 한번 앉아 봤으면 좋겠습니다"라고 응수해 모두가 웃었던 일이 있었습니다. 그 웃음 속에는 많은 의미가 함축돼 있습니다. 여기서 '나는 과연 누구인가?'를 물어야 합니다. 이것이 묵상과 기도 그리고 자기 성찰입니다.

외경 묵시록이 묘사한 지옥은 '세상에서 호화롭게 살던 것과 정반대의 모습으로 벌 받는 곳'입니다. 돈방석에 앉아 있던 부정부패한 정치인들과 재물에 눈이 먼 부자들이 지옥에서 어떤 모습일지 쉽게 상상할 수 있습니다.

루카복음(12,13-21)의 교훈도 다르지 않습니다. 돈방석에 앉아 있던 사람이 돈을 넣어둘 새 창고를 지으려 했는데 바로 그날 밤에 하느님께서 부르시어 세상을 떠나게 되었다는 비유입니다. 땅이 아닌 하늘에 보화를 쌓으라는 교훈입니다.

탈출기의 금송아지 사건은 기원전 900년경으로 거슬러 올라갑니다. 솔로몬 왕이 죽은 후 유다 나라는 남북으로 분열됩니다. 남쪽은 다윗 왕조를 이은 유다왕국이고, 북쪽은 예로보암이 초대 왕에 오른 이스라엘 왕국입니다. 그런데 북쪽 이스라엘 왕국의 주민들이 남쪽 유다에 있는 예루살렘 성전을 찾아가 하느님께 제물을 봉헌하고 공경하는 것이 아닙니까? 이에 북쪽 왕은 예루살렘 성전의 거룹 천사상과 버금가는 상징으로 단과 베텔에 금송아지 상을 만들었습니다. 그리고 여기에서 숭배하고 기도하면 예루살렘 성전에 간 것과 똑같다고 선언했습니다.

정치적 묘안으로 포장되었지만 사실상 종교적 분열과 타락입니다. 이것이 바로 금송아지 숭배의 배경입니다. 왕의 명령에 순응한 백성들과 달리, 예언자들은 "아니요!"라며 반기를 들었습니다. 왕과 권력자에 맞선 예언자들의 하느님 사랑, 우상 항거 운동입니다. 예언자들은 십계명을 중심으로 북이스라엘의 금송아지 숭배 정책을 무섭게 비판합니다. 뜻있는 성서 작가들은 이 사건을 300여 년 전 모세의 시대로 끌고 올라가 새로운 이야기를 추가합니다. '아론을 비롯한 사제들이 엉뚱한 일을 벌였을 때 하느님께서 어떻게 하셨는지 보지 않았느냐'라는 의도입니다. 따라서 금송아지는 모세 시대에 아론이 지은 죄가 아닙니다. 300년 후인 북이스라엘의 왕과 사제들의 가증스러운 행업을 꾸짖기 위한 역사적 재구성입니다.

실제로 이집트의 황소 신 아피스Apis 등, 중동 여러 나라에서 소는 힘을 상징하며 종교적 위력을 지니고 있습니다. 인도의 힌두교 전통을 생각하면 쉽게 이해할 수 있습니다. 그런데 히브리인들은 하느님께 제물을 바칠 때 반드시 암송아지를 봉헌했습니다. 금으로 만든 수송아지는 우상 숭배에 대한 질타와 함께 조롱의 의미도 담겨 있는 셈입니다.

초심으로 돌아가라는
예언자의 호소

여기서 잠시 여성 신학의 주제를 얘기하려고 합니다. 몇 달 전에 어느 수녀님이 기쁨과희망사목연구원 소식지에 다음과 같은 글을 썼습니다.

'수컷들이란…. (용서하시라, 순전히 여성주의자인 나의 표현 방식이다.) 영역을 표시하고 확장하는 동물 왕국의 수컷들처럼 건물을 확장하고 치적과 경쟁에 혈안이 된 것처럼 보인다. 성지를 크게 짓는 것만이 순교자를 공경하고 영성을 성장시킬 수 있는 것일까?'

저는 편집자에게 원색적이고 거친 '수컷'이라는 단어를 지적했습니다. 그런데 오늘 수송아지 이야기를 하면서, 암송아지만이 하느님께 합당한 제물이었다는 사실을 새롭게 확인했습니다.

남성 중심의 가부장 시대에 하느님께 암송아지를 제물로 바쳤다는 점을 눈여겨 봐야 합니다. 여기서 중요한 것은 제물의 성별이 아니라 내면의 자세입니다. 예언자는 하느님께서 동물의 제사와 향불을 역겨워하신다고 선언했기 때문입니다. 제물이 역겹다는 것은 제물 자체가 아닌 제물을 바치는 이들의 지향과 자세를 말합니다.

"무엇하러 나에게 이 많은 제물을 바치느냐? ㅡ주님께서 말씀하신다ㅡ 나는 이제 숫양의 번제물과 살진 짐승의 굳기름에는 물렸다. 황소와 어린양과 숫염소의 피도 나는 싫다… 너희가 아무리 기도를 많이 한다 할지라도 나는 들어주지 않으리라. 너희의 손은 피로 가득하다. 너희 자신을 씻어 깨끗이 하여라. 내 눈앞에서 너희의 악한 행실들을 치워 버려라. 악행을 멈추고 선행을 배워라. 공정을 추구하고 억압받는 이를 보살펴라. 고아의 권리를 되찾아주고 과부를 두둔해 주어라."(이사야 1, 11-17)

오늘날 종교인들 특히 가톨릭의 경우에는 주교와 사제, 개신교의 경우에는 감독과 목사 등 모든 목회자들은 이 말씀을 심장에 되새기고 심장을 찢으며 뉘우쳐야 합니

다. "금송아지를 부수어야"라는 교훈은 여전히 살아 계신 하느님의 분명한 말씀입니다. 여의도 금융센터와 뉴욕 금융센터 앞에는 황소 금상이 있습니다. 금송아지를 부수라는 것은 황소 금상이 큰 죄를 지어서가 아닙니다. 그것을 만들고, 그 앞에 머리를 조아리게 하는 금융 마피아와 정상배 집단 때문입니다.

금송아지를 만들고 숭배하는 사람들이여, 금송아지를 숭배하지 말고 사람들을 사랑하고 사람들을 보살피고 무엇보다 하느님을 공경해야 합니다. 이게 바로 '금송아지를 부수어야'의 교훈입니다. 조상을 공경하고 부모에게 효도하는 것은 오랜 우리 전통이 알려주는 기본 도리입니다. 이것이 정치, 경제, 사회, 문화, 교육 등 모든 것의 기초입니다.

이 기본 원리를 짓밟고 깬 장본인이 독재자들이며, 그에 기생한 이들이 재벌과 공직자들, 검찰 졸개 무리입니다. 한시바삐 금송아지를 부수어야 할 이유입니다. 또한 이것은 기존의 정치, 경제, 사회 그리고 일그러진 종교체제를 부수고 초심으로 돌아가라는 예언자의 기도와 호소 그리고 외침입니다.

하느님, 저희 모두 본질을 찾고 깨닫고 실천하도록 도와주십시오. 아멘!

406

불길 같은 엘리야 예언자

독재자를 무섭게 꾸짖은
우리 시대의 예언자들

두 사람이 이야기를 하면서 계속 걸어가는데

갑자기 불 병거와 불 말이 나타나서 그 두 사람을 갈라놓았다.

그러자 엘리야가 회오리바람에 실려 하늘로 올라갔다.

2열왕 2, 11

———

　　사람은 평등하고 저마다 개성이 있습니다. 거기에 위아래는 존재하지 않습니다. 그러나 인간 존재와 사고의 한계로 어울려 살다 보면 자연스럽게 비교가 되고 우열이 생깁니다. 이를 극복하고 끊임없이 하느님 앞에서의 겸허함을 고백하며 이웃과의 평등성을 되새기는 것이 지혜롭고 성숙한 인간의 자세입니다.

　　하느님의 말씀을 담은 성경도 인간의 언어로써 기록되었기에 순서와 우열이 있습니다. 이때의 순서와 우열은 차등을 확인하기 위함이 아닙니다. 모두 함께 자극받아 더 노력하라는 하느님의 교육 방법과 구원 경륜입니다.

　　구약성경을 대표하는 두 인물은 모세와 엘리야입니다. 두 분은 하느님의 명에 따라 불의한 권력자에 맞섰고 백성들의 해방을 위해 투신하였습니다. 왕궁에서 성장한 모세는 출생 직후부터 죽을 위험에 처했지만 후일 동족 히브리 백성의 해방자가 됩니다. 모세는 구약의 가장 위대한 예언자로 120세로 선종합니다. 반면, 엘리야는 출생 기록도 없이 자수성가한 인물입니다. 바람처럼 홀연히 왔다가 불 마차를 타고 하늘로 올라간 입지전적 인물입니다. '엘리야가 다시 오면 메시아가 도래하리라'라는 신화를 남긴 분입니다. 성경에서 하늘로 올라갔다고 기록한 인물은 에녹(창세 5,24)과 엘리야 두 분입니다. 그중 엘리야의 행적은 1열왕 17장에서 2열왕 2장까지에 자세히 실려 있습니다.

　　엘리야는 북이스라엘 왕 아합(기원전 874-853)과 아하즈야(기원전 853-852) 시대의 예언자입니다. 아합 왕은 페니키아 공주 이세벨을 부인으로 맞았는데 그녀는 바알신의 숭배자로 이스라엘의 종교 생활을 문란케 했습니다. 이러한 배경에서 엘리야가 출현합니다. 엘리야란 이름은 '야훼 하느님은 나의 주님'이란 뜻입니다. 이름 자체에 존재 이유와 소명이 담겨 있습니다. 그는 한평생 불같은 열정으로 오직 하느님을 중심으로 살았습니다.

우상을 숭배하는 아합 왕에게 충언한
불의 예언자

당시 이스라엘에 3년간 심한 가뭄이 찾아옵니다. 아합과 이세벨의 바알신 우상 숭배에 대한 하느님의 벌입니다. 가뭄 중에 엘리야는 하느님의 말씀에 따라 시돈 지방 사렙타 마을의 과부 집에 머물고 기적을 베풉니다. 하느님께서는 이민족에게도 은혜를 베푸신다는 구원의 보편성입니다.

엘리야 예언자는 아합왕을 찾아가 충언하나 소용이 없었습니다. 엘리야는 마지막 방법을 생각해냅니다. 아합왕이 그리도 믿고 있는 바알신의 사제들이 거짓과 위선 덩어리라는 것을 증명하는 일입니다. 엘리야는 오직 기도를 통해 제물의 장작에 불을 붙이자는 대결을 제안하고, 그 자리에 북이스라엘 백성이 참관할 것을 요청했습니다. 바알의 예언자 450명과 아세라의 예언자 400명 등에 맞서 혈혈단신 엘리야는 1대 850의 싸움을 벌입니다.

먼저 850명에 달하는 바알신 사제들이 나섰습니다. 그들은 가르멜산에 올라 제단을 쌓고 황소 제물을 바쳤습니다. 그런데 아침부터 열심히 기도를 했지만 장작에 불이 붙지 않았습니다. 녹초가 된 사제들이 나가떨어지고 엘리야 예언자가 나섭니다. 엘리야는 제물과 주변에 세 차례나 물을 철철 넘치도록 부은 다음 하느님께 기도를 바칩니다. "하느님을 섬기는 예언자는 저 하나뿐입니다. 하느님, 하늘에서 불을 내려 저를

증명해주십시오."

결과는 당연히 엘리야의 승리입니다. 하늘에서 내려온 불은 흠뻑 젖은 황소와 장작, 제단 주변의 물까지 태워버립니다. 가르멜산 불길 속에서 엘리야가 체험한 하느님이 바로 오늘날 가톨릭 가르멜 수도자들의 핵심 영성이며 길잡이입니다. 열왕기에는 이후 북이스라엘 백성들이 바알과 아세라를 섬기는 사제들을 기손 냇가로 끌고 가 죽였다는(1열왕 18,40) 내용이 나옵니다. 1970~80년대 신학자들은 이를 근거로 불의한 정치인, 하느님의 말씀에 반하는 거짓 종교인은 죽여도 된다는 과격한 주장을 펼치기도 했습니다.

문제는 젖은 장작과 제물에 불이 붙는 기적을 목도했지만 아합왕과 이세벨 왕비는 반성할 줄 몰랐다는 것입니다. 그들은 오히려 엘리야를 죽이겠다며 체포령을 내립니다. 이에 엘리야는 피신합니다. 하느님의 힘으로 거짓 예언자들 무리에 맞섰던 위대한 예언자도 두려움을 느끼고 쫓기는 신세가 됩니다. 그러나 이 시간이 바로 하느님을 만나기 위한 준비 기간이며 자신의 한계를 깨닫는 시간입니다.

엘리야는 하느님께 전적으로 의탁하며 항복의 기도를 올립니다. "주님, 이것으로 충분하니 제 목숨을 거두어 주십시오. 저는 조상들보다 나을 것이 없습니다."(1열왕 19,4) 그리고 기진맥진해 싸리나무 아래 잠들었습니다. 그때 천사가 그를 흔들어 깨웠습니다. "일어나 먹어라. 갈 길이 멀다." 깨어 보니 옆에 빵과 물병이 놓여 있었습니다. 엘리야는 이를 먹고 마신 후 밤낮으로 40일을 걸어 하느님의 산 호렙에 이르렀습니다.

그가 먹은 빵이 바로 성체성사의 전표이고, 호렙산은 모세가 하느님께 십계명을 받은 거룩한 시나이산입니다. '40'은 성경에서 완결을 뜻하는 상징적 숫자로 노아 홍수 40일, 시나이산에 모세가 머문 40일, 약속의 땅을 향한 40년, 엘리야의 40일 여정 그리고 예수님의 광야 40일 단식 등이 그 예범입니다.

양심은 하느님께서 거하시는 성소聖所

모세가 하느님을 만나 뵙던 곳, 선조들이 십계명을 받고 하느님 앞에 신앙을 다짐하던 곳, 노예의 선조들이 은총의 새 아들딸로 태어난 그곳에서 엘리야는 하느님을 체험합니다. 백성들은 하느님을 뵙고 시나이산에서 내려온 모세를 감히 쳐다볼 수 없었습니다. 하느님의 광채가 너무나 빛나 모세는 너울로 얼굴을 가려야 했습니다. 태양을 직접 보면 눈이 멉니다. 태양을 보기 위해서는 색유리 등 매개체가 필요합니다. 이것이 히브리인들의 신관입니다.

히브리인들은 하느님의 이름 '야훼'를 감히 발음하지 못했습니다. 부모님의 이름을 함부로 부르지 않는다는 사실과 마찬가지입니다. 이에 히브리인들은 '야훼'를 '하늘과 땅을 창조하신 분', '만군의 주님' 등으로 바꿔 불렀습니다. 가톨릭은 20여 년 전부터 하느님을 극진히 모셨던 유다교의 전통을 존중해 '야훼' 대신 하느님 또는 주님으로 부르고 있습니다.

그런데 힘을 내서 호렙산 동굴에 당도한 엘리야는 폭풍 속에서도, 지진 속에서도 또 불길 속에서도 하느님을 만나지 못했습니다. 이 모든 무서운 일을 겪은 후에야, '조용하고 부드러운 소리'가 들렸습니다. 엘리야가 하느님을 체험한 순간입니다. 그 소리의 실체는 양심이고, 이웃의 아픔을 감지하는 공감 능력입니다. 양심과 공감이 하느님 현현의 구체적 표징입니다. 하느님께서는 엘리야에게 새 소명을 주십니다.

"다마스쿠스 광야로 가서 하자엘을 아람의 임금으로 세우고, 님시의 손자 예후에게 기름을 부어 이스라엘의 임금으로 세워라. 그리고 엘리사에게 기름을 부어 후계자 예언자로 세워라."(1열왕 19,15-16) 정의 구현을 위한 예언자와 신앙인의 정치 사회적 책무입니다. 그 후 엘리야는 후학들의 양성을 위해 예언자학교도 세웠습니다.

양심이 바로 하느님께서 거하시는 성소입니다. 우리 선조들은 가슴에 손을 얹고 바로 거기에 하느님이 계시다고 확신했습니다. 내 안에 하느님이 계시니 내가 바로 하느님이라는 선언도 가능합니다. 사람을 잘 보면 하느님이 보인다는 인내천人乃天 사상의 바탕입니다. 그런데 전제가 있습니다. 그 사람이 깨어 있어야 합니다. 준비되어야

성경에 등장하는 가르멜산

엘리야 예언자를 그린 교회 벽화

합니다. 맑아야 합니다. 경지에 올라야 합니다. 이를 위해 수덕실천이 필요합니다. 노력한 만큼, 집중한 만큼, 나를 버린 만큼, 하느님께서 다가오십니다.

엘리야는 호렙산 동굴에서 이를 실천했고 하느님을 체험합니다. 백두산이 민족의 명산이라는 우리의 해석과 상통하는 부분입니다. 거룩함은 우리가 만든 것입니다. 하느님을 모시고 하느님 안에서 하느님과 함께 생각하고 집중하면 그것이 바로 성화聖化입니다. 엘리야 예언자와 같이 우리도 이제는 작은 바람결에서도 하느님을 체험합니다. 전지전능하시고 무소부재하신 하느님을 우리는 언제 어디서나 어떤 모습으로든 체험할 수 있습니다.

하느님을 체험한 엘리야는 거듭납니다. 하지만 이 은총은 결코 개인적인 것이 아닙니다. 이웃을 위해 공동체를 위해 헌신해야 합니다. 엘리야가 다시 세상 한복판으로 나아가 투신한 이유입니다. 엘리야는 두려웠던 박해자 앞에 당당히 나섭니다. 아합 왕과 부인 이세벨이 저지른 불의를 지적하고 불의한 방법으로 빼앗은 포도밭에 대해서도 무섭게 꾸짖습니다. 바로 나봇의 포도밭 이야기입니다. 아합은 궁전 근처 나봇의 포도밭을 탐했습니다. 나봇이 선조에게 물려받은 땅이어서 줄 수 없다고 하자, 아합은 나봇을 무고해 죽이고 그 포도밭을 빼앗습니다.(1열왕 21장)

"박○○ 도당이 아니라 박정희 도당이라 했습니다!"
검사를 일갈한 윤반웅 목사의 일화

1970년대 박정희 유신독재 시절, 우리는 이 성경 예화를 인용하곤 했습니다. 이승만, 박정희, 전두환 등 역대 독재자들을 꾸짖고 비판한 것이 바로 엘리야 예언자 행업의 재현입니다. 윤반웅 목사님의 일화가 생각납니다. 긴급조치 위반 재판정에 선 윤목사님에게 공안부 검사가 물었습니다. "피고인은 예배당에서 '박○○ 도당을 타도해

주십사' 하고 기도한 적이 있습니까?" 윤 목사님이 "저는 박ㅇㅇ 도당이라고 한 적이 없습니다. 박정희 도당이라고 했습니다!"라고 대답해서 재판정은 웃음바다가 되었습니다. 독재자의 이름을 감히 부르지 못하고 "박ㅇㅇ"이라고 불렀던 부끄럽고 못난 검찰들, 이제라도 검찰 권력은 자신들의 우매함을 깊이 뉘우치고 역사와 겨레 앞에 속죄해야 합니다.

엘리야는 생의 마지막 순간까지 불火과 함께했습니다. 엘리야의 승천은 열왕기 하 2장에 기록되어 있습니다. 세계 곳곳에서 엘리야는 불 마차를 타고 하늘로 올랐다는 이야기가 전해집니다. 이를 소재로 그려진 그림도 많습니다. 성경에 불 마차가 등장하기는 하지만, 이는 엘리야를 따라가려는 제자 엘리사를 떼어 놓기 위함입니다. 엘리야는 분명 회오리바람과 함께 승천했다고 기록되어 있습니다.

아무튼 엘리야가 죽지 않은 상태로 승천했기에 엘리야 예언자가 다시 오면 메시아가 오는 것이란 전설이 만들어졌습니다. 세례자 요한이 바로 엘리야임을 예수님께서도 확인해주셨습니다.(마태오 17, 10-13) 엘리야는 불의한 왕, 불의한 종교를 깨부수고 바른 가치관을 세웠습니다. 불길 같은 예언자 엘리야에서 '불길'은 불의한 세상을 향한 하느님의 의노와 무서운 심판입니다. 하느님의 의노로써 불의의 수레바퀴를 멈추게 하고 이 세상에 하느님의 말씀이 생생하게 살아 계시도록 실천해야 합니다. 엘리야의 불길이 필요한 시대는 늘 바로 지금입니다. '횃불처럼 타오르는 엘리야 예언자'를 기억하고 칭송하는 이유입니다.

거룩하고 영원하신 하느님, 성령의 불길을 받은 엘리야 예언자처럼 저희 모두 우리 시대의 횃불이 되게 해주소서. 이웃과 약자들에 대한 사랑으로 헌신하고 불의한 권력자들을 내리치는 말씀의 몽치가 되게 해주소서. 약자들을 돌봐주시고 지켜주소서. 이 모든 것을 성령 안에서 우리 주 그리스도를 통하여 비나이다. 아멘!

안중근 평화연구원

박정희가 만든 안중근 의사 숭모회,
1, 2대 이사장 모두 친일파

행복하여라. 평화를 이루는 사람들! 그들은 하느님의 자녀라 불릴 것이다.

마태오 5,9

—

안중근 의사는 조선의 유교적 전통과 가톨릭교회의 가르침에 따라 충실하게 사신 분입니다. 나라와 민족을 위해 교육의 중요성을 설파하셨고 민족자강을 위해 물산을 진흥시켜야 한다고 주장하셨습니다. 무엇보다 학교와 기업을 설립하여 자신의 주장을 몸소 실천하셨습니다. 한중일 삼국 중심의 '동양평화론'도 주장하셨습니다. 아쉽게도 미완성 원고로 남아 있지만, 무력의 사용과 전쟁을 불가피한 수단으로 생각하셨습니다. 일제의 취조 문서와 재판 기록이 이를 증명합니다.

안중근 정신을 우리 시대에 맞춰 실천하는 것이 그를 기억하고 기념하는 일이라 생각합니다. 이미 오래전, 독립항쟁에 참여했던 분들도 의사의 행적을 따르고자 했고 자라나는 어린이들에게 안 의사처럼 나라와 민족을 위해 헌신해야 한다고 가르쳤습니다. 안 의사와 함께했던 우덕순 선생은 해방 후 환국하셔서 1946년에 의열사안중근선생기념사업협회를 만드셨습니다. 그러나 한국전쟁이 발발한 뒤 우덕순 선생이 사망하면서 사업은 중단되었습니다.

현재 안중근 의사를 기념하는 일이라고 하면 대부분 '안중근 의사 숭모회'와 숭모회가 국가보훈처로부터 위탁받아 운영하는 남산의 '안중근 의사 기념관'을 떠올릴 것입니다. 이것 자체가 부끄러운 일입니다. 우덕순 선생이 창립한 안중근기념사업회를 없애고 1963년 5월 숭모회를 만든 사람은 박정희 대통령으로, 태생부터 음흉한 의도로 점철되었기 때문입니다.

이순신에 이어 안중근까지,
자신의 권력 유지에 이용한 박정희

군사반란에 성공한 박정희는 사회, 문화, 교육과 종교까지도 독재정권 유지를 위해 이용했습니다. 대표적인 사례가 이순신 장군의 영웅화입니다. 이순신 장군 다음으로 박정희가 눈독을 들인 인물이 안중근 의사입니다. 그는 이순신과 안중근을 민족의 영웅, 참군인의 표상으로 만들고자 했습니다. 나라와 민족에 대한 충성심과 독재자 박정희에 대한 충성심을 병치하려 했던 것입니다.

박정희가 총탄에 죽음을 맞은 1979년 10월 26일은 안중근 의사와 관련되어 있습니다. 박정희는 그날 남산의 안중근 의사 동상 제막식에 참석할 예정이었으나 결국 가지 못했습니다. 박정희가 만든 안중근 의사 숭모회의 초대 이사장은 골수 친일파로 알려진 윤치영, 2대 이사장은 친일 문학가 이은상입니다. 독립운동가의 숭모 사업을 친일파가 주도한 셈입니다. 이는 안중근 의사에 대한 모독이자 우리 겨레를 향한 역겨운 도발입니다.

친일파들이 자신의 악업을 정당화하는 데 순국선열을 이용하는 모습에서 분노와 슬픔을 느낍니다. 역대 숭모회 이사장과 그 주변 세력들은 군사 독재정권에 아부하며 안중근 정신을 훼손하는 데 앞장섰습니다. 안중근 의사를 자신들의 전유물로 여기고 필요에 따라 이용했습니다. 안 의사의 의로운 정신은 간데없고 형식적인 기념과 행사뿐입니다.

이에 우리는 그동안 사장되었던 안중근의사기념사업회를 1995년에 새롭게 발족했습니다. 안중근 의사의 삶과 사상, 행업을 제대로 기려야 한다는 생각에서였습니다. 당시에는 순국선열을 기리는 단체(법인)는 하나만 허용된다는 원칙이 있어서 안중근 의사의 동양평화사상을 주제로 할 수밖에 없었습니다. 한편 1999년에 저희는 약 5명의 인사를 숭모회 이사로 추천했습니다. 하지만 숭모회 측은 후보자들이 전과자라는 이유로 거절했습니다. 민주화운동으로 인한 투옥 경력을 문제삼은 것입니다.

기념사업회는 3월 26일 안 의사의 순국일과 10월 26일 의거일에 추모 기도회를 여는 등 다양한 사업을 펼치고 있습니다. 2004년에 기념사업회와 짝을 이룰 안중근 평화연구원을 설립하고 역사학자인 고려대 조광 교수를 원장으로 위촉했습니다. 평화연구원의 가장 큰 사명이자 업적이라면 안중근 의사 전집 발간입니다. 총 40권을 목표로 현재 27권까지 발간했습니다. 안중근 연구의 대가인 신운용 박사가 편찬위원장을 맡고 있고, 가톨릭 사제들과 신자들의 후원 그리고 서울시 등의 지원을 받았습니다.

남과 북이 함께 존경하는 유일한 인물
안중근

안중근 의사는 남과 북이 공경하는 유일한 애국지사입니다. 분단의 한계를 넘어설 수 있는 공동의 위인이자 남북 공존과 평화를 위한 매개체가 될 수 있다는 의미입니다. 안중근의사기념사업회와 북쪽의 조선종교인협의회는 2009년엔 개성과 평양에서 모임을 갖고 중국 하얼빈에서 미사를 봉헌했습니다. 2010년에는 안중근 의사 순국 100주년을 맞아 중국 뤼순에서 북한 대표단과 미사 등 행사를 진행했습니다. 2012년 안 의사의 고향인 해주 청계동 마을을 방문하기도 했습니다. 저희의 오랜 꿈은 안중근 의사의 묘소를 찾는 일이었습니다. 안 의사는 "나의 유해를 하얼빈 공원 옆에 묻어 두었다가 국권이 회복되면 고국에 묻어 달라"는 유언을 남기셨습니다. 그동안 안 의사의 유해를 찾기 위해 노력했지만 현실적인 어려움에 부딪치곤 했습니다.

당시 일본 쪽은 안 의사 동생들의 호소에도 불구하고 처형 후 3일 동안 시신을 인도하지 않았습니다. 일본이 묘소 자체를 만들지 않았을지도 모른다는 얘기도 있습니다. 서울대 법의학자에 따르면 사후 100년이 지났기에 DNA 검사로도 확인이 불가능한

1

2

3

1

안중근 의사가 평안남도
진남포에 설립한 삼흥학교,
현재는 남흥중학교가 되었다.

2

초라한 안내판으로만 남은
안중근 의사 생가 터
(황해남도 신천군 청계동)

3

2012년 북한 방문 시
남북 공동 행사

4

포박된 안중근 의사

4

421

상황이라고 합니다. 참으로 안타깝지만 예수님을 우리 가슴 속에 모시듯, 안중근 의사를 8천만 겨레의 가슴 속에 모시자고 호소할 수밖에 없었습니다.

저는 1985년부터 20년간 성심여대(현재 가톨릭대학교와 병합)에서 '종교와 사회적 책무'라는 주제로 강의를 했습니다. 종교를 우리의 삶, 겨레의 역사와 연결하고 싶었습니다. 당시 3월 신학기의 첫 과제로 안 의사와 관련된 자료를 읽고 보고서를 제출하라고 했습니다. 처음엔 의아해하던 학생들의 변화가 흥미로웠습니다. 학생들 대부분이 깊은 감동을 받았다는 감상평을 남겼습니다. 그저 위인전에 나오는 죽은 애국자나 독립운동가인 줄로만 알았는데, 우리 시대의 위대한 사상가요, 교육자요, 신앙인이며 민족의 귀감임을 알게 되었다는 것입니다.

지금 안중근의사기념사업회는 늘 초심을 지키면서도 신선한 발상으로 안중근 의사의 사상과 행업을 제대로 세상에 알리기 위해 노력하고 있습니다. 모든 행사를 청소년들이 주도하도록 하는 일도 그중 하나입니다. 청년들의 가슴에 안중근 정신이 살아나고, 이를 등대 삼아 겨레의 평화와 행복한 공존을 향해 나아간다면 그 미래는 밝을 것입니다.

안중근 의사 얘기를 하면 떠오르는 인물이 있습니다. 파주출판단지를 탄생시킨 이기웅 이사장입니다. 그는 출판단지를 만들 때 너무 힘들어서 안 의사에게 기도를 올렸다고 합니다. 기도 중에 꿈결인 양 안 의사가 나타나 "그 일을 꼭 해야 되겠느냐? 그 일에 목숨을 바칠 수 있겠느냐?"라고 물었다는 것입니다. 그는 두려움에 잠시 머뭇거리다 "네!"라고 대답했고 그 후 힘을 내서 일을 완수했다고 합니다. '하루라도 글을 읽지 않으면 입안에 가시가 돋는다'(一日不讀書 口中生荊棘 · 일일부독서 구중생형극)라는 안 의사의 유묵 정신에 따라 안 의사의 흉상을 만들고 파주 출판단지의 수호성인으로 모셨다는 이야기입니다.

김훈 소설《하얼빈》을 읽고…
고마움과 아쉬움이 교차하다

최근 김훈 작가가 소설《하얼빈》을 펴냈습니다. 안중근의사기념사업회의 일원으로 기쁘고 고마운 마음에 책을 펼치자마자 단숨에 읽었습니다. 이 자리를 빌려 간단한 독후감을 쓰려고 합니다. 우선 기자 출신인 작가가 기자 정신으로 정확성을 기하려 노력했다는 점을 높이 평가합니다. 특히 하얼빈에 초점을 맞추어 안 의사의 삶을 제시한 것은 훌륭한 발상입니다. 안 의사의 마음을 '총 한 자루와 100루블'로 상징한 그 의미도 남다릅니다.

다만 상세하게 묘사된 전반부의 시대적 배경보다는 안 의사의 내면적 결단과 고뇌에 초점이 맞춰졌더라면 좋았겠다는 아쉬움은 있습니다. 또한 일본이란 침략자의 이야기도 중요하지만 나라를 침탈당하게 된 우리 내부의 사정을 좀 더 상세히 다뤘더라면 어땠을까 생각합니다. 바깥의 도둑보다 집안 도둑이 더 무섭다는 말도 있잖습니까.

저는 당시 고종과 그 주변 인물들을 무겁게 비판합니다. 왕으로서 역사와 공동체 앞에서 무책임했던 그 행업이 오늘날 우리의 정치 현실에 그대로 이식되었다는 것이 제 생각입니다.

김훈 작가는 저자 후기에서 두 청년, 안중근과 우덕순의 삶을 '포수, 무직, 날품팔이'라는 주제어로 선택했습니다. 이는 일제의 검사 앞에서 두 청년이 당당하게 밝힌 자신의 직업입니다. 저는 사제로서 이 주제어를 다음과 같이 해석합니다.

예수님은 제자들에게 고기 잡는 어부가 아니라 사람을 낚는 어부가 되라 하셨습니다. 이를 우리 시대의 언어로 바꾸면, 우리는 짐승 잡는 포수가 아니라 사람을 잡는 포수가 되어야 합니다. 또한 안중근 의사는 무직이었고 예수님도 무직이셨습니다. 모든 종교인은 이를 닮아 무직이어야 합니다. 다만 굶어 죽지 않기 위해 날품팔이가 되어야 합니다. '내일을 걱정하지 마라. 내일 걱정은 내일에 할 것이다.'(마태오 6,34)라는 복음 말씀을 떠올리며 묵상합니다.

김훈 작가는 대학 시절부터 마음에 품었던 안중근 의사를 50여 년이 지나 소설로 그려냈습니다. 대단한 집념입니다. 저는 이 작품이 작가의 고백록이라 생각합니다. 만일 사정이 허락해 두 번째 고백록을 낼 수 있다면, 짧지만 강렬했던 안중근의 생애를 내적 삶, 신앙적 고뇌의 관점에서 써 주셨으면 하는 개인적 바람이 있습니다. 청년 안중근이 오늘 이 자리에 있다면 가장 먼저 무엇을 했을지 그 가치관을 널리 전파하고 싶은 마음에서입니다.

김훈 작가는 뮈텔 주교님에 대해 객관적으로 묘사하려고 애썼습니다. 제 해석이지만, 빌렘 신부님은 안 의사를 여순 감옥에서 사흘간 만나고 크게 감명받았을 것입니다. 안 의사 순국 다음 해인 1911년 9월 황해도에 큰 수해가 덮쳤을 때 빌렘 신부님은 프랑스 교우들에게 도움을 청했고, 1912년 3월 19일 편지에서 청년 안중근의 삶을 상세히 증언하셨습니다. 빌렘 신부님은 독일계 프랑스인입니다. 고향인 알자스 로렌은 프랑스와 독일의 접경지역으로, 오늘은 프랑스령이었다가 며칠 후엔 독일령이 되는 그런 곳이었습니다. 아마도 이런 경험으로 안 의사를 더 깊이 마음에 품었을 것이라 짐작합니다.

저는 뮈텔 주교님을 이해하기 위해서는 19세기 가톨릭의 구원관과 교회관에 대한 이해가 선행되어야 한다고 생각합니다. 당시에는 육신과 세상, 마귀를 삼구三仇라 하면서 신앙적 관점에서 늘 끊어버릴 대상으로 봤습니다. 벨기에 출신 지정환(Didier t'Serstevens: 1931~2019) 신부님은 뮈텔 주교의 난해한 불어 일기를 판독하였는데 다음과 같은 결론에 도달하였습니다. '뮈텔 주교님은 프랑스인도 한국인도 사랑하지 않으셨습니다. 그분은 다만 사람의 영혼만을 사랑하셨습니다.'

저는 지정환 신부님이 밝힌 뮈텔 주교의 구원관이 그의 행업을 푸는 열쇠라고 생각합니다. '순교자들의 꽃을 피워라'(Florete flores martyrum)가 그분의 주교 표어입니다. 순교자들을 드높인 것은 분명 사실이고 훌륭한 일이지만, 거기까지입니다. 그분은 사람이 아닌 사람의 영혼만을 사랑했기 때문입니다.

김훈 작가는 뮈텔 주교님을 매개로 황사영 순교자와 안중근 의사를 연계했습니다. 저는 한 번도 생각해보지 못한 새로운 관점입니다. 소설은 논문이 아니므로 그냥 넘어갈 수도 있지만 바른 신관, 바른 인간관, 바른 역사관에 기초하는 것이 바람직하다고 생각합니다. 뮈텔은 황사영 백서의 순교 증언만 곶감처럼 빼먹고, 황사영도 안중근도 버렸습니다.

'하느님이 하시는 일은 인간이 헤아리기 어렵다'라는 대목은 작가의 아름다운 신앙 고백입니다. 하지만 이 고백을 하기까지의 전제와 과정이 생략되었다는 아쉬움이 남습니다. 뮈텔은 프랑스인으로서 프랑스를 이용했을 뿐입니다. 당시 조선에 주재한 프랑스 외교관들조차 뮈텔을 부담스러워 했습니다.

　　황사영은 장엄한 순교자이지만 역적으로 매도되었습니다. 지푸라기라도 잡는 심정으로 서양 군함의 개입과 청나라가 관여하는 조선의 간접 통치를 요청했기 때문입니다. 물론 미숙한 대응이었습니다. 그런데 조선 왕실은 참으로 비겁한 짓을 합니다. 왕실이 가장 두려워한 것은 청나라의 개입이었는데, 청나라 얘기는 쏙 뺀 채 서양 함대 요청 건만 크게 부각하여 황사영을 역적으로 내몬 것입니다. 최근 학자들이 역사 자료를 바탕으로 당시 상황에 대한 새로운 연구를 진행하고 있어 기대가 됩니다.

　　안중근은 죽는 순간까지 교회 안에서 하느님을 고백했습니다. 안 의사는 단 한 번도 교회 밖으로 나가지 않았습니다. 당대 선교사들의 기계적 교회관과 제도교회를 넘어서서 민족과 나라를 가슴에 품었습니다. 안 의사는 주교와 사제를 능가한 평신도 신학자였습니다. 독립운동을 포기하지 않는다면 성당에 들어올 수 없다고 해도 성당을 찾아가 기도를 바쳤습니다. 아들 분도에게는 사제가 되라고 유언했고, 자신을 배척한 뮈텔 주교에게도 정중한 유언을 남겼습니다. 그는 한국 교회 공동체의 번영을 위해 기도 바친 의로운 순교자입니다.

　　황사영과 안중근은 둘이 아니라 한 실체의 양면입니다. 황사영은 외세를 빌려서라도 불의한 왕권을 타파하고자 했고, 안중근은 최후의 방법인 무력으로 불의한 침략자를 제거하고자 했습니다. 안중근 의사가 황사영 순교자의 재현이며 승계자입니다. 두 분 모두 나라와 백성, 교회와 국가를 진정으로 사랑했습니다.

　　소설 《하얼빈》을 읽고 나서 이틀 동안 묵상한 내용을 적어봤습니다. 안중근 의사의 신념과 신앙을 담은 김훈 작가의 속편을 기대합니다. 다만 역사적으로 확인해야 할 부분은 전문가와 함께 찾아뵙고 말씀을 나누도록 하겠습니다. 작가님의 영육 간의 건강을 기원하며 기도합니다.

　　거룩하신 하느님, 벗을 위해 자기 목숨을 바치는 것보다 더 큰 사랑이 없다는 예수님 말씀을 되새기며 안중근 의사를 비롯한 순국선열들을 기립니다. 오늘은 특히 안중근, 우덕순, 조도선, 유동하 등 하얼빈의 의사들을 기리며 저희 모두 깨어 있는 시대의 일꾼이 되겠다고 다짐합니다. 저희 모두 우리 시대의 새로운 청년 안중근이 되게 해주소서. 성령 안에서 우리 주 그리스도를 통하여 비나이다. 아멘!

함세웅의 붓으로 쓰는 역사기도 48

숨겨진 것은 드러나기 마련이고
감추어진 것은 알려지기 마련이다

은폐된 것들을 드러내는 것이
정화와 구원의 첫걸음

숨겨진 것은 드러나기 마련이고 감춰진 것은 알려지기 마련이다.
그러므로 너희가 어두운 데서 한 말을 사람들이 모두 밝은 데에서 들을 것이다.
너희가 골방에서 귀에 대고 속삭인 말은 지붕 위에서 선포될 것이다.

루카 12, 2-3

———

우리 속담에 '낮말은 새가 듣고 밤말은 쥐가 듣는다'는 말이 있습니다. 세상에 비밀이란 있을 수 없으니 늘 신중하게 말하고 매사에 정직하라는 가르침입니다. 성경에도 이와 유사한 구절이 있습니다. 바로 "숨겨진 것은 드러나고 감춰진 것은 알려진다"입니다. 이 구절의 결이 개별 성경에 따라 앞뒤 조금씩 다르게 해석되기도 합니다.

마태오와 마르코 복음에서는 '예수님의 가르침이 지금은 비록 소수에게 전달되나 앞으로는 만백성에게 선포되리라'라는 복음의 확장성을 강조합니다. 반면 루카의 병행 구절은 '네가 말한 비밀이 언젠가는 공개적으로 드러날 것'이란 사실에 방점을 찍습니다. 이처럼 Q문헌(예수님의 가르침을 담고 있는 원천자료 · 독일어 Quelle의 첫머리에서 따옴)에서 유래한 동일한 말씀이 복음사가들에 의해 전달되는 과정에서 다르게 해석됨을 알 수 있습니다. 더욱이 복음 말씀에는 선포, 봉사 기능과 함께 거짓을 고발하는 사회적 책무가 담겨 있음이 확인됩니다.

'말로써 말 많으니 말 말을까 하노라'라는 속담도 있습니다. 말은 생각의 열매이자 마음을 보여주는 징표입니다. 말은 인격의 척도이며 신격神格의 표본입니다. 히브리인들은 하느님께서 '말씀'을 통하여 우주 만물을 창조하셨다고 고백합니다. 그리스도인들은 그 '말씀'이 사람이 되시어 우리 가운데 오셨으니, 그분이 바로 예수님이라고 구원의 경륜을 설명합니다. 우리는 성경을 하느님의 '말씀'이라는 존칭어로 표현합니다. 라틴어로는 Verbum, 영어로는 Word입니다. 서양에는 존칭어가 따로 없기에 대문자로서 이를 나타낸 것입니다. 이는 하느님을 향한 경외심에 기초한 일종의 상식common sense이며 공감sympathy입니다.

먼저 침묵하고
진리와 양심에 귀 기울여야

상식과 공감은 상통하는 개념입니다. 상식은 이론적으로, 공감은 심리적으로 동의하는 가치입니다. 하지만 십인십색이다 보니 상식과 공감도 사람에 따라 다를 수 있습니다. 따라서 상식과 공감에 도달하기 위해서는 노력과 협력이 필요합니다. 여기에 훈련도 따라야 합니다. 무엇보다 타자의 말에 귀 기울이는 자세가 중요합니다. 잘 들으려면 먼저 침묵해야 합니다.

침묵은 내면의 대화로서 무엇보다 하느님의 말씀, 진리의 말씀, 양심에 귀 기울이는 자세입니다. 양심의 소리를 듣는 사람이 한 단계 더 올라간 사람입니다. 교육 과정에서 스승의 말을 듣고, 종교 수덕 과정에서 눈 감고 경전 말씀에 몰입하는 자세입니다. 머리로 깨닫고 가슴에서 영적 불길을 확인하는 과정을 불교에서는 깨달음이라 하고, 그리스도교에서는 회심 혹은 영적 부활이라고 말합니다. 강렬하고 깊은 '하느님의 체험'입니다.

누구든 살다 보면 뒷걸음질치고 후회할 때가 있습니다. 그러므로 우리는 끊임없이 극기와 자제, 수덕 실천을 반복해야만 합니다. 이는 종교뿐만이 아니라 정치, 사회, 경제, 교육, 문화, 스포츠 등에서도 마찬가지입니다. 초기 교회의 사도들은 세 가지 자세를 제시합니다. 첫째, 황제를 위해 목숨 바치는 군인의 자세. 둘째, 최선을 다해 앞만 보고 달리는 경주자의 자세. 셋째, 하늘의 비를 고대하며 새벽부터 부지런히 일하는 농부의 자세입니다.(2티모 2, 3-7) 신학생 시절, 저는 교수 신부님의 이 해석 말씀을 듣고 가슴 깊이 새겼습니다. 사제가 된 후에도 이 교훈을 늘 교우들과 함께 되새기고 있습니다. 이는 목숨을 건 자세, 최선을 다하는 자세, 진인사대천명의 겸허한 자세입니다.

붓글씨를 쓰면서 선생님으로부터 "목숨을 걸어라"는 말씀을 들었을 때, 모든 일에는 순교적 결단이 필수라는 것을 다시금 깨달았습니다. 저는 신학교에서 "지금 당장 종말을 맞이한다면 무엇을 하겠는가"라는 물음을 반복해서 듣고 묵상했습니다. 이것이 그리스도인의 종말론적 자세입니다. '매일 첫 미사 때의 마음으로, 생애 마지막 미사라 생각하고, 한평생 유일한 미사라 여기며' 미사를 봉헌해야 한다는 철칙을 되새깁니다.

예수님은 제자들에게 '씨 뿌리는 사람, 가라지, 겨자씨, 누룩, 보물과 진주, 그물, 농부, 어부' 등의 비유를 통해 하느님의 나라를 설명해 주셨습니다.(마태오 13장) 이는 결국 우리 각자가 저마다 열매를 맺어야 한다는 소명과 함께 언젠가는 우리가 반드시 죽게 되리라는 종말의 교훈과 연계됩니다. 죽는 순간, 우리는 벌거숭이가 되어 하느님을 대면합니다. 전지전능하신 하느님 앞에 단독자로 엎드릴 순간을 생각하며 늘 기도하고 더욱 겸허하게 살아야 합니다.

혼란을 극복하는 방법은
현실을 있는 그대로 확인하고 공개하는 것

제가 성심여대와 서강대에서 강의할 때 일입니다. 저는 조교 선생님에게 학생들의 출석을 일일이 확인하지 말라고 하고, 학생들에게 이렇게 말했습니다. "수업에 충실함은 학생의 기본 책무입니다. 저는 여러분을 신뢰합니다. 여러분은 학비를 낸 만큼, 아니 그보다 훨씬 더 많은 것을 배워가야 합니다. 저는 일일이 출석을 확인하지 않을 것입니다. 다만 불시에 딱 한 번 확인해서, 만일 그날 결석이면 한 학기 전체를 결석으로 처리하겠습니다. 신학적으로 말하자면 종말론적 출석입니다. 예수님은 당신께서 우리에게 도둑처럼 갑자기 찾아오시겠다고 말씀하시며 늘 깨어서 준비하라고 하셨습니다." 시간이 흘러 그때의 학생들은 모두 사회인이 되었지만, 세상은 여전히 혼란스럽습니다. 혼란을 극복하고자 한다면, 현실을 있는 그대로 확인하고 공개하면 됩니다. 공개가 바로 고발과 정화 구원의 첫 과정입니다.

성당에 다니는 어린이들은 수녀님들로부터 "하느님께서는 모든 것을 보고 다 알고 계신다"는 교리를 듣고 자랍니다. 그리고 이런 교리를 직접 체험하는 날이 바로 크리스마스입니다. 성탄절 행사에서는 대개 보좌 신부가 산타 역할을 맡습니다. 산타 복장을 한 사제는 부모들이 준비해 준 선물을 손에 들고 어린이들의 이름을 차례대로 호명합니다. "철수 어린이, 한 해 동안 잘 지냈나요? 한 달 전에 엄마 말씀을 어겼고 또 동생을 때린 적도 있었고요. 그리고 밥투정도 했네요. 앞으로는 엄마 말씀 잘 들어야

광우병 사태 촛불 집회

해요. 약속할 수 있지요?" 어린이들은 산타의 말에 큰 충격을 받습니다. 정말로 산타가 자신의 일거수일투족을 다 알고 있다고 생각합니다. 게다가 내가 원했던 선물을 족집 게처럼 알고 있으니 참으로 놀랍기만 합니다. 산타를 통한 하느님 체험입니다.

물론 어린이들은 성장하면서 산타가 허구임을 깨닫게 됩니다. 신화가 깨어지는 순간, 큰 충격을 받고 혼란에 빠집니다. 자신이 딛고 있던 발판이 순식간에 사라진 느 낌이겠지요. 종교적 측면에서 보면 사람들이 신화 속에 빠지는 것도 나쁘지 않습니다. 따라서 우리는 유치한 신앙으로 사람들을 현혹하여 자신만의 이익을 취하는 종교 집단 들을 주위에서 쉽게 볼 수 있습니다. 성숙한 신앙인이라면 신화가 깨졌을 때 가져야 할 믿음에 대해 깊이 고민할 필요가 있습니다. 신화를 꾸몄던 겉치레가 사라졌다 할지라 도, 그 속에 담겼던 메시지와 교훈은 여전히 유효합니다. 누가 보든지 안 보든지 양심 에 따라 살아야 한다는 것이 신화의 핵심이기 때문입니다.

'숨겨진 것은 드러나기 마련이고 감춰진 것은 밝혀지기 마련'이라는 2천 년 전의 성경 구절이 오늘날에도 큰 울림과 교훈을 주는 것은 그것이 핵심 중의 핵심이기 때문 입니다. 더욱이 이 구절의 앞부분은 '두려워하지 말라'는 것이고, 뒷부분은 '진실을 선포 하라'는 것입니다. 이는 확신과 용기를 가지고 이웃과 공동체를 위해 헌신하고 진실의 편에 서라는 예수님의 당부입니다.

오른쪽 어깨엔 천사가
왼쪽 어깨엔 악마가

마태오 10장 26절이 가장 절절하게 느껴진 때는 독재정권 시절입니다. 박정희 유신 시대의 긴급조치 1호에서 9호까지의 발동을 지켜보면서 '아니, 이런 법이 도대체 어디 있어?'라는 생각과 함께 분노가 치밀어 올랐습니다. 정의에 대한 갈구입니다. 더

숨겨진 것은 드러나기 마련이고

감추어진 것은 알려지기 마련이다

욱더 기막힌 것은 거짓과 공포의 정치였습니다. 박정희, 전두환 두 사람은 불법으로 정권을 강탈했으니 말해서 무엇하겠습니까? 경찰, 보안사, 중앙정보부, 검찰 등은 고문과 조작을 통해 죄 없는 사람을 감옥으로 보냈고, 법관들은 검찰의 기소장을 제목만 바꿔 판결문이라는 이름으로 낭독했습니다. 그 시절 '숨겨진 것은 드러나기 마련이고 감추어진 것은 알려지게 마련이다'라는 말씀이 사제들의 머리를 내리쳤기에 횃불을 들고 세상 가운데로 나섰던 것입니다.

우리 시대는 몰라보게 다원화, 개방화되었지만 숨김과 감춤의 수법 또한 교묘해지고 지능화되고 있습니다. 그러므로 20세기에서 21세기로 바뀌었다고 해도, 이 성경 말씀은 여전히 불의한 사회 현실을 고발하는 예언자적 선언으로 작용합니다. 이명박 정권의 미국산 소고기 수입으로 촉발된 촛불 집회와 시국 미사, 2013년 국정원 선거 개입 규탄 시위에서도 길잡이 선언이었습니다. 지금 이 순간에도 진실을 은폐하여 자신의 이익을 취하려는 무리는 존재합니다. 그들은 가짜를 진짜라고 외치는 사기꾼들이고, 산업 현장의 재해와 안전사고를 감추는 데 급급한 재벌 기업이며, 오로지 권력을 위해 겨레와 나라의 미래를 팔아먹는 정상배들입니다.

우리 시대의 정치인, 공직자, 특히 돈과 관련된 일을 하는 사람들은 하늘과 역사 앞에 참으로 정직해야 합니다. 자신에게, 무엇보다 사랑하는 배우자와 자녀, 부모, 선조 앞에 부끄럽지 않아야 합니다. "숨겨진 것은 드러나고 감춰진 것은 밝혀진다"는 성경 말씀은 우리 시대 의인들에게 큰 힘과 용기이며 희망의 버팀목입니다. 돈과 권력의 힘으로 은폐한 모든 것들은 언젠가 반드시 밝혀질 것입니다.

올바르게 사는 것은 어려운 일도 복잡한 일도 아닙니다. 딱 하나만 지키면 됩니다. 삶의 모든 순간에서 '지금 하느님이 다 보고 계신다'는 확신과 양심을 견지하는 것입니다. 가톨릭 교부들은 우리의 오른쪽 어깨에는 천사가, 왼쪽 어깨에는 악마가 있다고 가르쳤습니다. 인간은 약하고 어리석어 늘 악마에게 이끌립니다. 천사의 목소리를 듣기 위해서는 늘 묵상하고 기도하는 깨어 있는 삶을 살아야 합니다.

전지전능하신 하느님, 하느님께서 하늘과 땅, 우주 만물의 신비를 저희에게 모두 밝히 보여주셨지만 때로는 장막이 가로막고 있습니다. 이에 예수님께서는 십자가 위에서 돌아가시면서 지성소至聖所의 휘장을 위에서 아래로 두 폭으로 찢어 모든 것을 환하게 밝혀 주셨습니다. 하느님의 계시와 보편적 구원입니다.

　　권력을 남용하고 범죄를 조작하며 사실과 진실을 감추는 모든 거짓 종교인과 정치인들, 불의한 재력가들과 언론인 등 사실을 숨기며 조작하는 이들을 회개시켜 주시고 하느님과 역사 앞에 모든 것이 밝히 드러나게 해 주소서. 그리하여 하느님 앞에서와 같이 저희 모두 언제나 밝고 기쁜 은총의 삶을 살게 해 주소서. 이 모든 저희의 염원을 들어 허락하소서. 성령 안에서 우리 주 그리스도를 통하여 비나이다. 아멘!

도끼가 도끼질하는 사람에게
뽐낼 수 있느냐

주제 파악 못 하는
세상의 도끼들에게

도끼가 도끼질하는 사람에게 뽐낼 수 있느냐?

톱이 톱질하는 사람에게 으스댈 수 있느냐? 마치 몽둥이가 저를 들어 올리는 사람을

휘두르고 막대가 나무도 아닌 사람을 들어 올리려는 것과 같지 않으냐?

이사야 10, 15

———

성경에는 역사와 지혜, 예언이 혼재합니다. 구약성경은 역사서, 지혜 문학서, 예언서 등으로 나누어져 있습니다. 역사에 개입하시는 하느님을 고백하는 것입니다. 역사 자체가 하느님의 행업이며 구원의 사건입니다. 역사 안에 하느님의 작용이 내재되어 있다는 뜻입니다.이를 잘 깨닫고 실천하는 것이 바로 지혜입니다. 지혜는 옳고 그름에 대한 바른 분별력이며 역사 현실에서 우리를 하느님께 이끄는 길잡이입니다. 지혜는 하느님의 말씀이며 양심의 또 다른 이름입니다. 그런데 현실은 그렇지 않으므로, 예언자는 바른 역사관 바른 지혜의 가치를 깨닫도록 지적하고 교정합니다.

예언자의 말預言은 점치는 말豫言이 아닌
역사와 지혜에 대한 선포

예언은 결코 앞일을 예견하는 말豫言, 점치는 행위가 아닙니다. 성경에서 말하는 예언prophetia의 참뜻은 이렇습니다. 하느님의 말씀을 전하는 책무를 가진 예언자가 현재의 역사와 지혜에 대해 선포하는 바가 예언입니다. 다시 말해 예언預言입니다. 하느님의 말씀을 맡았으니 그 말씀을 이웃에게 전하는 행업입니다. 마치 은행에 돈을 맡기고 필요할 때 찾아 쓰는 것처럼, 하느님께서 맡기신 진리의 말씀을 이웃에게 전하는 일입

니다. 예언은 하느님의 말씀이며 하느님과 함께하는 작업입니다. 인류의 지난 행업은 단순한 역사이지만 하느님 안에서 해석하면 구원의 역사가 됩니다. 인간의 삶을 하느님 안에서 해석하는 것, 그것이 성경이고 지혜이고 예언입니다.

《서유기》의 손오공 이야기는 불교의 정수를 전하는 가르침입니다. 이를 깨달은 손오공이 마침내 부처(鬪戰勝佛·투전승불)가 되었다는 가르침은 오묘합니다. '뛰어봤자 부처님 손바닥', '우물 안 개구리' 등 고전적 이야기에는 '자신의 뿌리와 기원을 알라'는 가르침이 담겨 있습니다. 동서고금의 선현들이 한결같이 하신 말씀이기도 합니다. '자신의 뿌리와 한계를 알라, 겸허하라, 네가 원하는 것을 먼저 이웃에게 실천하라'는 가르침은 사랑과 자비로 이어집니다.

"도끼가 도끼질하는 사람에게 뽐낼 수 있느냐?"는 격언 또한 성경에 담겨 있으니 하느님의 말씀이 된다는 사실에 주목해야 합니다. 그런데 이 말씀이 기록된 전후 문맥을 살펴보면 그 핵심은 공동체에 대한 가르침을 담고 있습니다.

기원전 10세기, 중동 지방을 장악한 옛 아시리아 제국의 왕 티글랏 필레에세르 3세(기원전 744~727 재위)는 남진 정책을 펼치며 북 이스라엘과 남 유다 왕국을 공격했습니다. 막강한 군사력을 가진 아시리아 왕국은 주변 국가들에게 공포의 대상이었습니다.

한편 북 왕국 이스라엘은 반복된 반란으로 혼란을 겪고 있었습니다. 이스라엘 왕 페카는 다마스쿠스의 루친과 동맹을 맺어 아시리아에 대항하고, 남쪽 왕 유다 왕국에도 연합을 제안합니다. 하지만 유다 왕 히즈키야(기원전 745년~717년 재위)는 당시의 묘한 정치적 상황으로 인해 이를 거절합니다.

아시리아는 티글랏 필레에세르 3세 이후 그의 아들 살만 에세르 5세(기원전 726년~722년 재위), 사르곤 2세(기원전 721년~705년 재위), 산헤립(기원전 705년~681년 재위)에 이르는 4대에 걸쳐 북 이스라엘과 남 유다 왕국을 침략했습니다. 기원전 721년에는 북 이스라엘을 완전히 멸망시켜 버립니다.

침략국 아시리아의 왕 산혜립을 향한
이사야 예언자의 호통

당시 유다 왕국은 하느님을 잊고 우상 숭배에 혈안이 되어 있었습니다. 침략을 받을 때마다 아시리아와 연합하는 방법으로 위기를 모면했지만, 산혜립은 유다 왕국에도 무차별 공격을 가하고 점령을 꾀합니다. 그렇게 무지막지한 산혜립도 결국은 자신의 두 아들에 의해 살해됩니다.(2열왕 19, 37) 바로 이러한 배경에서 도끼 이야기가 나옵니다.

이사야 예언자는 먼저 '도끼가 도끼질하는 사람에게 뽐낼 수 있느냐'라며 아시리아를 꾸짖는 신탁을 기술합니다. 그리고 하느님께서 우상 숭배에 빠진 유다에 대한 벌을 예고하셨지만 유다를 꼭 구원해 주시리라는 희망을 예시합니다. 아시리아의 왕 산혜립은 2차, 3차 공격을 가하고 기원전 688년에는 유다를 포위합니다.

그런데 이 모두는 하느님께서 유다 백성을 꾸짖기 위한 방편이었습니다. 아시리아는 하느님의 도구일 뿐입니다. '내 진노의 막대인 아시리아, 그의 손에 들린 몽둥이는 나의 분노이다. 나를 노엽게 한 백성을 길거리의 진흙처럼 짓밟게 하겠다'(이사야 10, 5)는 것이 하느님의 계획입니다. 그럼에도 아시리아는 자신의 힘과 지혜를 과신하며 유다를 약탈하고 크게 멍들게 했습니다. 무지의 행태이며 한계입니다. 약소국을 짓밟은 침략국 아시리아의 교만입니다.

이에 예언자는 외칩니다. "역사를 잘 보아라, 패망하지 않은 나라가 있었더냐? 하느님의 백성인 유다도 꾸짖고 벌주신 하느님께서 침략국 아시리아를 그대로 묵인하실 것 같으냐?"라고 반문하며 희망을 제시합니다. 극도의 오만과 방자가 하느님의 심판과 개입을 불러온 것입니다. 아벨의 피가 하늘을 향해 솟구쳤듯 유다의 울부짖음이 하늘에 치달았습니다. 예언자는 일갈합니다. "주님께서는 시온산과 예루살렘에서 하실 일을 다 마치신 다음, 아시리아 임금의 오만한 마음에서 오는 소행과 그 눈에 서린 방

도끼가 도끼질하는 사람에게
뽐낼 수 있느냐

자한 교만을 벌하실 것이다."(이사야 10, 12)

'도끼가 도끼질하는 사람에게 뽐낼 수 있느냐? 톱이 톱질하는 사람에게 으스댈 수 있느냐?'는 수사학적 질문은 아시리아에 대한 꾸짖음일 뿐 아니라 조롱을 담고 있습니다. '네가 누구인지 알긴 하느냐? 도끼 주제에 도끼질하는 주인을 잊고 있다니 참으로 웃기는 놈이로구나!'라는 뜻이기 때문입니다.

이 교훈은 시대를 관통해 오늘날에도 그대로 적용됩니다. 미국, 러시아, 중국 등 이른바 강대국들에 대한 꾸짖음이며 나아가 정치인, 권력자, 부자, 거들먹거리는 이들 모두에 대한 하늘의 꾸짖음, 역사의 꾸짖음, 그리고 민중의 꾸짖음입니다. 이사야 10장 16절이 바로 결론이며 신앙고백입니다. "만군의 주님께서는 그 비대한 자들에게 질병을 보내어 야위게 하시리라. 마치 불로 태우듯 그 영화를 불꽃으로 태워 버리시리라."

코로나 현상 앞에
주인 잊은 도끼의 운명을 생각하다

저는 이 말씀에서 코로나19라는 현상을 떠올리며 묵상합니다. 부와 풍요를 자랑하던 선진국들도 코로나 앞에서는 속수무책입니다. 코로나를 백신으로 제어하는 그 즉시 코로나는 재빨리 변형해 새로운 바이러스가 되어 우리를 괴롭힙니다. 교만하지 말 것이며 매사에 조심하고 가진 것을 나누고, 입과 코도 막으라는 의미입니다. 많은 경우에 입은 화근의 근원입니다.

무엇보다 가진 것을 나누어야 합니다. 아프리카 등 가난한 나라 사람들은 백신을 한 번도 맞지 못한 상태에서 부자 나라들은 4차, 5차 반복해서 백신을 맞고 있습니다. 종교와 교회 공동체도 한 가지입니다. 나눔을 실천해야 합니다. 실천 없는 믿음은 죽은 믿음이라는 야보고서의 말씀을 깊이 되새기며 사랑의 실천을 다짐합니다.

코로나19 백신 접종

우리 주변의 숱한 도끼들이 주제를 파악하지 못하고 있습니다. 종교라는 도끼, 유엔이라는 도끼, 유럽연합이라는 도끼, 미국이라는 도끼도, 러시아와 중국이라는 도끼도 자신의 주제를 먼저 파악해야 합니다. 대통령도 국회의원도 공직자도 모두 도끼일 뿐입니다. 사제와 목사, 승려도 도끼입니다. 재벌과 언론인, 지성인 모두 스스로가 도끼임을 겸허하게 고백해야 합니다.

거룩하시고 영원하신 하느님, 저희는 하느님 앞에 늘 부족한 죄인임을 고백하며 겸허한 삶을 다짐합니다. 도끼 처지에 도끼질하는 사람에게 뽐내는 우를 범하지 않게 하소서. 도끼를 넘어 전기톱을 사용하는 시대가 도래했습니다. 하지만 그 전기톱도 전기에 의지하고, 전기는 자연과 인간에 예속되어 있습니다. 우주 만물은 하느님께 속해 있습니다. 하오니 저희 모두 하느님과 자연 앞에 늘 겸손한 삶을 살게 하소서. 겸손이 가장 큰 덕목임을 깨닫고 실천케 하소서. 서로 돕고 의지하며 사랑과 봉사의 삶을 살게 하소서. 성령 안에서 우리 주 그리스도를 통하여 비나이다. 아멘!

나는 모태에서 너를 빚기 전에 너를 알았다

비운의 예언자가 전하는,
십자가 고난을 통한 부활의 메시지

모태에서 너를 빚기 전에 나는 너를 알았다.

태중에서 나오기 전에 내가 너를 성별하였다. 민족들의 예언자로 내가 너를 세웠다.

예레미야 1, 5

———

도공이 도자기를 빚듯 하느님께서 온 우주 만물을 창조하셨습니다. 진흙을 빚어 주님의 모상대로 사람을 만드시고 주님의 숨결을 불어 넣으셨습니다.(창세 2, 7-8) 사람을 만물의 영장이라 일컫는 이유입니다. 사람은 하느님의 작품일 뿐 아니라, 하느님의 얼과 영을 지닌 존재입니다. 이것이 인간의 품위와 존엄성의 근거입니다.

사람은 모두 모태에서 잉태됩니다. 생명의 첫 자리, 하느님께서 마련하시고 보장하시는 자리가 모태입니다. 따라서 하느님을 창조주와 생명의 원천, 주님으로 고백하는 것입니다. 그런데 사람들은 제 잘못으로 벌을 받고 죽게 되면 하느님께 항변의 기도를 올립니다. "주님께서는 손수 저를 빚으셨는데 이제 생각을 바꾸시어 저를 파멸시키려 하십니다. 주님께서 저를 빚으셨음을 기억하십시오. 주님께서는 저를 먼지로 되돌리려 하십니다."(욥 10, 8-12)

영성 신학에서의 첫 질문은 '사람은 어디에서 왔고 어디로 가는가'입니다. 사람의 기원과 목적에 대한 물음입니다. 중세 신학의 대가 토마스 아퀴나스 신학대전의 핵심은 그 해답을 찾고 제시하는 것입니다. 인간은 하느님의 창조에서 시작해 인생행로와 역사 과정을 통해 결국 창조주 하느님께 되돌아간다는 귀환에 대한 고백입니다.

이는 옛 가요 '하숙생'의 주제이기도 합니다. '인생은 나그네 길, 어디서 왔다가 어디로 가는가'라는 물음에 토마스 아퀴나스는 '인생은 나그네 길, 하느님에게서 왔다가(창조신학) 하느님에게로 가는 길(귀환신학)'이라고 대답합니다. 이것이 그리스도교 신학의 핵심입니다.

반면 불교에서는 인간의 기원을 묻지도 따지지도 않습니다. 다만 주어진 현실에서 출발합니다. 던져진 이 현실에서 나름대로 해탈을 위해 최선을 다하면서 득도를 통해 성불을 지향합니다. 불교는 인간이 어디에서 왔느냐를 묻지 않고 다만 성불을 위해 그것도 스스로의 끊임없는 노력을 통해 다가가는 자주 자립적 완성관을 제시합니다. 이 점이 그리스도교와 불교의 근본적 차이입니다.

만일 바티칸이 제사 문화를 수용했더라면…
무자비한 가톨릭 박해도 없었을 것

중국 명나라 때, 마테오 리치(1552~1610) 신부는 불교의 가르침을 그리스도교의 관점에서 수렴하기가 어렵다는 것을 깨달았습니다. 인간의 기원에 대해 질문하지 않고 창조주 하느님의 개념을 개의치 않기에 창조신학과 불교의 교리는 도저히 융화할 수 없다고 생각했습니다. 비록 외적으로는 승복을 입고 불교와의 친화에 노력했으나 신학적, 내면적으로는 불교와 거리를 두었습니다.

반면 인륜과 도덕, 제사 의례와 상제 사상을 중시하는 유교는 그리스도교 관점에서 충분히 껴안을 수 있다고 확신했습니다. 당시의 신학적 시각에서는 매우 과감한 주창이었습니다. 이를 보유역불론補儒易佛論 또는 보유배불론補儒排佛論이라 합니다. 마테오 리치 신부는 중국문화를 껴안고 중국을 그리스도교화하기 위해 사목적으로 최선을 다했습니다.

그 후 마테오 리치의 후배인 예수회 사제들은 그리스도교와 유교 제사 문화의 일치와 융화를 이루려고 노력했습니다. 청나라 황제 강희제(1661~1722 재위)는 "만일 가톨릭이 유교 제사 문화를 수용한다면 자신은 물론 청나라 전체가 가톨릭이 될 수 있다"라고 말했습니다.

1
—

마테오 리치와 가톨릭으로 개종한
중국의 관료이자 과학자 쉬광치

2
—

미켈란젤로가 그린
고난의 예언자 예레미야

1

2

나는 모태에서 너를 짓기 전에 너를 알았다

하지만 당시 중국에 있던 프란치스코 회원들과 도미니코 회원들은 매우 배타적이고 수구적이었습니다. 예수회 회원들의 선교 방법을 시기 질투하기도 해서 로마 바티칸 측에 강력한 반대의견을 피력합니다. 오랜 심의 토론 끝에 로마 바티칸은 제사를 '우상숭배'라 여기고 불허 결정을 내립니다. 마침내 강희제는 예수회를 제외한 모든 선교사를 추방합니다.

신학생 시절, 이 강의를 들으며 마음이 아프고 아쉬웠습니다. 만일 그때 바티칸이 제사 문화를 수용했다면 청나라 전체가 가톨릭이 되었을 테고 우리나라에서 가톨릭에 대한 무자비한 박해가 없었을 것이란 상상 때문입니다. 그런데 교회사 교수 신부님은 다른 해석을 하셨습니다.

인류 역사는 하느님의 섭리 속에서 이루어지는데, 그때 청나라와 아시아 국가가 가톨릭으로 전향했다면 가톨릭이 너무 오만해져 제대로 된 역사적 반성과 성찰을 하지 못했을 것이란 가정입니다. 신학생 시절엔 수긍하기 어려웠지만, 이제는 그 신부님의 해석에 동의합니다.

오늘날 한국에서는 불교와 가톨릭이 매우 가깝다고 생각합니다. 교리를 자세히 알지 못하는 일반 대중의 인식이 그러합니다. 실제로 두 종교 간의 관계도 매우 좋습니다. 불교의 부처님상과 촛불, 가톨릭의 미사 전례와 십자가상, 성모상 그리고 제단의 촛불 등 외형적 예식도 비슷합니다. 그러나 기독교 장로회 등 진보적 교단을 제외한 개신교단들은 불교를 우상숭배하는 이단 집단이라 규정하고 맹목적으로 적대시합니다. 현재 상황에서 서로를 이해하고 공존의 삶을 지향하는 것이 참으로 아름답다는 것을 다시 확인합니다.

"저는 부족합니다"
예레미야의 예언자의 아름다운 용기

물론 진지하게 '우리는 어디서 와서, 어디로 가는가'를 질문하고 해답을 찾도록 노력해야 합니다. 그 행업이 인간의 더 큰 성숙과 완덕을 지향하는 사상적, 종교적 책무이기 때문입니다. 그 예범이 바로 예언자들입니다. 오늘은 예레미야 예언자를 중심으로 묵상합니다.

예언자들은 모두 용감하고 헌신적이고 장엄한 삶을 살았습니다. 그러나 그들 역시 나약한 인간입니다. 예언자들은 하느님의 부르심을 받았을 때 "저는 부족합니다"라고 겸허하게 자신의 한계를 고백합니다. 때로는 머뭇거리고 때로는 저항하기도 합니다. 그러나 결국 하느님의 말씀에 따라 세상 한복판으로 나섭니다. 하느님께서 그들에게 '영'을 내려 주시기 때문입니다. 예언자는 하느님께 사로잡힌 하느님의 사람입니다. 이 관계는 왕과 신하, 주인과 종, 상관과 부하 그리고 명령하는 자와 명령받는 자로 설명됩니다.

구약성경에서 고난의 예언자인 예레미야(기원전 650~586)는 쇠퇴한 유다왕국이 외세의 침략에 시달리다가 멸망에 이르는 격동의 시기를 살았습니다. '예레미야'라는 이름은 '하느님께서 기초를 놓으시다', '하느님께서 들어 높이시다', '하느님께서 자궁을 해방시키셨다' 등의 어원을 갖고 있습니다. 그의 이름은 파란만장한 그의 삶을 암시합니다. 오직 하느님만을 믿고 헌신했던 그는 조국 유다왕국의 배신자로 낙인찍히며 온갖 수난과 모함을 받은 비운의 예언자입니다.

그는 한평생 하느님의 시각에서 자신을 바라본 내면적 성찰과 숙고의 사상가요, 실천가입니다. 그의 내적 체험을 기록한 고백록(10~20장)에서 그의 아픔과 내적 고통을 확인할 수 있습니다. 예레미야는 "하느님의 계약을 어긴 불충과 불신의 유다 백성들은 징벌을 받으리라"라고 선포합니다.(11~12장). 하지만 백성들은 그를 비웃습니다. "하느님이 어디 계시냐? 한번 내려와 보시라지"(17,15)라는 빈정거림 앞에서 그는 형언할 수 없는 내적 쓰라림과 허탈도 체험합니다.

　　아무리 예언자라 해도 "조국이 망해야 한다, 다른 나라의 지배를 받아야 한다"고 외친다면 그 누가 수긍하겠습니까? 예레미야 자신도 잘 알고 있었으나 그가 하느님께 사로잡혔기에 그렇게 외치지 않을 수 없었습니다. 예언자가 짊어진 비운의 책무입니다. 그는 아나톳 고향 사람들에게도 배척받고(11,18 이하) 친척과 친구들에게도 버림받습니다.(12,6;18,18;20,10) 저주와 박해, 살해의 위협에 시달리며 끊임없이 도피하는 삶을 살아야 했습니다. 그는 절규합니다.

　　"아, 불행한 이 몸! 어머니, 어쩌자고 저를 낳으셨나요? 온 세상을 상대로 시비와 말다툼을 벌이고 있는 이 사람을. 빚을 놓은 적도 없고 빚을 얻은 적도 없는데 모두 저를 저주합니다."(15, 10) "어찌하여 제 고통은 끝이 없고 제 상처는 치유를 마다하고 깊어만 갑니까? 주님께서는 저에게 가짜 시냇물처럼, 믿을 수 없는 물처럼 되었습니다."(15, 18)

451

예언자는 하느님의 뜻을
세상에 널리 알리는 사람

　　예레미야는 고통의 사나이입니다. 그리고 십자가에 못 박혀 돌아가신 예수님의 전표입니다. 하지만 그의 뼈아픈 체험과 고통은 아름다운 용기와 신앙고백입니다.

　　"주님, 주님께서 저를 꾀시어 주님의 꾐에 저는 넘어갔습니다. 주님께서 저를 압도하시고 저보다 우세하시니 제가 날마다 놀림감이 되어 모든 이에게 조롱만 받습니다. 말할 때마다 저는 소리를 지르며 '폭력과 억압뿐이다!'라고 외칩니다. 주님의 말씀이 저에게 날마다 치욕과 비웃음거리만 되었습니다. (…) 그러나 주님께서 힘센 용사처럼 제 곁에 계시니 저를 박해하는 자들이 비틀거리고 우세하지 못하리이다. (…) 의로운 이를 시험하시고 마음과 속을 꿰뚫어 보시는 만군의 주님, 주님께 제 송사를 맡겨드렸으니 주님께서 저들에게 복수하시는 것을 보게 해주소서."(20, 7-12)

예레미야는 하느님의 말씀에 따라 살면서도 끊임없이 하느님께 이의를 제기하고 항변한 사람입니다. 하느님께서 계시지 않는다고 생각할 정도의 실망과 좌절, 어둠을 체험한 사람입니다. 그럼에도 불구하고 끝까지 하느님을 신뢰한 철저한 하느님의 사람입니다.

개인적 고뇌와 갈등 속에서도 예레미야는 언제나 유다 나라 전체를 생각했습니다. 이렇듯 예언자의 고뇌는 반드시 공동체를 위한 기도와 헌신이어야 합니다. 예레미야의 공적 활동은 세 시기로 나뉩니다. 첫 번째는 요시아왕의 종교개혁(기원전 627~622)을 적극적으로 지지하던 기간이고, 두 번째는 요시아왕이 죽은 기원전 622년부터 609년간의 침묵의 준비기입니다. 바빌론의 침략을 받은 기원전 609년부터 604년까지가 유다의 비참한 멸망을 예고하면서 활동했던 피눈물 나는 고난의 과정입니다. 말년의 세 번째는 기원전 597년부터 586년 사이로, 바빌론의 침략으로 성전 파괴와 약탈, 조국의 멸망을 목격한 절망의 시기입니다.

세 번째 공적 활동 시기가 바로 그의 네 번째 비약의 시대입니다. 이때부터 예레미야의 신탁이 극적으로 전환됩니다. 절망 속에서 해방과 희망을 예시한 것입니다. 하느님께서는 바빌론을 심판하시고 이 백성을 꼭 구원해 주시리라 선포합니다. 십자가의 고난을 통한 부활의 메시지입니다. '고생 끝에 낙이 온다'는 격언의 확인입니다.

바빌론의 멸망과 유다의 해방을 예고한 예언자는 말년에 이집트로 끌려갑니다. 유다 왕정 수구파들이 이집트로 피신하면서 그를 데려갔고, 예레미야는 그곳에서 생을 마감합니다. 이집트에서의 행적에 대해서는 알려진 게 없습니다.

"너희가 바빌론에서 일흔 해를 다 채우면, 내가 너희를 찾아 너희를 이곳에 다시 데려오리라는 은혜로운 나의 약속을 너희에게 이루어주겠다"(예레미야 29, 10)라는 하느님의 선포는 메시아 구원 사상의 바탕입니다. 예레미야가 전한 하느님의 약속은 노예와 다름없는 생활을 하던 유다 백성들을 일으켜 세운 희망이 되었고, 자신들이 저지른 잘못을 눈물로 회개하고 하느님의 뜻에 따라 삶 전체를 재정립하는 계기가 되었습니다.

누누이 말하지만, 예언자는 미래의 일을 점치는 사람이 아닙니다. 그들은 하느님의 뜻과 계획을 세상에 알리는 사람입니다. 우리가 잊으면 안 되는 것들을 끝없이 환기시키고 바른길로 가도록 촉구하고 인도하는 사람입니다. 어떤 시대, 어떤 사회에도 그런 존재가 필요합니다. 각자가 소명을 다할 때 하느님의 뜻이 이루어집니다. 민주주의와 공동체의 평화, 약자와 억울한 사람을 대변하는 일이 사제와 신앙인에게 맡겨진 구원의 소명입니다.

거룩하시고 전지전능하신 하느님, 하느님께서는 하늘과 땅, 온 우주 만물의 신비, 조상들의 삶과 역사를 주관하고 계시니, 제가 출생하기도 전의 모든 것, 그리고 제 출생의 연원과 과정, 온 생애를 꿰뚫어 보고 계심을 고백합니다. 온 세상 역사와 인류의 모든 삶을 통찰하고 계시는 하느님 앞에 늘 올바른 삶을 살도록 다짐하오니 저희 모두 양심에 따라 사는 예언자적 실천가가 되게 하소서. 성령 안에서 우리 주 그리스도를 통하여 비나이다. 아멘!

주님의 산으로 올라가자

칼을 쳐서 보습을 만들고,
창을 쳐서 낫을 만들리라

수많은 백성들이 모여 오면서 말하리라.

"자, 주님의 산으로 올라가자. 야곱의 하느님 집으로!

그러면 그분께서 주님의 길을 우리에게 가르치시어 우리가 그분의 길을 걷게 되리라."

이는 시온에서 가르침이 나오고 예루살렘에서 주님의 말씀이 나오기 때문이다.

주님께서 민족들 사이에 재판관이 되시고 수많은 백성들 사이에 심판관이 되시리라.

그러면 그들은 칼을 쳐서 보습을 만들고 창을 쳐서 낫을 만들리라.

한 민족이 다른 민족을 거슬러 칼을 쳐들지도 않고 다시는 전쟁을 배워

익히지도 않으리라. 야곱 집안아, 자, 주님의 빛 속에 걸어가자!

이사야 2, 3-5

———

가톨릭의 성당과 불교의 사찰은 대개 산중에 있습니다. 단순히 경치 좋고 환경 좋은 곳에 성전을 짓는다는 개념만은 아닙니다. 산에 오를 때의 모습을 떠올려보십시오. 저절로 머리를 숙이고 자세를 낮추게 됩니다. 게다가 발걸음은 느려지고 숨이 차오릅니다. 인간 존재의 미약함과 한계를 체험하고 절대자와 만나기 전에 미리 마음의 준비를 하는 과정입니다.

산에 오른다는 것은 여러 면에서 매우 좋은 일입니다. 더욱이 산은 위쪽을 향하는 방향성을 상징하는 것으로 무엇보다 하늘과 가깝습니다. 인간 세상과 하느님 세상의 중간지대라 할 수 있습니다. 그러니 지상에서 펼쳐지는 인간의 삶에서 벗어나 하느님과 관계를 맺기에 산보다 좋은 장소는 없습니다.

제가 신학교에서 공부할 때, 성당은 신학교 건물 3층에 있었습니다. 교수 신부님께서는 충계를 오를 때마다 예루살렘 성전을 올라간다는 마음을 가져야 한다고 말씀하셨습니다. 그 후로는 계단을 볼 때면 주님의 산이라 생각했습니다. 이렇듯 하느님을 만

나러 가는 모든 길이 주님의 산을 오르는 것입니다.

이사야 예언자는 시온산을 가장 높은 산이라고 예찬합니다. 하느님의 집, 예루살렘 성전이 자리하고 있기 때문입니다. 모든 유다인에게는 간절하고 큰 꿈이 있습니다. 적어도 1년에 한 번 파스카 축제 때에 주님의 산에 오르는 것입니다. 주님의 산에 오를 때는 가장 낮은 자세로 욕심을 버리고 평화를 갈구해야 합니다. 예언자가 지칭하는 산은 바로 '주님의 산', 질적으로 다른 산입니다.

주님의 산에 오를 때는
가장 낮은 자세로

가장 낮은 자세란 하느님께 모든 것을 내맡기는 전적 봉헌, 하느님의 뜻을 겸허히 받아들이겠다는 수용을 뜻합니다. 예수님과 같은 낮춤과 비움, 곧 십자가의 죽음을 극적으로 표현한 비허(卑虛 · Kenosis · 케노시스)입니다.(필립 2, 6-11) 욕심이 가득한 사람은 결코 겸손할 수 없습니다. 마음속에 총칼을 품고 있는 사람은 하느님을 대면할 자격이 없습니다. 산을 오르는 과정은 이렇게 버려야 할 것들을 완전히 버리고, 채워야 할 것을 충만히 채우는 과정입니다.

모든 것에는 전후 맥락이 있습니다. 성경도 집필된 배경, 곧 삶의 자리(Sitz im Leben)를 알아야 합니다. "주님의 산으로 올라가자"라는 이사야 예언서의 초대 말씀은 매우 기쁘고 아름답습니다. 그러나 그 배경에는 어두운 과거가 존재합니다. 슬픈 현실에 대한 고발과 백성들의 근원적 회개를 전제하고 있으면서 동시에 미래를 위한 새로운 가치를 정립해야 한다는 책무를 제시합니다.

이사야 예언서는 기원전 8세기부터 250여 년에 거쳐 종합 편집된 작품으로 제1이사야(1-39장), 제2이사야(40-55장), 제3이사야(56-66장)로 구분해 설명합니다. 이사야

1
—
라파엘로가 그린 산타고스티노
성당의 이사야 예언자

2
—
유엔 건물 건너편 벽에 쓰인
이사야서 2장 말씀

1

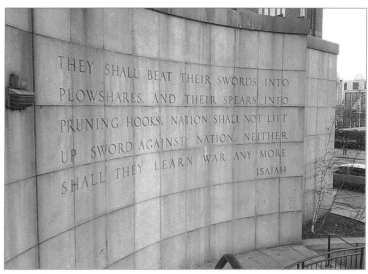

2

攀登主之聖山吧

주님의 산으로 올라가자

는 '야훼 하느님은 구세주이시다'는 뜻으로 '예수'님과 어원이 같습니다. 아시리아의 침략으로 북이스라엘이 멸망한 기원전 721년 전후가 제1이사야의 시대적 배경입니다. 제2이사야는 바빌론이 남왕국 유다를 점령한 기원전 586년 전후, 특히 페르시아를 통해 극적인 해방을 찾은 기원전 538년의 감격에서 출발합니다. 제3이사야는 예루살렘에 귀환한 백성들이 성전 복구와 메시아 사상에 기초한 보편적 구원 사상을 깨닫고 펼치는 시기입니다.

이사야는 '고통의 사나이'라 불리는 예레미야보다 90여 년 전에 태어나 활동했습니다. 그 역시 고통의 과정을 겪긴 했으나 그의 소명사화에서 확인하듯 매우 적극적이며 낙관적 성품의 소유자입니다. 예레미야가 하느님의 부름을 받았을 때 "저는 아이라서 말할 줄 모릅니다"(예레 1, 6)라고 다소 멈칫거렸습니다.

반면 이사야는 하느님에게서 소명 받자마자 "큰일 났구나. 나는 이제 죽었다. 나는 입술이 더러운 사람이다. 입술이 더러운 백성들 가운데 살면서 만군의 주님을 내 눈으로 뵙다니!"(이사야 6, 5)라고 토로합니다. 그때 천사가 숯불로 이사야의 입술을 지져 성화聖化했으니, 곧 불세례를 받은 것입니다. "내가 누구를 보낼까?"라는 하느님의 말씀에 이사야는 "제가 있지 않습니까? 저를 보내주십시오"라고 당당하게 응답합니다. 그리고 세상 한복판으로 나섭니다.

그는 인간의 불신과 고집, 유다 백성의 완고함에 정면으로 맞섭니다. 그러나 백성들은 들은 척 만 척 꿈적도 하지 않았습니다. 이는 예수님 때에도 마찬가지였습니다. 예수님께서는 이사야 예언자의 말씀을 인용하시며 백성들의 완고함을 이렇게 꾸짖으셨습니다. "보고 또 보아도 알아보지 못하고 듣고 또 들어도 깨닫지 못하여 저들이 돌아와 용서받는 일이 없게 하려는 것이다."(마르코 4, 12; 이사야 6, 1-10)

가장 낮고 가장 깊은 양심의 산
그곳에 깃든 회개와 양심

이사야는 아시리아가 북이스라엘을 멸망시키는 장면을 직접 목격했습니다. "도끼가 도끼질하는 사람에게 뽐낼 수 있느냐"는 대목에서 설명했듯이, 그 후 아시리아는 유다를 포위하고 공격했습니다. 예언자는 이 고통을 하느님의 섭리 안에서 해석하면서 아시리아의 만행을 꾸짖습니다. 그리고 이 모든 일의 근본 원인이 유다 왕실과 사제들, 백성들의 불성실과 우상숭배, 온갖 사회적 불의임을 지적합니다.

이사야 1장의 "소나 나귀도 주인을 알아보는데 주님이신 하느님을 알아보지 못하는" 우매한 백성들이라는 꾸짖음이 그것입니다. 참으로 죄악으로 가득한 백성, 거짓과 불의가 몸에 밴 불충한 지도자들입니다.

"충실하던 도성이 어쩌다 창녀가 되었는가? 공정이 가득하고 정의가 그 안에 깃들어 있었는데 이제는 살인자들만 가득하구나. (…) 내 지도자들은 반역자들이요, 도둑의 친구들 모두 뇌물을 좋아하고 선물을 쫓아다닌다. 고아의 권리는 되찾아주지도 않고 과부의 송사는 그들에게 닿지도 못한다."(이사야 1, 21-23) 이는 하느님의 신탁, 무서운 고발입니다. 유다에 대한 실망과 좌절, 저주의 메시지입니다.

저주만을 위한 저주가 아니었습니다. 예언자는 무섭게 꾸짖고 고발한 다음, 희망을 제시합니다. 낙관주의적 희망과 영광의 미래입니다. 이사야 2장 2-5절과 미카 예언서 4장 1-5절은 동일한 내용을 담고 있는 병행 구절입니다. 따라서 후대 작품인 미카가 이사야에 종속되었다는 것이 일반적 견해입니다. 하지만 최근의 학자들은 이 둘이 함께 종속된 제3의 원자료가 있을 것으로 추측합니다. 당시의 공동체 전례문, 곧 보편기도였을 것이라는 추정입니다.

'주님의 산'이란 흔들림이 전혀 없는 기초가 튼튼한 산, 모든 언덕과 산들보다 높은 산입니다. 주님의 산은 영적인 산, 마음의 산, 우주만물의 모든 것을 포괄하는 가장 넓고 거룩하고 가장 높은 산입니다. 종말의 산, 메시아의 산, 구원과 희망의 산이기도 합니다. 따라서 온 백성이 그 산으로 몰려옵니다. 우상에 빠지고 죄짓고 악행을 저질렀던 불의한 백성이 이제 이 산을 바라보며 뉘우치고 다가옵니다. 그 행업이 바로 회개와 기도이며 희망입니다. 주님의 산은 바로 우리 자신이며 우리의 양심입니다. 가장 낮고 깊은 이 양심이 바로 가장 높은 '주님의 산'입니다.

"주님의 산으로 오르자"는 초대는 평화의 기도, 평화의 호소입니다. 그것이 바로 하느님의 빛 속을 걸어가는 삶입니다. 아울러 이 초대는 이끌어서 함께 간다는 요소를 포함하고 있습니다. 이는 모든 민족이 밀려들고 수많은 백성이 모여 오면서 내는 한목소리입니다. 주님의 산에는 우리 모두 함께 올라야 합니다. 이것이 바로 이사야 예언자의 삶의 지표인 것입니다.

제주 해군기지, 사드 배치, 우크라이나 전쟁…
폭력의 시간들

주님의 산은 '하느님 말씀'과 동의어로 온 세상 공동체의 평화와 정의 그리고 무장해제의 미래를 보장합니다. 예언자는 "칼을 쳐서 보습을 만들고 창을 쳐서 낫을 만들리라"(이사야 2, 4)는 말씀으로 평화를 염원하는 순례자의 실천적 기도를 명합니다. 참으로 감동적입니다. 창과 칼 등 전쟁 무기는 생명과 평화를 위한 농기구로 바꾸고 주님의 빛이 온 땅을 감쌉니다. "자, 주님의 빛으로 가자"란 말씀에서 '빛'은 창조와 구원, 희망의 원천 바로 하느님입니다.

유다 백성뿐 아니라 온 세계 모든 민족을 여기로 초대합니다. 주님의 산은 보편적 하느님의 나라, 모든 집과 우리의 마음입니다. 주님의 산은 가장 높습니다. 그것이 바로 하느님의 영적 가치입니다. 하느님의 말씀이 재판의 판단 기준과 척도이며 평화의 실현입니다.

이제 더이상 무기는 필요 없습니다. 군비 축소를 넘어 전면적으로 무장을 해제해야 합니다. 예언자의 꿈, 시인의 꿈, 기도하는 사람의 꿈입니다. 오직 하느님을 위해 충실하게 사는 사람은 평화를 지향합니다. 하느님을 사랑한다면 칼을 쳐서 보습을 만들어야 합니다. 하느님께 희망을 둔다면 창을 쳐서 낫을 만들어야 합니다. 이것이 평화의 지름길입니다.

제주 해군기지와 평택 미군기지 설치, 사드 배치 앞에서 우리가 호소하고 외쳤던 기도와 염원이 바로 이것이었습니다. 결국에 우리가 힘이 없어 미국의 요구에 응할 수밖에 없었고 앞으로도 그럴 것입니다. 가슴이 찢어지는 아픔입니다. 누렇게 벼가 익어가던 옥토와 평화롭게 고기잡이를 하던 바다를 군사기지로 만들겠다는 것은 분명 하느님의 뜻에 반하는 일입니다.

우리는 러시아의 우크라이나 침략전쟁을 지켜보고 있습니다. 칼과 창, 총과 대포, 군함과 미사일 그리고 군홧발이 수많은 어린 생명을 무참히 짓밟았습니다. 현실은 늘 참으로 잔혹합니다. 하지만 이사야 예언자가 심판과 멸망 이후에 찾아올 희망을 말했듯이, 우리 모두 주님의 산을 오르는 심정으로 더 평화로운 세상, 더 정의로운 공동체를 꿈꾸며 나아가야 합니다.

온 우주 만물과 세상 그리고 우리 인간을 창조하신 하느님, 하느님께서는 저희를 축복하셨습니다. 서로 돕고 나누며 평등하게 살라고 명하셨습니다. 그러나 저희는 하느님의 말씀을 잊고 본능과 원욕에 따라 뭔가를 더 갖기 위해 이웃을 짓누르고 이웃의 것을 빼앗고 이를 위해 무기를 만들고 전쟁을 일으키고 있습니다. 평화의 하느님, 정의의 법과 사랑의 말씀으로 불의한 저희를 내리쳐 주십시오. 욕심과 원욕, 거짓과 위선, 불의와 폭력을 떨쳐버리도록 저희 모두를 내리쳐 주십시오.

특히 시대를 초월하여 어느 곳에나 있는 불의한 정치인 무리를 이제는 송두리째 뿌리 뽑아 불태우소서. 그리하여 저희 모두 주님을 찬미하며 모든 이와 함께 기쁨과 평화, 몸과 마음으로 주님의 산, 완덕의 산에 올라 주님을 찬미하며 주님과 함께 온 백성이 주님의 평화 속에서 살게 하소서. 세계 평화, 남북의 평화, 가정의 평화, 내적 평화를 일으켜 주소서. 이 모든 것을 성령 안에서 우리 주 그리스도를 통하여 비나이다. 아멘!

함세웅의 붓으로 쓰는 역사기도 52

올리브 햇순

작고 여린 힘들이 모여
세상을 바꾼다

그는 이레를 더 기다리다가 다시 그 비둘기를 방주에서 내보냈다.

저녁때가 되어 비둘기가 돌아왔는데, 싱싱한 올리브 잎을 부리에 물고 있었다.

그래서 노아는 땅에서 물이 빠진 것을 알게 되었다.

창세기 8, 10-11

———

구약 성경 창세기의 제1부(1-11장)는 신화적 어법으로 기술한 신앙 고백서이며, 제2부(12-50장)는 아브라함을 축으로 펼쳐진 히브리 백성의 구원사입니다. 온 세상을 만드시고 마지막 날 자신의 모습을 본 따 인간을 창조하셨으며 그리도 흡족해하셨던 하느님께서 왜 무서운 홍수로 세상을 쓸어버렸는지 그 이유가 궁금합니다. 이것은 제1부에 속한 '노아의 홍수' 이야기입니다.

창세기는 아담과 하와의 원죄와 에덴에서의 추방을 거쳐 인류 최초의 살인 사건을 그립니다. 인간은 무섭게 타락했고 창조주는 실망을 넘어 후회를 드러냅니다.(창세 6, 6) 하느님께서 인간을 창조하신 일을 후회한다는 성경 구절에 충격을 받은 이들이 많습니다. 하지만 이러한 일련의 일들을 곱씹어 보면, 하느님께서는 당신의 뜻을 저버린 인간에 대한 벌로 홍수를 선택하셨을 뿐만 아니라 노아라는 의인을 선택하여 인간에 대한 희망을 재확인하십니다.

하느님의 명령을 받든 노아는 거대한 방주를 만들고 자신의 가족과 세상의 모든 생물들을 한 쌍씩 배에 실었습니다. 모든 준비가 끝나자 40일간의 홍수가 시작되었고 불어난 물은 세상을 삼켜버립니다. 끝나지 않을 것 같이 퍼붓는 비가 그치자 노아는 까마귀를 날려 보냅니다. 하지만 까마귀는 죽었는지 살았는지 돌아오지 않습니다. 다음으로 날려 보낸 비둘기는 곧 방주로 돌아옵니다. 땅에서 물은 아직 빠지지 않았습니다.

시간이 흐르고 다시 날려 보낸 비둘기가 드디어 올리브 햇순을 물고 돌아옵니

465

다. 형벌은 끝나고 다시 인간은 지상에서 번성합니다. '노아의 방주' 덕분인지 성경에서 비둘기는 성실, 신뢰의 상징이며 성령도 비둘기의 모습으로 묘사됩니다. 올리브 나무 또한 평화와 풍요, 승리와 성취를 의미합니다. 팔레스틴 지방에서 올리브는 소중한 자원이자 왕과 사제들을 축성할 때 사용한 기름의 원료입니다. 가히 축복의 열매라 말할 수 있습니다. 비둘기가 올리브 햇순을 물고 왔다는 데는 이렇게 다층적인 의미가 담겨 있습니다.

노아의 홍수는 '쓸어버림'에 대한 성서적 교훈

노아의 홍수가 전하는 성서적 교훈은 한 번은 '쓸어버림'이 필요하다는 것입니다. 노아의 홍수는 멸망이 아니라 햇순으로 표징되는 제2의 창조입니다. 쓸어버림을 개인 차원에서 해석한다면 목숨을 건 통렬한 회개와 자기 변혁이고 정치 사회적 차원에서 보면 혁명일 것입니다. 지킬 것이 하나도 없는 붕괴, 발밑이 무너지는 절망에서 진정한 회개가 시작됩니다. 부분적 회개는 존재하지 않습니다. 전적 회개만이 본질에 다가가는 열쇠입니다.

오늘날 교회의 현실은 입으로만 회개한다고 하여 본질과 멀어지고 있습니다. "재를 바르고 옷을 찢는 행위가 아니라 심장을 찢어라."(요엘 2, 13)라는 말씀을 되새깁니다. 죽을 각오로 회개해야 합니다.

교회든 정치든 사회든 과거의 고정관념에서 벗어나야 혁명적 변화를 이룰 수 있습니다. 십자가 자체가 공空과 비허卑虛를 상징합니다. 마구간에서 태어나신 하느님 아들은 십자가에 못 박혀 죄인으로 돌아가셨습니다. 비허로 인해 가장 높은 곳에 오르신 분이 예수님입니다.

초기 그리스도교 300여 년은 박해의 시대, 순교자의 시대입니다. 당시 교부들의 서간에서 큰 교훈을 확인합니다. 같은 스승에게 같은 가르침을 받은 제자들이 전혀 반대의 길을 갑니다. 같은 부모로부터 태어난 형제자매도 가는 길이 엇갈립니다. 그 뿌리는 바로 이기심과 소유욕, 곧 탐욕입니다. 노아의 홍수 이전 인간들 역시 탐욕에 따라 행동했습니다. 하느님께서 주신 큰 자유를 방종으로 남용한 것입니다. 이에 사도 바오로 자신도 어쩔 수 없이 악을 저지르고 있음을 알고서, 하느님 앞에 어쩔 수 없는 큰 죄인임을 겸허하게 고백했습니다. (로마 7장)

우리의 이기심과 욕심을 깨는 것이 절제입니다. 절제는 모든 종교의 기본 덕목이기도 합니다. 솔직한 것이 좋다는 주장도 있을 수 있습니다. 하지만 어차피 완벽하게 솔직할 수는 없습니다. 하고 싶은 말이 있다면 하느님과 내적으로 대화해야 합니다. 멈춰야 할 때 멈출 줄 아는 것이 지혜의 삶입니다.

오늘 이야기하는 햇순은 생명의 계승, 작은 것의 위대함, 희망을 상징합니다. 본래 햇순처럼 작고 여린 힘이 세상을 버팁니다. 허름한 마구간에서 탄생하신 아기 예수님이 세상을 바꾸셨습니다. 우리는 보이지 않는 것을 무시하지만 진짜 소중한 것은 보이지 않습니다. 우람한 나무를 지탱하는 것은 보이지 않는 땅속의 뿌리이고, 바로 그 뿌리가 햇순의 원천입니다. 우리 시대를 강건히 지탱하는 것이 민중이란 사실을 교회와 정치인, 언론이 되새겼으면 합니다.

1년 전 '역사기도'를 시작할 때는 "주님의 산으로 올라가자"로 글을 마무리하려고 생각했습니다. 하느님의 산, 완덕의 경지 이상을 상상할 수 없었기 때문입니다. 하지만 글을 쓰면서 저의 생각이 바뀌었습니다. 우리 인간은 그곳에 머물러 있을 수 없다는 한계를 가지고 있습니다. 따라서 마지막 이야기로 새 생명과 희망의 시대를 상징하는 '올리브 햇순'을 선택했습니다.

1

2

1

햇순을 피운 올리브나무

2

에드워드 힉스가 그린 노아의 방주

올리브 햇순은
새 생명과 희망을 상징

역사기도를 시작한 것은 우리가 잊지 말아야 할 것을 기억하자는 의도였습니다. 기억의 힘은 올리브 햇순을 싹트게 할 만큼 위대합니다. 북의 애창가로 우리나라에도 알려진 노래 '심장에 남는 사람'은 아름다운 회상을 묘사합니다. 심장은 생명체 실존의 핵심이며 인격체의 집약입니다.

'내 심장에 남는 사람은 누구일까'를 생각하며, 사제품을 받던 그 순간을 떠올렸습니다. 살아오면서 참으로 많은 분들을 만났습니다. 많은 이들을 만나고 사랑하고 함께 일을 도모했습니다. '심장에 남는 사람' 노래에서는 만남과 상통, 사랑의 과정을 기억이라 말합니다.

기억이란 그때 만난 사람과 그때 했던 일을 재생하는 것입니다. 성서작가들 역시 기억에 기초해 생각과 행업을 집필했고, 기억에 기초해 하느님을 공경했으며, 기억에 기초해 역사를 새롭게 되새겼습니다. 사실 우리의 삶은 이 기억으로 직조되어 있습니다.

누구에게나 가장 기쁘고 아름다운 순간이 있으며 그것을 영원히 간직하고자 하는 염원이 있습니다. 그리고 이를 실현시키는 힘이 기억입니다. 기억은 과거, 현재, 미래를 하나로 묶어 줍니다. 그중에서도 하느님과 함께하는 기억은 영적 힘이며 아름다운 기도입니다.

조상들을 모시는 제례의식도 이와 같습니다. 그런데 이 기억이 형식에 매몰될 경우 위선과 가식, 껍데기가 되기도 합니다. '홍동백서 조율이시'라고 하면서, 핵심을 놓친 채 불필요한 분란을 자초하기도 합니다. 유다인들도 똑같았습니다. 예수님께서는 부모님에 대한 효도는 안 하면서 "그 대신 하느님께 모든 것을 다 바쳤노라"고 읊어대는 바리사이파와 율법학자들을 향해 "너희는 너희의 전통을 고수하려고 하느님의 계명을 잘도 버린다"(마르코 7, 9)고 무섭게 꾸짖으셨습니다. 이는 "눈에 보이는 사람을 사랑하지 않으면서 눈에 보이지 않는 하느님을 사랑한다는 사람은 거짓말쟁이"(1요한 4, 20)라는 말씀과도 상통합니다.

그렇다면 개인이 아니라 민족 공동체의 구성원으로서 내가 기억하고 실천해야 할 일은 무엇인지 다시 한 번 되돌아봅니다. "대한민국은 민주공화국이며 모든 법은 국민으로부터 나온다"라는 헌법 1조는 평등과 공공公共에 기초한 민주공화국에 대한 바른 인식을 전제합니다. 여기서 늘 스쳐 지나갔던 공화국共和國, Res Publica의 어원적 개념과 가치를 깊이 생각해야 합니다.

하나의 예로, 공공公共과 공화共和에서 앞 글자인 '공'의 한자어가 서로 다릅니다. 사실 두 단어의 어원은 같은데 이렇게 헷갈리게 표현했습니다. 본래 공공公共 질서는 공적 이익을 위한 법적 의미로 사용되고, 공화共和는 일치와 화합을 지향하는 포괄적 의미를 담고 있습니다. 하지만 이렇게 설명해도 뿌연 관념만 남을 뿐 명확한 의미가 확 다가오지 않습니다.

우리나라를 규정하는 '민주공화국'에서 '민주'는 귀가 닳도록 들어왔지만, 공화란 말마디를 따로 떼어내면 생경하기조차 합니다. 그런데 제헌 헌법의 기초가 된 임시정부의 헌법 초안을 설계한 조소앙(1887~1958) 선생 등은 공화제를 강조했습니다. 이제 공동체의 일치, 화합을 위해 공화의 가치와 의미를 되찾아야 합니다. 무엇보다 민주공화국이 핵심입니다. 민주공화국이 확인되는 그때에만 자유의 참된 뜻이 확인됩니다.

요즘 '자유, 자유'를 외치는데 그 자유는 민주공화국을 지향하는 민족공동체가 전제되어야 하며, 민주공화국 안에서만 보장됩니다. 우리가 놓친 부분을 보완하기 위해서는 공공화公共和라고 표현해야 할 것입니다. 공공公共이라 하면 공안 통치가 연상되고 공화共和라고 하면 관념뿐이니 본래의 뜻을 제대로 살리기 위해서는, 그동안 분리시킨 것을 온전히 하나로 묶고 그 본뜻을 더욱 분명하게 하기 위해 다소 반복이 되더라도 공공화국公共和國이라고 부르자고 제안하는 바입니다.

역사기도는
공동체의 가치와 정의를 세우는 것

공공성을 깨는 것은 엄청난 잘못입니다. 성경의 핵심 역시 공동체성의 회복과 공동선의 실현입니다. 이를 바오로 사도는 '영적 투쟁'(에페 6, 10-20)이라 말했습니다. 민주화운동기념사업회는 인권과 민주회복의 헌신을 '기억 투쟁'이라고 부릅니다. 민족문제연구소는 친일 잔재 청산 작업을 '역사 전쟁'이라고 선언했습니다. 역사기도는 바로 이 모든 것을 아우르는 시편 작가의 종합기도인 것입니다. 역사기도는 공동체의 가치와 정의를 세우는 기도로, 역사 속에서 현존하시는 하느님을 매일 매 순간 깨닫고 고백하고 실천하는 행업입니다.

1970~80년대 민주화 투신 현장에서 저희는 승려, 목사, 원불교 교무 등 많은 종교인들과 함께 했습니다. 그때 저는 새로운 체험과 소중한 교훈을 얻었습니다. '나'라는 울타리에 갇혀 있다 보면 스스로를 객관적으로 보기 힘듭니다. 반성은 더더욱 어렵습니다. 저는 교단이라는 틀에 종속되지 않고 처절한 자기반성을 통해 이 또한 넘어서야겠다고 결심했습니다.

한국 가톨릭학생회의 초석을 놓으신 거목 나상조(1921~2008) 신부님의 말씀이 떠오릅니다. 1974년, 청년 사제이던 시절 나 신부님을 찾아뵙고 '개신교의 문동환 목사님과 동년배이시니 저희의 버팀목이 되어 주십사' 간곡히 청한 바 있었습니다. 신부님은 저희의 뜻에 동조하시면서도 김수환 추기경과의 껄끄러운 관계 등을 들어 끝내 승낙하지 않으셨습니다. 신부님 은퇴 후에 찾아뵈었더니 "자네들이 정의를 구현한다고? 자네들이나 나나 다 예수님을 팔아먹고 사는 놈들 아니냐!"라고 하셨습니다. 취중진담에 뒷덜미가 서늘해졌습니다.

비슷한 경험이 더 있습니다. 기독교 방송 인터뷰를 기다리던 자리에서, 경기도 교육감을 지낸 이재정 성공회 신부는 저에게 "예수님께서 많은 사람을 먹여 살리시

죠?"라고 말을 건네왔습니다. 지난해 선종한 김택암(1939~2021) 동료 사제는 예수님께서는 제자들에게 세상의 소금이 되라 하셨는데 교회와 우리 사제들은 고작 소금 장수 노릇만 한다고 고백했습니다. 그 후 저는 "소금 사려!"를 외치는 소금 장수가 되어서는 안 되겠다고 다짐하며 이 체험을 《암흑 속의 횃불》 길잡이에 기록한 바 있습니다.

요즘 저는 성경의 지혜문학에 심취해 있습니다. 전에 없이 정치, 경제, 사회, 종교의 허구성이 한눈에 보이는 경험을 하고 있습니다. 이 모든 것이 성숙의 과정이라 생각합니다. 지혜문학 코헬렛에 나오는 '헛되고 헛되다. 모든 것이 헛되다'라는 구절을 절감합니다. 모든 것은 변합니다. 제 마음도 그렇고, 이 해석도 그렇습니다. 오로지 하느님만이 영원불변하시며 유일하게 믿을 수 있는 분임을 깨달았습니다.

어린 시절, 춘원 이광수의 소설 《꿈》을 읽고 크게 감동받았습니다. 성장한 후 그가 친일 작가임을 알고 실망이 컸지만 《꿈》의 교훈은 여전히 살아 있습니다. '인생은 꿈'이라는 가르침이 지혜문학과 상통합니다.

어느 무신론자가 한평생 봉쇄수도원에서 헌신하고 있는 수도자에게 묻습니다. "만일 수사님이 믿는 그 하느님이 안 계시고 영원한 세계가 없다면 수사님의 삶은 허망하지 않겠습니까?" 이 도전적 질문에 수사님은 빙그레 웃으시며 "그래도 저는 행복합니다. 이 순간이 바로 하느님의 시간, 영원과 만나는 시간이니까요"라고 답합니다.

매일 매 순간 최선을 다해 사는 삶이 축복이며 새 생명, 햇순의 원천입니다. 저의 삶을 돌이켜보면 꿈은 컸으나 결과는 미약합니다. 젊은 시절에 가고 싶었던 길이 있었지만, 중간에 예상치 못한 길에 들어섰습니다. 이제는 제가 '예상 못 했던 그 길'이 바로 저의 길임을 새삼 깊이 깨닫습니다.

불혹을 넘긴 천주교정의구현전국사제단
공동체와 공공선을 위해 싸워온 여정

그동안 역사기도를 바치며 되짚어보니 '과연 우리가 진정한 지도자를 가졌었나'라는 의문이 들었습니다. 뼈아픈 지점입니다. 나랏돈을 낭비하는 공직자, 국민에게 부여받은 권력을 자신의 권력으로 착각하는 정치인들, 속된 말로 그놈이 그놈입니다.

50여 년 전, 명동수녀원에서 강의 중 대화를 나눌 때 지원자 한 명이 말했습니다. "저는 하느님의 부르심에 응답해 이곳에 왔습니다만 또한 어머님께서 남자들은 다 도둑놈이니 시집가지 말라고 하신 말씀도 큰 계기가 되어 수녀원에 입회했습니다." 어떤 의미에서는 그 말이 예언과도 같습니다. 하지만 그놈이 그놈이고 역사가 반복된다 할지라도 손 놓고 있을 수는 없습니다. 하느님께서는 하느님의 일을 하시고 우리 인간은 인간의 일을 해야 하기 때문입니다. 그 모든 것은 결국 하느님 안에서 이루어집니다.

1974년 9월 26일에 천주교정의구현전국사제단이 출범했습니다. 이 기회에 함께한 모든 선후배 사제들과 수도자들, 그리고 모든 교우들을 마음에 모시고 순교자들과 같은 마음으로 기도드립니다. 특히 선종하신 모든 분들을 기립니다. 사제단도 불혹의 나이를 훌쩍 넘겼습니다. 은퇴 후, 후배 사제들과 만나보면 생각과 가치관이 많이 다르다는 것을 느낍니다. 당연한 일입니다. 우리들의 뜻대로 할 수도 없고 해서도 안 됩니다. 이제부터는 새로운 세대의 몫입니다.

역사의 순교자들, 48년 전의 사제단, 지학순 주교, 그리고 공동체를 위해 헌신했던 청년, 학생, 시민, 노동자, 농민 나아가 구속자 어머니들의 결의와 기도를 되찾는 일이 햇순을 지키는 일이라 확신합니다. 이로써 그간 간절함으로 바친 역사기도를 마치며, 하느님께 세계의 평화와 온 겨레의 축복을 기원합니다.

천주교정의구현전국사제단

거룩하시고 영원하신 하느님, 시편 작가를 표본으로 니카라과의 혁명 시인 에르네스토 카르데날(1925~2020) 사제의 도전적 기도에서 용기를 얻고 또 고난의 현장에서 함께했던 수도자의 조언에 따라 여기까지 왔습니다. 하느님, 저희는 모두 생각과 기도 안에서 이미 만나고 함께한 동지들입니다. 사랑하는 동지들과 함께 뜻을 모아 남북의 겨레를 하나되게 해주소서. 우크라이나 전쟁 등 세상의 모든 비극과 불의를 끝나게 해주시고 우리 모두 햇순을 품게 하소서. 바람과 바다, 맑은 공기로 온 세상, 온 우주를 온전히 새롭게 하소서. 이 모든 것을 성령 안에서 우리 주 그리스도를 통하여 비나이다. 아멘!

역사기도란 이름으로 총 52회 분의 붓글씨와 글을 썼습니다. 이는 한겨레신문 인터넷판에 주 1회 연재되었습니다. 꼬박 1년이 걸린 작업입니다. 처음 연재 계획을 구상할 때만 해도 과연 제대로 마무리할 수 있을지 기대와 우려가 교차했습니다. 이렇게 책으로 나올 수 있었던 것은 하느님의 큰 뜻과 보살핌 덕분입니다. 여기에 계획은 충실히 이행해야 한다는 사제로서의 소명도 더해졌다고 생각합니다.

후기를 쓰려니 고마운 사람들이 참 많습니다. 직접적으로 책을 만드는 데 도움을 준 분들뿐 아니라 제 삶을 지지하고 격려해준 분들이 무수히 스쳐지나갑니다. 그분들을 다 열거하자면 아마도 한 권의 책이 더 필요할지도 모르겠습니다.

먼저 글을 정성껏 읽고 추천사를 써주신 문재인 전 대통령께 고마움을 전합니다. 책을 아끼고 사랑하는 그가 제 글의 첫 독자이면서 추천인이 된 것을 매우 기쁘게 생각합니다. 다음으로 저의 붓글씨 스승이자 과분한 추천사까지 써준 이동천 박사입니다. 이 자리를 빌어 "선생님, 고맙습니다"라고 정식으로 인사드립니다. 또한 신앙의 첫 체험을 담아 추천사를 써준 제 삶의 동반자인 이인석(유스티노) 님에게도 감사드립니다. 이 기회에 응암동 성당 매바위 형제자매들과의 끈끈한 일치와 연대를 확인합니다.

연재를 결정해준 한겨레신문과 1년간 수고를 아끼지 않았던 김종철 선임기자와 장수경 기자, 책으로 엮어준 라의눈 출판사 설응도 대표와 안은주 편집주간에게도 고마움을 표합니다. 컴맹인 저를 대신해 매주 원고를 타이핑해주었던 변지숙(크리스티

나) 한의사, 조영선(세라피나) 님, 조이선(안나) 님, 이의진 군도 수고 많았습니다. 고맙습니다.

기쁨과희망사목연구원의 신현옥(로사리아) 수녀님, 학교법인 민정학원 배용숙 학원장, 안중근평화연구원 윤원일 부원장, 국민주권연구원 신형식 원장 등도 저의 은인입니다. 원고 내용을 구성하는 데 도움을 준 안중근의사기념사업회, 인권의학연구소, 민족문제연구소 실무 관계자들과 기쁨과희망사목연구원의 오민환 실장 등 모든 분들께도 두루 감사드립니다.

참되고 거룩하신 하느님, 이 책이 작은 씨앗이 되기를 소망합니다. 모든 이들이 역사를 잊지 않고, 온 겨레가 한마음으로 불의의 어둠을 물리치고 평화와 정의의 역사를 새로 쓰도록 도와 주소서. 작은 씨앗이 올리브 햇순의 기적을 이루게 해주소서.

이 모든 것을 성령 안에서 우리 주 그리스도를 통하여 비나이다. 아멘!

—————————— 사진 및 그림 저작권 ——————————

P22	천주교정의구현전국사제단 전면광고 | 동아일보		**P251**	청년김대중 개소식 | 청년김대중 페이스북
P23	기자회견하는 윤형중 · 함세웅 신부 | 동아일보		**P251**	젊은 시절의 김대중 대통령 | 더불어민주당
P30	몽양 여운형 선생 | 몽양여운형선생기념사업회		**P262**	부마항쟁 | 연합뉴스DB
P46	리 라인 항의 집회 | 위키미디어 CC0		**P269**	김재규 중정부장 공판 장면 | 연합뉴스 제공
P47	독도 | 위키미디어 CC by 코리아넷		**P279**	노동절 기념대회 | 위키미디어 CC0
P54	대기 중인 수용자들 | 제주 4.3 평화재단		**P287**	구 전남도청 별관 | 위키미디어 CC by Caspian blue
P54	피신한 아이들 | 제주 4.3 평화재단		**P296**	근대역사관 | 위키미디어 CC by 桂鷺淵 Katsura Roen
P65	국회 프락치 사건 기사 | 동아일보		**P304**	부천 성고문 규탄 시위 | 경향신문 제공
P74	사사오입 개헌 당시 국회 | 한국민족문화대백과		**P313**	건국대 연합 시위 | 경향신문 제공
P74	이철 의원 | 위키미디어 CC0		**P319**	남영동 대공분실 | 위키미디어 CC by Jjw
P98	이승만 당선 기사 | 동아일보		**P329**	이한열 추모 | 위키미디어 CC by 서울역사아카이브
P99	정읍 환표 사건 기사 | 동아일보		**P336**	명동성당 농성 | 민주화운동기념사업회 박용수
P108	교수단 시위 | 대한민국역사박물관		**P346**	시청 앞 보도 | 위키미디어 CC by 서울역사아카이브
P108	대구 고등학생 시위 | 대한민국역사박물관		**P368**	국가보안법 폐지 단식농성 | 연합뉴스 제공
P108	임창순 선생 | 4.19혁명기념도서관		**P375**	서대문형무소 옥사 | 위키미디어 CC by WaffenSS
P112	자유당사 | 한국정책방송원		**P375**	서대문형무소 전경 | 위키미디어 CC by WaffenSS
P112	탱크를 뒤덮은 시위군중 | 한국정책방송원		**P375**	골고타 언덕 | 위키미디어 CC0
P122	프란치스코 교황 | 위키미디어 CC by 코리아넷		**P368**	박근혜 대통령 탄핵 | 연합뉴스 제공
P122	풍랑 속의 김대건 신부 | 배우화가 김현정		**P395**	우크라이나 | 위키미디어 CC by 우크라이나 내무부
P129	김수영 시인 | 김수영문학관		**P395**	보비 샌즈 기념 벽화 | 위키미디어 CC by Sonse
P149	5.16 기념우표 | 위키미디어 CC0		**P401**	황소 조형물 | 위키미디어 CC by Alankitassigments
P157	한일회담 반대 시위 | 한국정책방송원		**P401**	황금 송아지 숭배 | 위키미디어 CC by Saiko
P157	한일회담 반대 시위의 관과 만장 | 동아일보DB		**P413**	가르멜산 | 위키미디어 CC0
P165	한일협정 반대 성토대회 | 대한민국역사박물관		**P413**	엘리야 | 위키미디어 CC by George E. Koronaios
P165	한일협정 반대 시위 | 대한민국역사박물관		**P420**	안중근의사 | 안중근의사기념사업회
P165	한일협정 조인식 | 대한민국역사박물관		**P421**	안중근의사 | 안중근의사기념사업회
P172	신동엽 시인 | 신동엽문학관		**P432**	광우병사태 촛불집회 | 위키미디어 CC by Migojarad
P192	전태일 흉상 | 위키미디어 CC by dalgial		**P443**	코로나 백신 접종 | 위키미디어 CC by WHO
P198	유신헌법 공포식 | 보도사진연감		**P447**	마테오 리치 | 위키미디어 CC0
P216	민주회복국민회의 발족식 | 김대중평화센터		**P447**	예레미야 예언자 | 위키미디어 CC0
P225	김상진 열사 | 김상진기념사업회		**P457**	이사야 예언자 | 위키미디어 CC0
P225	경기도 문화공간 | 경기상상캠퍼스		**P457**	UN 건너편 벽 | 위키미디어 CC0
P234	명동성당 7인위원회 | 기독자민주동지회		**P468**	노아의 방주 | 위키미디어 CC0
P244	3.1 민주구국선언 | 민주화운동기념사업회		**P468**	올리브나무 | 위키미디어 CC by Burkhard Mucke

※ 사진을 제공해 주신 분들께 감사드립니다. 저작권자가 확인되지 않거나 여타 사정으로 게재 허락을 받지 못한 사진이 일부 있습니다.
　양해를 부탁드리며 추후 연락주시기 바랍니다.

◇ 당신은 언제나 옳습니다. 그대의 삶을 응원합니다. ─ 라의눈출판그룹

함세웅의 붓으로 쓰는 역사기도

초판 1쇄 │ 2022년 12월 24일

지은이 │ 함세웅
펴낸이 │ 설응도   편집주간 │ 안은주
영업책임 │ 민경업   디자인 │ 박성진

펴낸곳 │ 라의눈

출판등록 │ 2014년 1월 13일(제2019-000228호)
주소 │ 서울시 강남구 테헤란로78길 14-12(대치동) 동영빌딩 4층
전화 │ 02-466-1283   팩스 │ 02-466-1301

문의(e-mail)   편집 │ editor@eyeofra.co.kr
                영업마케팅 │ marketing@eyeofra.co.kr
                경영지원 │ management@eyeofra.co.kr

ISBN 979-11-92151-41-0 03910

※이 책의 저작권은 저자와 출판사에 있습니다.
※저작권법에 따라 보호를 받는 저작물이므로 무단전재와 복제를 금합니다.
※이 책 내용의 일부 또는 전부를 이용하려면 반드시 저작권자와 출판사의 서면 허락을 받아야 합니다.
※잘못 만들어진 책은 구입처에서 교환해드립니다.